Sie sagten, Julia sei tot.

Wärterin: »Ach, sie ist tot! verblichen! tot! o Wehe!«
Gräfin Capulet: »O Wehe! Wehe! sie ist tot, tot, tot!«
Capulet: »Ihr Blut steht still, die Glieder sind ihr starr;
Von diesen Lippen schied das Leben längst.«

Romeo glaubte ihnen und nahm sich das Leben . . .
doch er irrte sich. Oder irren wir uns?

Inhalt

Einleitung

Als ich zehn Jahre alt war, ging ich eines Tages allein zu einer bewaldeten Schlucht in der Nähe unseres Hauses. Dort konnte man am Rande eines Felsens stehen und einer gekrümmten Granitwand jenseits des Flusses ein wunderbares Echo entlokken. Ich hatte diesen kleinen Ausflug wochenlang geplant und brachte endlich genug Mut auf, ihn tatsächlich zu unternehmen. So stand ich nun ganz allein hoch über den Bäumen und rief, so laut ich konnte, das unflätigste Wort, das ich kannte. Heute, ein Vierteljahrhundert später, weiß ich nicht einmal mehr, was für ein Wort das war, aber ich werde nie vergessen, wie ich mich damals fühlte. Das gleiche Gefühl habe ich nun wieder bei der Niederschrift dieses Buches über den Tod.

Der Tod ist ungeachtet unserer neuerworbenen Freiheiten noch immer ein heikles Diskussionsthema. Tagtäglich liefern wir neue Beweise für das Unbehagen, das er uns bereitet, und für unsere Unsicherheit hinsichtlich der Beziehung zwischen Leben und Tod. Einerseits wollen wir die Toten »zur Ruhe betten«; wir trösten und besänftigen sie und versuchen, ihren Zorn abzuwenden; andererseits bemühen wir uns, Leben vorzutäuschen und schminken ihre Gesichter in dem vergeblichen Versuch, noch einmal einen letzten Lebensfunken aufleuchten zu lassen.

Unsere ambivalente Einstellung zeigt sich auf beinahe allen Gebieten. Wir sagen, daß uns die Wissenschaft und insbesondere die Medizin Gewalt über den Tod gibt, aber in Wirklichkeit glauben wir noch immer, daß nichts, was wir tun, das Datum jener Verabredung in Samara ändern kann. Es ist für unser Empfinden etwas Richtiges und Unvermeidliches an der Geschichte von dem Seher Kalchas, der sich totlachte bei dem Gedanken, daß er die vorausgesagte Stunde seines Todes überlebt habe. Unsere neue Technologie macht das Dilemma nur noch unerträglicher. Im September 1973 wurde Samuel Moore in Oakland, Kalifornien, mit einer Kugel im Gehirn für tot erklärt. Man schnitt ihm das noch schlagende Herz heraus und brachte es in einem Hubschrauber nach Stanford, wo es in eine andere Brust eingepflanzt wurde. Als einen Monat später Andrew Lyons des Mordes an Moore angeklagt wurde, erklärte sein Anwalt, die Anklage müsse in »Überfall mit einer tödlichen Waffe« abgeändert werden, denn Moore könne nicht tot sein, solange sein Herz noch schlage. Dieser Teil der Angelegenheit hat sich mittlerweile von selbst erledigt, denn das betreffende Herz hat endgültig zu schlagen aufgehört, aber es bestehen noch einige Zweifel hinsichtlich der Frage, wer nun eigentlich den Mord verübt hat – der Pistolenschütze oder der Chirurg.

Als Biologe finde ich diese Unklarheit peinlich. Ich bin vielleicht altmodisch, aber ich meine, daß jemand, der sich mit dem Leben beschäftigt, wissen sollte, wo es beginnt, und daß er eine ungefähre Vorstellung davon haben sollte, wie es endet. Daher dieses Buch. Es beginnt mit den einfachsten Grundlagen und entwickelt sich weiter in Form einer Debatte, die ebensosehr meiner eigenen Seelenruhe wie der Erbauung anderer dienen soll.

Ich vermute, daß in meinem Argument auf allen Ebenen logische und biologische Fehler stecken, aber für den Augenblick bin ich bereit, sie auf sich beruhen zu lassen, weil dies eben überhaupt ein Argument *ist* und ich hoffe, daß es zu weiteren Diskussionen anregen wird.

Vor genau zwei Jahren sammelte ich einen ganzen Lumpensack voll unzusammenhängender Daten und stückelte daraus etwas zusammen, was einer objektiven Naturgeschichte des Übernatürlichen nahekam. Ich wollte das Gebiet, das sie behandelte, nicht künstlich einengen, aber im Rückblick sehe ich, wo ich im Geiste meine Grenzen zog. Wenn *Geheimes Wissen* mein Buch vom Leben war, so ist dies sein Begleitband über den Tod und das Leben nach dem Tode. Ich beginne mit dem, was mir auf diesem Gebiet das ärgste Dilemma zu sein scheint, nämlich mit unserer Unfähigkeit, zwischen Leben und Tod zu unterscheiden, und muß sehr bald feststellen, daß diese Frage, sobald sie geklärt ist, nur eine ganze Anzahl weiterer Problemkreise eröffnet, von denen sich jeder als etwas entpuppt, was ich bis dahin nicht hatte sehen und berücksichtigen wollen.

Dies ist kein Buch der Antworten. Es ist genau genommen nicht einmal ein Buch der Fragen, sondern vielmehr ein Versuch, eine Art fester wissenschaftlicher Grundlage zu schaffen, die uns helfen wird, die richtigen Fragen zu stellen. Wenn ich mit Freunden, die sich für okkulte Dinge interessieren, oder mit manchen jungen Menschen unter fünfundzwanzig über Seelenwanderung oder Astralkörper spreche, nicken sie nur verständnisvoll. Und wenn ich in sie dringe und wissen möchte, warum sie mit solcher Sicherheit annehmen, daß dergleichen Phänomene existieren, bekomme ich zur Antwort, das sei eben so. Ich vermute, daß sie recht haben, und ich beneide sie darum, daß sie so vieles auf Treu und Glauben akzeptieren können, aber ich selbst bin dazu nicht imstande. Ich bin mit dem schweren Handikap von zehn Jahren naturwissenschaftlicher Schulung behaftet und fühle den Zwang zu versuchen, auf irgendeine Weise die wissenschaftliche Untersuchung mit der mystischen Offenbarung zu vereinen. Ich beginne zu begreifen, daß der wissenschaftlichen Methode Grenzen gesetzt sind und daß es Dinge gibt, die man nicht beobachten kann, ohne sie dabei wesentlich zu verändern. Beobachten heißt ändern, und beschreiben und begreifen heißt radikal ändern. Die Atomphysik hat heute erkannt, daß die Frage, ob etwas existiert oder nicht, sinnlos ist, wenn dieses Etwas nicht gemessen werden kann. Das kann ich gelten lassen, und wo immer es sich als nötig erweist, bin ich auch bereit, die traditionelle wissenschaftliche Methode aufzugeben. Meistens stelle ich dann fest, daß mich meine Forschungen zuletzt genau dorthin führen, wo sich meine mystisch veranlagten Freunde schon immer befunden haben, aber im Gegensatz zu vielen von ihnen weiß ich genau, wo ich stehe, weil ich auf meinen Weg zurückblicken und sagen kann, wie ich dorthin gekommen bin.

Allen, denen es schwerfällt, sich mit anderen Wirklichkeiten auseinanderzusetzen, biete ich diese unvollkommene Straßenkarte, die in der Irre beginnt und an einer neuen, ehrfurchtgebietenden Grenze endet. Ich hoffe, Sie werden wie ich feststellen, daß der Tod in eine neue Lebensader verwandelt werden kann.

Lyall Watson Bali, Indonesien, 1974

Teil I

Der Körper

Der Romeo-Irrtum ist weder selten noch verwirrten südländischen Liebhabern vorbehalten. Er wurde sogar von dem berühmtesten aller Anatomen begangen: Auf dem Höhepunkt seiner Karriere sezierte Andreas Vesalius um die Mitte des 16. Jahrhunderts einen spanischen Edelmann, als die »Leiche« plötzlich wieder lebendig wurde (211).* Der verletzte Don erholte sich wieder vollständig, aber Vesalius wurde der Inquisition angezeigt und für diesen Irrtum zum Tode verurteilt. Nicht lange danach soll der Großinquisitor selbst auf dem Seziertisch eines anderen Anatomen das Bewußtsein wiedererlangt haben.

Andere hatten mehr Glück. Der Reverend Schwartz, einer der ersten Missionare im Orient, wurde in Delhi durch die Klänge seiner Lieblingshymne vom Scheintod erweckt. Die zum Sterbegottesdienst versammelte Gemeinde bemerkte ihren Irrtum, als seine Stimme im Sarg in den Chor einfiel (101). Eine nicht minder große Bestürzung richtete Nikephorus Glykas, der griechisch-orthodoxe Bischof von Lesbos, unter seinen frommen Anhängern an. Nachdem er zwei Tage in vollem Ornat in der Kirche von Methymni aufgebahrt gewesen war, setzte er sich plötzlich kerzengerade auf, blitzte die Reihe der vorbeidefilierenden Trauernden zornig an und wollte wissen, was sie da zu glotzen hätten (293).

Ähnliche Berichte finden sich in Platons Dialogen, in den Lebensbeschreibungen Plutarchs und in der Naturgeschichte Plinius' des Älteren, aber es wäre irrig anzunehmen, dergleichen Irrtümer seien nur in ferner Vergangenheit vorgekommen. Im Jahre 1964 wurde in einer New Yorker Leichenhalle eine Autopsie beim ersten Schnitt abgebrochen, denn der »Patient« sprang

* Die in Klammern gesetzten Zahlen beziehen sich auf das durchnumerierte Literaturverzeichnis am Schluß des Bandes. *Anm d. Red.*

15

auf und packte den Chirurgen an der Kehle. Der Arzt bezahlte seinen Irrtum mit dem Leben: der Schock tötete ihn.

»Autopsie« bedeutet wörtlich »selbst sehen«, aber die exakte Feststellung des Todes bereitet in manchen Fällen solche Schwierigkeiten, daß die meisten Länder Gesetze haben, die eine zu rasche Beerdigung verbieten. Der italienische Dichter Francesco Petrarca lag in Ferrara zwanzig Stunden lang scheinbar tot da, und er wäre nach weiteren vier Stunden, das heißt nach Ablauf der in seiner Heimatstadt gesetzlich festgelegten Wartefrist, begraben worden, wenn ihn nicht ein plötzlicher Temperaturwechsel veranlaßt hätte, in seinem Bett aufzusitzen. Er beklagte sich über die Zugluft, schalt seine Diener und lebte weitere dreißig Jahre, in denen er noch einige seiner schönsten Sonette schrieb (198). In manchen Ländern gibt oder gab es sogar Wartezimmer in den Leichenhallen. So steht in München ein großes gotisches Gebäude, in dem einst die Toten in langen Reihen lagen und durch Schnüre mit Glöckchen im Zimmer des Aufsehers verbunden waren. Anscheinend wurde der Mann so oft aus dem Schlaf gerissen, daß sich diese Anordnung lohnte.

Selbstverständlich kann man eine Leiche nicht beliebig lange liegen lassen, und daher wurden verschiedene Proben erdacht, um Irrtümer zu vermeiden. Eine der ältesten besteht darin, den Körper an verschiedenen Stellen mit einer Kerzenflamme zu berühren – in der richtigen Annahme, daß sich auf der Haut keine Blasen mehr bilden, sobald der Blutkreislauf zum Stillstand gekommen ist. Diese Technik bewährte sich bei Luigi Vittori, einem Karabinier im Dienste Papst Pius' IX., der in einem römischen Krankenhaus laut Feststellung eines Arztes an Asthma gestorben war und für tot gehalten wurde, bis ihm ein anderer, skeptischer Arzt eine Flamme an sein Gesicht hielt. Luigi zuckte und sein Bewußtsein kehrte zurück. Er nahm seinen Dienst im Vatikan wieder auf, aber Zeit seines Lebens trug er ein *Memento mori* in Form von Verbrennungen dritten Grades an der Nase mit sich herum (198).

Dr. Icard in Marseille führte eine moderne Variante dieser Probe ein. Er injizierte eine Fluoreszein-Lösung, die bei Lebenden eine vorübergehende Grünfärbung der Hornhaut des Auges hervorruft, nach Eintritt des Todes aber keine Wirkung mehr hat

(295). In den Vereinigten Staaten wurde Atropin, das normalerweise die Pupillen erweitert, für ähnliche kritische Tests verwendet, wenn der Arzt im Zweifel war. In Großbritannien experimentieren die Leichenbeschauer mit einem einfachen tragbaren Kardiographen, der auch noch eine sehr schwache elektrische Aktivität im Herzen registriert. Als das neue Instrument am 26. Februar 1970 in der Leichenhalle von Sheffield zum erstenmal verwendet wurde, entdeckte man Lebenszeichen in einer Dreiundzwanzigjährigen, von der man angenommen hatte, sie sei an einer Überdosis Rauschgift gestorben (298).

Es gibt einige Tests, die gut funktionieren, aber alle haben den Nachteil, daß ein negatives Ergebnis nichts Endgültiges besagt. Und allein in Großbritannien sterben jährlich mehr als 600 000 Menschen ohne irgendeinen Test. Es besteht genug Grund zu der Annahme, daß auch in Ländern, in denen, wie in Großbritannien, der Tod amtlich bescheinigt und registriert werden muß, sehr viele Menschen beerdigt werden, bevor ihre Zeit wirklich abgelaufen ist. Einer Schätzung zufolge sind es in England und Wales nicht weniger als 2700 jährlich, aber dazu muß vermerkt werden, daß diese Schätzung gegen Ende des 19. Jahrhunderts vorgenommen wurde, als die allgemeine Angst vor dem Lebendigbegrabenwerden ihren Höhepunkt erreicht hatte (209).

Der englische Romancier Wilkie Collins legte jeden Abend einen Zettel auf seinen Nachttisch, auf dem bestimmte Vorsichtsmaßnahmen standen, die zu ergreifen waren, bevor man annahm, daß er tot sei, und Hans Christian Andersen ging nie aus dem Haus, ohne einen ähnlichen Zettel zu sich zu stecken. Oberst Edward Vollum vom Sanitätskorps der Armee der Vereinigten Staaten legte einen Plan vor, wonach jeder, der ohne Einbalsamierung begraben wurde, eine Flasche Chloroform in unmittelbarer Reichweite haben sollte (77). Graf Karnicé-Karnicki, Kämmerer des Zaren Alexander III., erfand eine humanere Vorrichtung: Vom Sarg aus führte ein Rohr zu einem Kasten über der Erde, der von außen nicht geöffnet werden konnte, aber beim ersten Lebenszeichen von innen aufsprang, so daß Luft eindringen konnte, worauf ein kleiner Mast mit einem Wimpel ausgefahren wurde und zugleich eine Glocke zu läuten und ein Licht zu blinken begann, um Hilfe herbeizurufen. Der Graf hatte

17

die Absicht, diese Mechanismen an die Friedhöfe zu verkaufen, die sie für eine Sicherheitsfrist von vierzehn Tagen an die frisch Bestatteten ausleihen sollten (101).

Diese allgemein verbreitete Besorgnis scheint zum Teil auf das Treiben professioneller Leichenräuber zurückgegangen zu sein, die in England unter dem Namen *Resurrection Men* (Wiederauferstehungsmänner«) bekannt waren. Sie gruben frisch bestattete Leichen aus und verkauften sie an die *Barber Surgeon Company*, einen Chirurgenverband, dem amtlicherseits nur vier Leichen jährlich zugeteilt wurden und der Spitzenpreise für weitere Versuchsobjekte zahlte und keine peinlichen Fragen stellte. Von diesem Handel erfuhr die Öffentlichkeit 1824, als John MacIntyre, dessen Tod amtlich bescheinigt und der auf dem Friedhof seiner Heimatstadt ordnungsgemäß bestattet worden war, auf dem Seziertisch einer Londoner medizinischen Schule erwachte, als das Messer des Prosektors seine Brust durchbohrte (77). Nach einer Untersuchung dieses Falles wurden auf den Friedhöfen Wachen aufgestellt, die dafür sorgten, daß die Bestatteten in ihren Gräbern blieben, und bald darauf wurden mehrere neue Fälle bekannt, in denen man Lebende begraben hatte.

Im Jahre 1856 wurde das Grab eines Mannes geöffnet, nachdem man Klopfzeichen gehört hatte, aber die Genehmigungen seitens des Priesters und der Polizei hatten so lange auf sich warten lassen, daß der Mann tatsächlich tot war, als die Retter den Sarg erreichten. Daß er lebendig begraben worden war, erkannte man an den Bißwunden, die er sich an Schultern und Armen zugefügt hatte (107). Und im Jahre 1893 wurde eine hochschwangere Frau, die für tot erklärt und begraben worden war, exhumiert, nachdem man Geräusche aus dem Grab vernommen hatte. Die Vertreter der Behörde stellten fest, daß sie blutig und zerschunden war nach einem verzweifelten Befreiungskampf, der zur Geburt des Kindes geführt und mit dem Ersticken von Mutter und Kind geendet hatte.

In Kriegs- und Pestzeiten, wenn Tausende von Leichen so rasch wie möglich beseitigt werden mußten, wurden viele Menschen lebendig begraben. Als die ärztliche Wissenschaft noch in den Kinderschuhen steckte, müssen solche Fehler oft begangen worden sein. Heute dagegen, wo der Tod ärztlich bescheinigt und

18

die Leiche professionellen Bestattungsunternehmern übergeben wird, scheinen Irrtümer unmöglich geworden zu sein. Doch am 11. Dezember 1963 brach die 35jährige Elsie Waring in ihrer Wohnung in London zusammen und wurde ins Willesden General Hospital gebracht, wo bei ihrem Eintreffen drei Ärzte ihren Tod feststellten. Zehn Stunden später stöhnte sie auf und begann wieder zu atmen, als man sie in der öffentlichen Leichenhalle von Kilburn in ihren Sarg legte (294).

Der Romeo-Irrtum wird immer noch begangen, und er wird weiter begangen werden, denn die Grenzen zwischen Leben und Tod sind verschwommen, weil wir nicht imstande sind, den einen oder den anderen Zustand eindeutig zu definieren.

In diesem ersten Abschnitt will ich unsere Vorstellungen von Leben und Tod untersuchen und den Versuch unternehmen, sie in eine Art von biologischer Perspektive zu bringen.

1. Kapitel
Leben und der Ursprung des Todes

Wenn ein Kind zum erstenmal die Augen öffnet, sieht es nichts. Der Schoß ist dunkel, denn die geringe Lichtmenge, die durch die gespannte Bauchdecke der Mutter dringt, wird durch das Fruchtwasser zerstreut. Während der letzten vier Schwangerschaftsmonate blinzelt das runzelige Gesicht des Kindes in diese flüssige Finsternis. Das Kind sieht nichts und es hört nur sehr wenig, aber es beginnt die Welt mit den Händen zu ertasten. Die Finger sind bereits vollständig ausgebildet, jeder mit seinem winzigen Nagel; sie beugen und strecken sich und greifen nach einander und nach den Wänden des Schoßes. Zu den ersten Dingen, die sie fassen, gehören Haare, lange, weiche, seidige Haare, die auf den Armen und Beinen des Kindes wachsen. In dieser Lanugo schwelgen sie und wühlen und üben den Griff, mit dem sich einst das Kind an der haarigen Brust der Mutter festhielt, wenn diese vor Schrecknissen, die wir nur erahnen können, durch die Baumwipfel floh. Gegen Ende der Schwangerschaft verschwindet die Lanugo spurlos, und an ihre Stelle tritt der kurze, zarte, goldene Flaum, mit dem jedes Menschenkind geboren wird.

Unsere Zeit im Uterus ist jedoch nicht ausschließlich dem Wachstum gewidmet. Auch der Tod ist bereits gegenwärtig. Die Zellen des Embryos teilen sich und wachsen und gruppieren sich zu sinnvollen Anordnungen, aber einige davon sind vorübergehender Natur – organische Gespenster, die auf der Suche nach dem richtigen Schema die evolutionären Erinnerungen durcheilen. Kiemen, Schwanz und eine dichte Körperbehaarung dienen keinem praktischen Zweck mehr und müssen daher wieder aufgelöst werden. Teile von uns beginnen, lange bevor wir geboren werden, schon wieder zu sterben. Zellen und Gewebe ersetzen einander in einem ständigen dynamischen Prozeß, und Leben und Tod hängen so sehr voneinander ab, daß sie beinahe nicht zu unterscheiden sind. Der Tod ist ein wesentlicher Bestandteil auch des jüngsten Lebens, und dennoch ist er etwas so Unaussprechliches geworden, daß er in den Registern der Elementarlehrbücher der Biologie nicht einmal erwähnt wird.

Man bitte die Biologen um eine Definition des Todes, und man wird von den meisten zu hören bekommen, er sei eine »Abwesenheit des Lebens«. Man bitte um eine Definition des Lebens, und man wird beinahe ebensoviele Antworten bekommen, wie es Biologen gibt, aber ungeachtet der Tatsache, daß das Leben aus unbelebter Materie entstand, werden nur wenige der Beschreibungen in die negativen Ausdrücke gekleidet sein, die man für den Tod anwendet. Das ist an sich seltsam, denn im Kosmos ist der Tod der Gleichgewichtszustand, der natürliche Zustand, zu dem alles Leben hinstrebt, wenn von außen nichts zugefügt wird, um es zu erhalten. Das Leben ist ganz treffend als die »adhäsive Eigenschaft« beschrieben worden, und logisch betrachtet ist es der Zustand, der es verdient, negativ als »eine Abwesenheit des Todes« definiert zu werden.

Wir haben eine Neigung, einen Hang zum Leben. Im evolutionären Sinne ist dieses Vorurteil gut und nützlich, denn es hat einen Überlebenswert, aber es hilft uns nicht, die komplizierte Beziehung zu verstehen, die zwischen Leben und Tod besteht. Es erschwert die objektive Betrachtung des Todes. Ein Psychologe schreibt, seine Studien des Todesphänomens hätten allzu oft mit der Einsicht geendet, daß er »lediglich einen Geist beobachtete, der im Dunkeln umherhuschte« (141).

Die beste Methode, dem Tod wissenschaftlich beizukommen, besteht vielleicht darin, mit Hilfe der Biologie – d. h. der Wissenschaft vom Leben, was wir nicht vergessen wollen – das Leben in seiner einfachsten Form zu studieren, es dort zu betrachten, wo seine Existenz noch zweifelhaft ist, wo es noch wenig gibt, was das Belebte vom Unbelebten unterscheidet.

Den Molekularbiologen stehen heute immer raffiniertere Sehhilfen zur Verfügung, und mit der immer stärkeren Vergrößerung wird nach und nach klar, daß es keine scharfe Grenze zwischen belebter und unbelebter Materie gibt. Wir erkennen den Aufbau und das Verhalten der Moleküle, und es hat den Anschein, als könnte man lebende Organismen am besten beschreiben, indem man sagt, sie seien unbelebte Materie, die auf eine besondere, andere Weise organisiert wurde. Auf diese Andersartigkeit beginnen sich die Untersuchungen zu konzentrieren, und sie zeigen, daß es sich weitgehend um einen graduellen Unterschied handelt. Alle theoretisch möglichen Organisationsstadien zwischen dem, was wir als »tot« betrachten, und dem, was wir als »lebendig« definieren, sind in der Natur tatsächlich vorhanden, und es ist unmöglich, irgendwo in diesem Spektrum eine Linie zu ziehen und zu sagen: Hier beginnt das Leben.

Das Material, in dem das Leben Gestalt annimmt, ist die organische Materie. Sie besteht aus Kohlenstoffverbindungen. Unter all den rund hundert Elementen, die wir heute kennen, nimmt der Kohlenstoff insofern eine Sonderstellung ein, als er mit sich selbst Verbindungen eingehen und sehr große Konglomerate von Tausenden von Atomen, sogenannte Makromoleküle, bilden kann. Die häufigsten sind die Proteine, die ungefähr die Hälfte der Trockensubstanz jedes lebenden Organismus ausmachen. Der Mensch vereint in seinem Körper über 100 000 verschiedene Proteine, aber er ist in dieser Hinsicht nichts Besonderes. Die Proteine bilden den Grundstoff allen Lebens. In Organismen, die so verschieden sind wie »Kohlköpfe und Könige«, vereinigen sich beinahe gleiche Proteine, um die Geschwindigkeit der chemischen Reaktionen und alle Wachstumsprozesse zu regeln, und alle diese Proteine werden gleichsam unter den wachsamen Blicken einer kleinen Gruppe von miteinander verwandten Makromolekülen gebildet, die den Organisationsplan von einer Generation zur nächsten weitergeben. Alle lebenden Dinge, so unterschiedlich sie auch aussehen und sich verhalten mögen, sind auf einer elementaren Ebene gleich. Sie entstanden auf die gleiche Weise, und ihre selbständige Existenz und ihre Reproduktion hängen von den gleichen chemischen Vorgängen ab.

Für alles Lebendige gilt außerdem ein begrenzender Faktor. Die genannten elementaren Vorgänge erfordern eine große Anzahl von Riesenmolekülen, und sie alle müssen in demselben Behälter untergebracht werden. Es ist daher ein gewisser Mindestraum erforderlich, und diese untere Grenze der physischen Größe aller selbständigen lebenden Organismen wurde mit etwa 5000 Ångström-Einheiten errechnet (48). Das bedeutet, daß 20 000 solcher Gebilde nebeneinander auf der Breite eines Fingernagels Platz fänden. Diese Begrenzung bedeutet nun, daß wir den Tod zunächst einmal als etwas definieren können, was kleiner als 5000 Ångström-Einheiten ist, aber in den unteren Regionen des Tod-Leben-Kontinuums schwebt im Ungewissen eine ganze Reihe von Wesenheiten, die nur die Hälfte oder gar nur ein Fünftel dieser kritischen Größe erreichen und dennoch viele der Charakteristika des Lebens aufweisen. Diese lästigen Nonkonformisten sind die Viren, und in ihnen finden wir einige wichtige Anhaltspunkte für eine realistische Einschätzung des Todes.

Viren reproduzieren sich selbst, aber um dazu imstande zu sein, müssen sie ihr chemisches Defizit ausgleichen, indem sie in die Zellen konventioneller Organismen eindringen. Dort übernehmen sie die Aufsicht über die biologischen Montagebänder und lassen diese nicht die üblichen Substanzen der Wirtszelle produzieren, sondern neue Viren. Man hat argumentiert, diese Abhängigkeit von anderem Leben bedeute, daß kein Virus als selbständiger lebender Organismus betrachtet werden könne, aber mit Ausnahme der grünen Pflanzen gibt es nur wenige Lebewesen, die sich nicht direkt von anderen Lebensformen ernähren. Mit dieser Begründung können die Viren also nicht disqualifiziert werden.

In bezug auf die Fähigkeit, sich überhaupt und unter allen Umständen zu vermehren, sind die Viren sogar lebensähnlicher als unsere roten Blutkörperchen. In einem Tropfen Blut, wie er nach einem Nadelstich hervorquillt, wimmeln fünf Millionen Zellen, die Hämoglobin enthalten und Sauerstoff aus den Lungen in den übrigen Körper befördern, aber sie haben im Laufe ihrer Entwicklung ihre Kerne verloren und sind daher völlig außerstande, sich zu vermehren. Das bedeutet nicht, daß sie tot sind. Maultiere und unfruchtbare Menschen sind nicht zum Tode verurteilt, weil sie sich nicht fortpflanzen können. Es gibt offensichtlich verschiedene Grade des Totseins, und die roten Blutkörperchen sind unserer Ansicht nach mehr lebendig als tot wegen ihrer komplexen inneren Integration. Sie sind auf jene bewußte »besondere und andere Weise« organisiert.

Im Jahre 1953 entdeckte Wendell Stanley im Rockefeller Institut in New York, daß es möglich ist, den Saft infizierter Tabakpflanzen zu konzentrieren und das Tabakmosaikvirus, das heißt den Erreger der Mosaikkrankheit des Tabaks, in kristalliner Form zu isolieren (128). Die Kristalle dieses Virus sind lang und dünn, und sie lassen sich von den Kristallen rein chemischer Verbindungen nicht unterscheiden. Man kann sie pulverisieren und in einem Glasröhrchen aufbewahren wie jede andere inaktive organische Substanz, also etwa wie Staubzucker. Sowohl die Viren als auch die Zuckerkristalle kann man danach wieder wachsen lassen. Wird dieses Viruspulver Tabakpflanzen eingeimpft, so löst es sich augenblicklich und beginnt die Zellen der Blätter anzugreifen und neue Viren zu produzieren. Das Zuckerpulver erfordert dagegen eine andere Behandlung. Eine konzentrierte Zuckerlösung muß hergestellt und auf eine bestimmte Temperatur gebracht werden. Dann muß die Lösung entweder mit einem Zuckerkristall »besät« oder so lange sich selbst überlassen werden, bis sich Moleküle zu einer Struktur mit der richtigen Form zusammenschließen. Diese Struktur wächst und spaltet sich, so daß zwei gleiche Kristalle entstehen. In beiden Fällen hat eine Reproduktion stattgefunden, aber hinsichtlich ihres Zustandekommens besteht ein wesentlicher Unterschied.

Die meisten organischen Stoffe bilden nicht leicht Kristalle, aber sie sind dazu in einer reinen, konzentrierten Lösung imstande. Ein Kristall kann in der Regel nur aus gleichen Molekülen gebildet werden (daher die Notwendigkeit der Reinheit), die einander anziehen und sich so zusammenschließen, daß ein regelmäßiges, auf Wiederholung beruhendes Muster entsteht. So wurden zunächst einmal sowohl die Viren als auch die Zuckerkristalle gebildet. Wenn die Kristalle aber pulverisiert und somit zerstört wurden, kann der Zucker nur in den kristallinen Zustand zurückgeführt werden, indem man ihn auflöst und dann durch Anwendung von Wärme zur kritischen Konzentration bringt. Nach Beendigung des Prozesses ist nicht mehr vorhanden als die ursprüngliche Zuckermenge. Wenn sich aber das Viruspulver in einer Wirtszelle auflöst, löst es eine biochemische Reaktion aus, die nicht nur Wärme abgibt, sondern auch zu einer enormen Vervielfachung des Virenmaterials führt.

Der Zucker ist an einer geschlossenen, thermostatischen chemischen Reaktion beteiligt. Das Virus leitet einen offenen thermodynamischen Prozeß ein, in dessen Verlauf es zu einem Austausch von Materie mit der Umgebung kommt. Darin liegt der wesentliche Unterschied zwischen lebenden Organismen und unbelebter organischer Materie. Beide gehorchen den gleichen fundamentalen physikalisch-chemischen Gesetzen, aber in der Art und Weise der Anwendung dieser Gesetze unterscheiden sie sich beträchtlich. Lebendige Materie ist so organisiert, daß sie Energie aus ihrer Umgebung zieht, um ihre Ordnung aufrechtzuerhalten. Unbelebte Materie verliert dagegen einfach ihre Organisation.

Wenn Sie meinen, das Thema Kristalle habe doch mit der Biologie und unserer Frage nach Leben und Tod nichts zu tun, so betrachten Sie Ihren Handrücken. Die Hautzellen an der Oberfläche sind lauter durchsichtige Kristalle, die durch dünne Ölschichten miteinander verbunden sind. Diese Zellen sind hart und mit Keratin gefüllt und den meisten Definitionen zufolge tot. Sehr bald werden sie abgestreift werden und verschwinden wie die übrigen 500 Milliarden Zellen, die wir täglich verlieren, aber solange sie dauern, liegen sie über der Oberfläche unseres Körpers wie eine Plastikrüstung, die dazu dient, die tieferliegenden zarten Gewebe zu schützen. Wirklich lebende Zellen überstehen die Berührung mit der Luft nicht, aber die schützenden kristallischen Zellen werden nicht dadurch getötet, daß sie von den nachwachsenden Ersatzzellen nach außen gedrängt werden. Sie begehen vielmehr Selbstmord. Schon lange bevor sie nach außen und an die Luft geraten, beginnen sie fibröses Keratin zu bilden, bis die ganze Zelle von dieser hornigen Substanz ausgefüllt ist. Technisch gesehen, sind diese Zellen tot. Sie können sich ganz gewiß nicht mehr vermehren, aber ebenso gewiß ist, daß sie aus Materie bestehen, die hochorganisiert ist und sich zu einem bestimmten Zeitpunkt an einem bestimmten Ort vereinigt hat.

Sind diese Hautzellen tot? Wenn ja, sind unsere Körper buchstäblich mit dem Tod bedeckt. Nicht eine lebende Zelle ist zu sehen, und dennoch bestehen unsere Freunde, die nichts als Tod sehen, darauf, uns für lebendig zu halten. Lassen wir ihnen die Wohltat des Zweifels, denn es wird nun klar, daß der Tod in verschiedenen Graden auftritt. Es hat den Anschein, als müßte die Definition der lebenden Materie, die der Wirklichkeit am nächsten kommt, eine sein, die sich auf eine Kombination von Leben *und* Tod stützt. Was jedenfalls das Verhalten der Viren über jeden Zweifel hinaus zeigt, ist, daß die alten polaren Definitionen völlig unzulänglich sind.

Das Leben hängt vom Tode ab. Wir verdanken unser Leben nicht nur den Zellen, die eine Barriere zwischen uns und der Außenwelt errichten, sondern auch den Armeen anderer Zellen, die ständig in inneren Kämpfen ihr Leben zum größeren Ruhme des ganzen Organismus verlieren.

Auf je tausend rote Zellen in unserem Blut kommt eine etwas größere und durchsichtigere mit einem Kern. Diese weiße Zelle kann sich bewegen wie ein Amöbe und kriecht mit anderen ihrer Art an den Wänden der Blutgefäße entlang, anstatt sich mitten in der Plasmaströmung treiben zu lassen, welche die roten Zellen an ihre vorbestimmten Orte bringt. Die weißen Zellen benutzen den Blutstrom nur als Transportmittel und dringen durch die Wände der Kapillargefäße zu jedem beliebigen Punkt in dem umgebenden Gewebe vor, wo sie gebraucht werden. Sie sind jederzeit einsatzbereit. Sie versammeln sich rasch, wo eine Entzündung oder Verletzung entstanden ist, stürzen sich auf eindringende Bakterien und nehmen sie gefangen, indem sie sie vollständig einschließen. Bis zu zwanzig Bakterien können von einer einzigen Zelle umschlossen und verdaut werden, aber der Kampf ist keineswegs einseitig. Die weißen Blutkörperchen erliegen oft der Wirkung der von den Bakterien ausgeschiedenen Giftstoffe, und der Eiter, der auf dem Schauplatz des Konflikts in Erscheinung tritt, ist nichts anderes als eine Ansammlung toter weißer Blutkörperchen. Unser Körper braucht diese allesfressenden Krieger, die nicht nur die ständige Bakteriendrohung abwehren, sondern auch Schmutzpartikeln in den Lungen absorbieren, Splitter auflösen und überhaupt alles dem Organismus Fremde angreifen. Eine zu geringe Anzahl weißer Blutkörperchen hat katastrophale Folgen, aber die Demokratie des Organismus kann ebenso auch bedroht sein, wenn diese Armee zu groß wird. Eine Überproduktion weißer Zellen führt zur Leukämie.

Unter normalen Umständen herrscht Gleichgewicht. Der Körper vermeidet eine »Bevölkerungsexplosion«, die ihm schaden könnte, indem er neue Zellen mit derselben Geschwindigkeit produziert, mit der die alten sterben. Er braucht allerdings nicht zu warten, bis sie sterben, denn ihr Tod ist weitgehend vorausbestimmt. Jeden Tag sterben einige von uns, damit die anderen leben können. Die Todesfälle, die tatsächlich eintreten, gehen eindeutig nicht auf den Zufall oder irgendeinen wahllosen wettbewerbsmäßigen Prozeß zurück, bei dem es einfach um das Überleben des Tüchtigsten geht. Sie sind auf ein bestimmtes Ziel gerichtet. Der Tod ist in das Leben einprogrammiert, und lebende Organismen können nur am Leben bleiben, wenn gewisse Teile von ihnen planmäßig sterben.

Zwei Embryologen in den Vereinigten Staaten demonstrierten diese Tatsache sehr überzeugend durch ein unlängst durchgeführtes Experiment mit Küken (235). Sie wiesen nach, daß die Flügel der Hühner nie ihre Funktionsfähigkeit erlangen können, wenn nicht bestimmte mesodermale Zellen am Flügelansatz des Embryos zum richtigen Zeitpunkt absterben und es damit anderen ermöglichen, sich zu einer Flugmuskulatur zu entwickeln. Der Tod dieser Zellen ist ein wesentlicher Bestandteil des Wachstumsprogramms aller flugfähigen Vögel. Eine ähnliche planmäßige Tötung findet bei der Entwicklung des Frosches statt. Die Kaulquappen leben im Wasser und ernähren sich zunächst von Wasserpflanzen. Sie bewegen sich durch das Schlängeln eines langen, muskulösen Schwanzes. Im Laufe ihrer weiteren Entwicklung nehmen sie Schnecken und Würmer in ihre Ernährung auf, und allmählich nähern sie sich mehr und mehr dem Ufer, wo ihnen als Nahrung eine größere Anzahl von Insekten zur Verfügung steht. Beine erscheinen, und wenn sie ungefähr vierzehn Wochen alt geworden sind, gehen sie auf das trockene Land, wo ihnen der Schwanz nur noch hinderlich sein würde. In diesem Entwicklungsstadium verschwindet der Schwanz allmählich: er wird von innen her verdaut durch besondere bewegliche Zellen, die sich nicht anders verhalten als die Bakterien angreifenden weißen Blutkörperchen. Der einzige Unterschied besteht darin, daß sie Kannibalen sind. Das Leben schreitet also fort, indem es sich selbst tötet.

Diese Beispiele zeigen, wie der Tod innerhalb eines einzelnen

27

Organismus das Leben fördert. Ein viel bekannterer Vorgang ist die Aufrechterhaltung eines nötigen Gleichgewichts durch den Tod, der ein schrankenloses Bevölkerungswachstum verhindert. Gäbe es den Tod nicht, würden diejenigen, die sich am schnellsten vermehren, die Welt beherrschen. Eine einzige unsichtbare kleine Bakterie könnte in wenigen Stunden eine Masse produzieren, die dem Körpergewicht eines Mannes entspräche – und jede Unze Erdboden enthält hundert Millionen solcher potentieller Patriarchen. In weniger als zwei Tagen würde die ganze Erdoberfläche mit großen übelriechenden Dünen hübsch bunter Bakterien bedeckt sein. Ebenso unbehindert, könnte ein Protozoon dasselbe Ziel in vierzig Tagen erreichen; eine Stubenfliege würde vier Jahre brauchen, eine Ratte acht Jahre, eine Kleepflanze elf Jahre, und ungefähr ein Jahrhundert würde es dauern, bis uns die Elefanten überwältigten (159).

Zum Glück reguliert sich das Bevölkerungswachstum selbst. In dem klassischen Fall der botanischen Fortpflanzung breitet sich eine Pionierpflanze, die in Böden mit niedrigem Stickstoffgehalt gedeiht, in offenem Gelände aus. Sie wächst dort üppig weiter, führt damit dem Boden Stickstoff zu und zerstört so durch ihren eigenen Erfolg die Voraussetzungen, die eben diesen Erfolg ermöglichten. Bei Arten, die diese Selbstregulierung nicht kennen, sorgen Feinde für die Aufrechterhaltung des Gleichgewichts.

Das Leben ernährt sich vom Leben, und so entsteht eine zyklische Wirkung, bei der die Atome, die ein bestimmtes Stück lebender Materie bilden, unaufhörlich von einer Lebensform zur anderen weiterwandern. Grünpflanzen produzieren Leben aus dem Boden, dem Wasser und der Sonnenenergie. Sie entnehmen ihre Rohmaterialien direkt der unbelebten Materie; aber dann wird die Pflanze von einer Raupe gefressen, die von einem vorüberfliegenden Spatzen aufgepickt wird, der seinerseits wieder die Beute eines Habichts wird; der Habicht wiederum erfriert und wird von Aaskäfern gefressen . . . und so weiter. Sobald sie einmal in das Netzwerk der lebenden Materie geraten, sind die Atome durch eine Art von organischer Schwungkraft gefangen, die sie – vielleicht jahrhundertelang – durch zahllose Lebenszyklen treibt. Es sieht geradeso aus, als könnte das Leben der unbelebten Materie durch die bloße Berührung irgendeine mystische Eigenschaft verleihen und als würde die Materie, sobald sie einmal in eine Zelle aufgenommen wurde, in einer Weise verändert, die ihre neuerliche Aufnahme in lebende Organismen wahrscheinlicher werden läßt. Wir werden noch sehen, daß es sogar möglich sein wird, diese Veränderung zu messen.

Der Biophysiker Joseph Hoffman nennt diesen kontinuierlichen Prozeß den »atomaren Strudel des Lebens«, und er weist darauf hin, daß wir nur wenige Nahrungsstoffe verzehren, die nicht kurz zuvor noch Teil eines anderen lebenden Wesens waren. Und daß das Wachstum der Pflanzen durch das Vorhandensein ehedem lebendigen Materials gefördert wird, selbst wenn dieses (wie im Falle von Holzasche) verbrannt wurde, seitdem es zum letztenmal lebendig war (120). Die Veränderung, die das Leben in der Materie bewirkt, ist eindeutig nicht nur eine chemische.

Wieder einmal müssen wir uns mit der Vorstellung vertraut machen, daß es verschiedene Grade des Todes oder des Totseins gibt. Die Überreste lebender Organismen enthalten noch Lebensspuren und sollten vielleicht als Teile des Lebens betrachtet werden. Jedes einzelne Stückchen organischen Materials, das man heute auf der Erdoberfläche findet, wurde vom Leben gebildet, und viele Fragmente scheinen noch Spuren dieser Erfahrung an sich zu tragen. Humus ist nach allen herkömmlichen Anschauungen tot, und dennoch unterscheidet er sich beträchtlich von dem Gestein, auf dem er liegt. Hoffman meint, daß »lebende Dinge mehr wissen, als sie sagen können«, und daß ein Baum seine Samen »in dem Glauben« ausstreut, daß etwas anderes sie aufnehmen wird als nur unfruchtbarer Fels. Im Lichte dessen, was wir heute über die Beziehungen zwischen isolierten Pflanzen und anderer belebter Materie wissen, fällt es schwer, ihm nicht zuzustimmen, wenn er sagt, das Netz des Lebens sollte so weit ausgespannt werden, daß es auch alles mit erfaßt, was erst seit kurzem »tot« ist.

Auf der Grenzebene zwischen organischer und anorganischer Materie bewegen sich die höchst vielseitigen Bakterien. Im Gegensatz zu den anomalen Viren schlagen diese Organismen tatsächlich eine Brücke zwischen belebter und unbelebter Materie.

Die Bakterien sind zweifellos lebendig, und obwohl sie am besten in einer warmen, feuchten Umgebung gedeihen, kommen sie in den unterschiedlichsten Milieus vor. Viele können ohne Sauerstoff existieren, manche können in Wasser leben, das beinahe den Siedepunkt erreicht, und die meisten überleben beliebig lange bei Temperaturen weit unter dem Gefrierpunkt. Einige sind photosynthetisch und beziehen ihre Energie wie Pflanzen direkt aus dem Sonnenlicht, aber die anderen brauchen organische Nahrung. Um diese zu bekommen, fördern sie den Verwesungsprozeß, in dessen Verlauf komplexe organische Verbindungen in einfachere anorganische Chemikalien zerlegt werden. Die Bakterie nimmt, was sie braucht, und überläßt das Übrige der Natur. Viele dieser Produkte kommen frei nicht vor, und wenn die Bakterien sie nicht verfügbar machten, wären sie für alle Zeiten in für andere Lebewesen unzugängliche Formen eingeschlossen, und alles Leben würde bald verlöschen.

Die Bakterien selbst scheinen praktisch unsterblich zu sein. Sobald sie ihre optimale Größe erreicht haben, wofür sie nur zwanzig Minuten brauchen, teilen sie sich einfach, und zwei neue Bakterien fressen und wachsen und teilen sich ihrerseits. Unter idealen Bedingungen, das heißt wenn keine durch Viren oder weiße Blutkörperchen getötet würde, brauchte keine Bakterie jemals zu sterben. Eine Bakterie geht nicht an Altersschwäche ein, und sofern sie nicht regelrecht zerstört wird, gibt es auch keine Leiche. Für die einfachsten, in einer einzigen Zelle eingeschlossenen Ansammlungen von Materie ist der Tod daher ein bedeutungsloser Begriff. Die Evolution scheint mit einem einzigen raschen Schritt von der völlig toten anorganischen Materie zum ewigen, sich selbst reproduzierenden Leben weitergeschritten zu sein. Die komplizierte flexible Beziehung zwischen Leben und Tod ist offenbar eine Verfeinerung, die aus irgendeinem Grunde später eingeführt wurde.

Die meisten einfachen, einzelligen Organismen vermehren sich wie die Bakterien durch eine Zweiteilung, bei der sich eine Mutterzelle in zwei Tochterzellen spaltet, deren jede ungefähr die Hälfte des Ausgangsmaterials enthält. Wenn die Zelle einen Kern hat, teilt sich dieser zuerst, so daß jede Tochterzelle einen gleichen Anteil von dem Erbmaterial des Organismus erhält.

Enthält eine Zelle unpaarige Gebilde wie, zum Beispiel, den Schlund beim Pantoffeltierchen *(Paramaecium)*, so erhält eine der Tochterzellen diesen Teil und die andere muß ihn nach den in ihrem Anteil des Zellkerns enthaltenen Instruktionen selbst bilden. Parasitäre Protozoen wie die Plasmodien, die in der Körperflüssigkeit ihrer Wirte leben, sind vor den Härten der äußeren Umwelt geschützt und auf allen Seiten von einer Fülle von Nahrung umgeben, die sie nur durch die Zellwände aufzunehmen brauchen. Unter diesen idealen Bedingungen geht die Vermehrung sehr rasch vor sich. Die Zweiteilung ist diesen Organismen zu langsam, und sie haben sich daher auf eine vielfache Teilung verlegt, bei der sich der Kern rasch in eine große Anzahl von Teilen spaltet, deren jeder von einem winzigen Stück Protoplasma umgeben wird und wieder eine eigene Zelle bildet. Der Schock dieser plötzlichen Vermehrung und das gleichzeitige Auftreten von Milliarden winziger Parasiten in unserem Blutstrom sind es, die das Malariafieber auslösen. Indem sie ihre Masse auf solche Weise teilen, genießen Pantoffeltierchen und Plasmodien die gleiche Art von Fortdauer ohne Tod wie die Bakterien.

Auf den höheren Sprossen der Evolutionsleiter gibt es noch viele andere Unsterbliche. Ein kleines Hohltierchen trägt den Namen des sagenhaften Ungeheuers *Hydra,* weil es die Fähigkeit besitzt, einen neuen Kopf wachsen oder völlig neue Individuen aus der Seite seines Körpers sprießen zu lassen. Die Planarie, ein Süßwasserplattwurm, kann zwei oder mehr neue Würmer bilden, wenn sie auf eine Weise, die für andere Arten tödlich wäre, in Stücke geschnitten wird. Ein Arm, der einem Seestern abgetrennt wird, läßt bald die vier fehlenden Arme nachwachsen und geht seine eigenen Wege. Eine Reproduktion dieser Art ist für jeden Organismus nützlich, wenn rasche Vermehrung nötig oder vorteilhaft ist, aber sie hat auch einen Nachteil: Alle Tochterzellen, beziehungsweise alle neuen Sprosse sind genaue Abbilder der Eltern. Das ist gut, solange sich die Bedingungen nicht ändern, aber in unserem dynamischen System sind Organismen begünstigt, die sich ändern und dadurch mit den Umweltveränderungen Schritt halten können.

Das Leben löste dieses Problem durch das Geschlecht. Während sich die meisten Bakterien noch teilten, begannen einige mit einem direkten Austausch des Erbguts zwischen unversehrten Individuen zu experimentieren. Im Jahre 1947 wies Joshua Lederberg von der Columbia University nach, daß der gewöhnliche Dickdarmbazillus *Escherichia coli,* von dem jeder von uns Millionen mit sich herumträgt, manchmal in zwei Formen auftritt, die elementare männliche und weibliche Merkmale besitzen (109). Manchmal nähert sich eine längliche männliche Zelle einer der plumperen, runderen vom weiblichen Typ und streckt einen kurzen Schlauch aus, der die Zellwand des Weibchens durchbohrt und genetisches Material injiziert. Dieser Übertragungsvorgang dauert ungefähr zwei Stunden; das bedeutet, daß die Paarung bei Bakterien sechsmal so lange dauern kann wie eine ungeschlechtliche Generation. Eine angenehme Methode, das Leben zu verlängern.

Der Wert der Übertragung liegt darin, daß Zellen, die später von der weiblichen Bakterie produziert werden, eine Mischung aus männlichen und weiblichen Merkmalen besitzen. Zum erstenmal in der Evolution haben die Nachkommen *zwei* Eltern, und sie unterscheiden sich von beiden. Die Vorteile dieser Entwicklung im Hinblick auf die Anpassungsfähigkeit sind beträchtlich, und von dieser Stufe an spielte die geschlechtliche Fortpflanzung eine immer wichtigere Rolle im Leben aller Organismen. Eine Zeitlang existierte sie neben den ungeschlechtlichen Techniken der Teilung und Sprossung, wobei geschlechtliche und ungeschlechtliche Generationen einander ablösten, aber zuletzt übertrafen die Vorteile der geschlechtlichen Fortpflanzung die aller anderen Methoden, und rein geschlechtliche Organismen entwickelten sich.

Das bedeutet, daß sie entweder männlich oder weiblich waren und sich nur in der Weise vermehren konnten, daß sie kleine Teile ihres Körpers zu einer Vereinigung beisteuerten, aus der neue Individuen hervorgingen. Zum erstenmal waren Organismen echte Individuen mit einem begrenzten Lebenszyklus. Sie wurden geboren, wuchsen, reiften und pflanzten sich fort, aber im Gegensatz zu den Bakterien, die sich teilten und einfach wieder von vorn anfingen, alterten sie und starben. Der Preis, den wir für das Geschlecht zu zahlen haben, ist der Tod.

Als einen gewissen Ausgleich für den Verlust der Unsterblichkeit gewannen die Organismen Individualität. Waren sie bis dahin nur Übergangsphasen in einem endlosen Prozeß gewesen, so wurden sie nun eigene Wesen mit einem einzigartigen Charakter. Während man von Bakterien lediglich sagen konnte, daß ein Prozeß unterbrochen wurde, wenn sie zerstört wurden, kann dasselbe Ereignis in der Insektenwelt so beschrieben werden, daß man beispielsweise sagt, eine Heuschrecke sei gestorben. Sobald es Individuen gibt, wird es möglich, von der allgemeinen Feststellung, daß der Tod eingetreten sei, zu der genauen Aussage überzugehen, *wer* gestorben ist. Aber schon ergibt sich ein neues Problem. Wir stellten fest, daß ein Organismus noch lebte, obwohl einige der ihn bildenden Zellen tot waren. Wir sagten sogar, daß die toten Zellen als noch lebendig betrachtet werden könnten, weil sie noch eine Rolle für das Überleben des ganzen Organismus spielten. Wenn Individuen einer eng verbundenen Gesellschaft angehören, können sie unter demselben Gesichtspunkt betrachtet werden.

Der Zoologe Claiborne Jones verweist darauf, daß es ebenso schwer ist, ein Individuum zufriedenstellend zu definieren wie eine ganze Spezies, und er meint, daß beispielsweise die Honigbiene gar kein Organismus sei, sondern ein rein künstlicher menschlicher Begriff (131). Der Bienenstock als Ganzer sei vielmehr ein einziger Organismus. Wenn das zutrifft – ist dann eine Arbeitsbiene, die getötet wurde, gestorben, oder ist lediglich ein entbehrlicher Teil des Stocks verlorengegangen? Es gibt ausreichende Gründe dafür, den Bienenstock und den Termitenbau als eigene Organismen zu betrachten. Die einzelnen Arbeitsbienen oder Termiten sind unfruchtbar und ebensowenig imstande, sich fortzupflanzen, wie rote Blutkörperchen. Sie üben sogar eine ähnliche Trägerfunktion aus und haben ebensowenig eine Chance, als Individuen zu überleben, wie ein isoliertes Blutkörperchen. Wer besitzt also eine individuelle Identität – die Biene oder der Stock? Wenn der Stock der Organismus ist, hängt dann sein Leben von der Zahl der überlebenden arbeitenden Komponenten ab? Wie viele Bienen kann man wegnehmen, bevor man von dem Stock behaupten darf, er sei gestorben? Es scheint, daß die Antwort auf diese Probleme dieselbe ist, die auch für die Zellen in einem Körper gilt – nämlich daß Leben und Tod Seite an Seite existieren und daß eine Definition des einen oder anderen, wenn sie sinnvoll sein soll, beide mit einschließen muß.

Die Möglichkeit sozialer Organismen und Gruppenidentitäten wirft noch eine weitere Frage auf. Nehmen wir an, irgendeine von außen wirkende Kraft zerstört den Stock, ohne eine einzige Biene zu töten; sie zerstreut die Insekten nur in der ganzen weiteren Umgebung. Der Stock ist verschwunden, aber ist der Organismus tot? Wenn nicht – was geschieht, wenn die Bienen eingefangen und auf mehrere andere Stöcke verteilt werden? Wenn ein Wolf getötet und von anderen Wölfen gefressen wird, sagen wir, er sei tot, aber ist das richtig? Das Dilemma wird immer größer. Wo bleibt das Leben, wenn seine Bestandteile umgruppiert werden? Das ist nicht nur ein philosophisches Problem; seit es Organverpflanzungen gibt, ist es zu einer wesentlichen moralischen und juristischen Frage geworden.

Meeresschwämme bestehen aus Massen von Zellen, die eine als Ganzes funktionierende Gemeinschaft bilden und von den meisten Zoologen als Organismen betrachtet werden. Wenn man aber einen Schwamm zerschneidet und die Stücke durch ein Seidentuch quetscht, so daß alle Zellen voneinander getrennt werden, organisiert sich dieser formlose Brei bald wieder zu einem Schwamm. Ein sehr aufschlußreiches Experiment wurde mit dem roten Schwamm *Microciona prolifera* und dem gelben Schwefelschwamm *Cliona celata* angestellt (120). Je ein Exemplar wurde durch ein feines Sieb gedrückt, und die beiden Flüssigkeiten wurden gründlich vermengt. Nach Ablauf von vierundzwanzig Stunden hatten sich die roten und die gelben Zellen wieder organisiert und die ursprüngliche Schwammform gebildet. Als das Experiment begann, gab es zwei verschiedene lebendige Organismen, aber *wer* war in der vermischten »Suppe« lebendig, und wer war tot? Die Zellen lebten alle, aber in welchem Stadium können wir für jeden der beiden Organismen individuelles Leben annehmen? Und was fangen wir mit der seltsamen Tatsache an, daß zuletzt einige rote Zellen in den gelben Schwamm aufgenommen worden waren und sich offenbar ganz wohl fühlten?

Man kann natürlich argumentieren, daß Schwämme eher Zellenkolonien als regelrechte Organismen seien, aber Theodore

Hauschka arbeitete mit einem Lebewesen, das unbestreitbar ein Organismus ist, nämlich mit einer Maus, und erzielte erstaunliche Ergebnisse (120). Er nahm einer Maus am 13. Tag der Trächtigkeit die Embryos und zermahlte sie so gründlich, daß er den Brei mit einer feinen Injektionsnadel aufziehen konnte. Diese Flüssigkeit spritzte er in die Bauchhöhlen unbefruchteter Mäuseweibchen desselben Stammes. Nach fünf Wochen konnte er feststellen, daß in den Bauchhöhlen aller dieser Tiere große koordinierte Massen von Knochen und Geweben wuchsen. Diese Massen glichen denen von etwa eine Woche alten Mäuseembryos. Die getrennten Zellen waren offensichtlich imstande, sich wieder zu vereinigen und weiterzuwachsen, so als wollten sie vollständige Tiere bilden. Aber was für Tiere? Mäuse offenbar. Aber was für Mäuse? Dieselben, die im ursprünglichen Uterus entstanden wären? Wenn nicht – was wurde aus diesen Mäusen? Sind sie tot?

Einer der Schlüssel zu dem ganzen Problem ist in dem Verhalten individueller Zellen zu suchen.

Viele verschiedene Arten von Zellen vermehren sich auch außerhalb des Körpers, wenn man ihnen die entsprechenden Bedingungen schafft. Diese Technik der Gewebekultur erfordert die richtige Temperatur und eine vielfältig zusammengesetzte Nährlösung, die bis zu hundert verschiedene Bestandteile enthalten kann. Die meisten Fachleute haben ihre eigenen kleinen Tricks, um eine Kultur in Gang zu bringen. Zellen aus dem Knochenmark oder von der Darmschleimhaut vermehren sich schon im Körperinnern reichlich, daher eignen sie sich besonders gut für Kulturen. Gute Kandidaten sind auch die Embryonalzellen, weil sie schon begonnen haben, schnell zu wachsen, und etwas von diesem Schwung in neue Situationen mitzunehmen scheinen.

In den letzten Jahren wurden isolierte Gewebe aus Zellen kultiviert, die man Enten, Kaninchen, Kühen, Schafen, Pferden, Mäusen, Ratten, Meerschweinchen, Affen und Menschen entnahm. Wenn die Zellen von einem Embryo stammen, gruppieren sie sich oft zu einem entsprechenden Gebilde, das heißt zu einem Knochen oder Muskel von der für ihre Spezies richtigen Form und Größe. Isolierte Pflanzenzellen können sogar dazu gebracht

werden, vollständige neue Organismen zu bilden. Eine Gewebekultur, die mit einer einzigen, dem wachsenden Schößling einer
Tabakpflanze entnommenen Zelle begann, entwickelte sich im
Labor zu einer ganzen ausgewachsenen Pflanze mit Wurzeln,
Blättern und Blüten. An sich besitzt jede Zelle in jedem Organismus diese Fähigkeit. In jedem Zellkern sind alle Instruktionen
enthalten, die nötig sind, um eine voll funktionstüchtige Kombination von Zellen in der Form eines Individuums dieser Spezies
zu produzieren. Noch hat man auf diese Weise kein Tier »her-
stellen« können, aber theoretisch ist nicht einzusehen, warum es
nicht möglich sein sollte, Hunderte von neuen Individuen zu
kultivieren, die alle dem ursprünglichen Spender der Zelle
gleichen.

In der Praxis gibt es allerdings ein Hindernis, nämlich die
sogenannte Hayflick-Grenze. L. Hayflick ist ein Fachmann für
Gewebekulturen. Er arbeitet am Wistar-Institut in Philadelphia
und entdeckte dort, daß sich eine Kultur aus menschlichen
Embryonalzellen nur etwa fünfzig Generationen lang vermehrt
(30). Selbst unter den günstigsten Bedingungen kann die Kultur
nicht weitergeführt werden – sie stirbt einfach. Hayflick meint,
dies könne eine naturgegebene Grenze sein und auch im Körper
wäre die Zelle nicht imstande, mehr zu leisten. Wenn wir zum
Ausgangspunkt, das heißt zum befruchteten Ei, zurückgehen,
können wir vielleicht zwanzig Generationen hinzufügen, und
diese insgesamt siebzig Multiplikationen würden eine hinlänglich
große Zahl ergeben, um jede Körperzelle zwanzigmillionenmal
zu ersetzen. Das ist zwar mehr als genug für die Lebensspanne
eines Menschen, aber im Augenblick gibt es noch keine Anhaltspunkte dafür, daß die Hayflick-Grenze auch für Zellen gilt, die
sich an ihrem richtigen Platz befinden. Fest steht jedoch, daß
Zellen in einer Kultur nach einer gewissen Periode isolierten
Wachstums irgendeinen lebenswichtigen Faktor einbüßen. Wir
werden noch sehen, daß dieser Faktor mittlerweile identifiziert
wurde, und ich nehme an, daß es mit verbesserten Techniken
möglich sein wird, diesen Faktor zu bewahren oder zu ersetzen
und die Hayflick-Grenze zu überschreiten.

Das Faszinierendste an dieser Gewebeforschung ist die Entdeckung, was mit einer isolierten Kultur geschieht, wenn sie sich

36

der vorerst noch gegebenen Grenze nähert. Zellen, die als deutlich erkennbare menschliche Körperzellen beginnen, verlieren nach und nach ihre Identität. Nachdem sie gezwungen wurden, sich immer wieder zu vermehren, ohne ein für ihre Art typisches Organ oder Gewebe bilden zu dürfen, scheinen die Zellen zu »vergessen«, wer sie sein sollen. Die Hayflick-Grenze ist für jede Spezies eine andere, aber alle Zellen, gleich aus welchem Organismus sie stammen, erleiden dasselbe Schicksal, wenn sie sich diesem Endpunkt nähern: sie scheinen das Gedächtnis zu verlieren. Nach einer entsprechend langen Kulturperiode sehen alle Zellen ungeachtet ihrer Herkunft gleich aus. Höchst verschiedene Einheiten, beispielsweise aus den Speicheldrüsen von Fruchtfliegen, aus den Eierstöcken von Schafen, aus dem Innenohr von Mäusen oder aus den Blütenblättern einer Blume gleiten ab in die Anonymität. Sie entwickeln sich zu amorphen schuppenartigen Zellen ohne besondere, eigene Form und ohne Hinweis auf ihre Herkunft oder Bestimmung. Sie werden zu dahinvegetierenden Idioten.

Diese anonymen, isolierten Zellen tragen noch ihre genetischen Blaupausen in sich, sie ernähren sich und wachsen, ihr Zytoplasma pulst und brodelt, und sie teilen sich programmgemäß, aber sie sind zu sich selbst kopierenden Automaten ohne besonderen Plan geworden. Sie haben ihre Identität und ihren Zweck verloren und sind völlig außerstande, das noch in ihren Chromosomen ruhende Potential auszuwerten. Die Pläne sind noch intakt, sie enthalten alle für das Leben nötigen Instruktionen, aber die Zellen haben das Lesen verlernt.

Diese schwachsinnigen Zellen scheinen zu einem Zustand zurückgekehrt zu sein, der dem der ersten je entstandenen lebenden Zellen ähnelt. Sie werden wieder so etwas wie der niedrigste gemeinsame Nenner, ein unspezialisierter Baustein, der zu allem taugen könnte; aber in der erschöpften Gewebekultur taugen sie zu nichts mehr, sie gehen einfach ein. Es gibt nur eine Möglichkeit, diese Zellen zu retten: man muß ihnen neue Instruktionen erteilen. Wenn »verbannte« menschliche Zellen mit einer Mischung ernährt werden, die Pferdeserum enthält, werden sie pferdeähnlicher und schlagen mit neuer Energie diese Richtung ein. Oder wenn in einer dieser Zellen eine Mutation stattfindet, beginnt eine neue Entwicklung, und die Kultur wächst über die alte Hayflick-Grenze hinaus weiter. Genau das geschieht, wenn eine Zelle verkrebst. Sie macht eine Mutation durch und empfängt nun andere Instruktionen als die Elternzellen, deren Anweisungen sie nicht mehr unterworfen ist. Das Gewebe nimmt eine neue Identität mit eigenen Grenzen an, die ihrerseits wieder durch weitere Veränderungen und Mutationen überschritten werden können.

Eine andere Methode, eine ermüdete Kultur wiederaufzufrischen, besteht darin, sie mit dem Körper des ursprünglichen Spenders in Berührung zu bringen. Wenn die Zellen in der Zwischenzeit mutierten, rufen sie manchmal bösartige Wucherungen oder Krebs hervor, aber wenn ihr genetisches Material unverändert geblieben ist, beginnen sie oft wieder mit der alten Kraft zu funktionieren. Sie arbeiten wieder auf ein bestimmtes Ziel hin, das von ihrer genauen Lage im Körper abhängt. Zellen aus dem Augenbereich eines Froschembryos können in die Magengegend verpflanzt werden, aber sie bilden dort eine neue Darmschleimhaut und nicht innere Augen. Es existiert ein Koordinierungssystem, das dafür sorgt, daß die Zellen in einem bestimmten Bereich tun, was dort von ihnen verlangt wird obwohl jede Zelle potentiell in der Lage wäre, alles zu tun. Wäre das nicht so eingerichtet, so würde eine Gruppe von Zellen, die in irgendeinem Körperbereich aktiv wird, irgend etwas völlig Unpassendes produzieren, und es wäre höchst beunruhigend, wenn die Zellen nach einer kleinen Schnittverletzung oder Abschürfung an unserem Ellbogen sich auf eine disziplinlose Weise regenerierten und dort plötzlich ein Kind wachsen würde. Das ist durchaus nicht so wahnwitzig, wie es klingt, denn es gibt Arten wie, zum Beispiel, die in Süßwasser lebende *Hydra,* bei denen genau das geschieht. Die Zellen der »Unsterblichen« haben sich eine Freiheit bewahrt, die es jedem Teil gestattet, das Ganze zu duplizieren, aber die sterblichen Spezies sind so eingerichtet, daß die einzelnen Teile dem allgemeinen Plan untergeordnet sind.

Die Koordinierungszentren, die für die Ausführung der genetischen Instruktionen sorgen, beschränken sich nicht auf das Gehirn oder die endokrinen Drüsen; sie konnten nie in irgendeinem bestimmten Teil des Körpers isoliert werden, sondern scheinen überall vorhanden zu sein. Im Falle der Tabakzelle, aus der eine neue, vollständige und richtig koordinierte Pflanze wurde, muß der Regler in der einzelnen isolierten Zelle anwesend gewesen sein. Das könnte auf alle einzelnen Zellen zutreffen, und mit Hilfe der entsprechenden Technologie sind wir eines Tages vielleicht imstande, jede Spezies aus irgendeinem ihrer kleinsten Teile wachsen zu lassen. Zur Zeit können wir nur kleine Gewebe aus tierischen Körperzellen kultivieren, aber wir haben eine entscheidende, weitreichende Entdeckung gemacht. Die Tatsache, daß isolierte Zellen schließlich ihre biologische Identität einbüßen, daß sie den Kontakt mit dem Leben verlieren, vermittelt uns die erste echte Einsicht in das Wesen von Leben und Tod.

Wir haben gesehen, daß die beiden Zustände kaum zu unterscheiden sind, daß sie nebeneinander auf einer gleitenden Skala ohne feste Punkte existieren. Wir haben das Leben als einen Organisationszustand definiert und festgestellt, daß offenkundig tote Zellen oft die gleichen Eigenschaften aufweisen. Wir haben die einfache Selbstreproduktion als unbrauchbares Kriterium ausgeschieden. Wir haben einige der Schwierigkeiten aufgezeigt, die sich zwangsläufig ergeben, wenn man festzustellen versucht, wo das Leben endet, und gesagt, daß es in irgendeiner Form vielleicht auch noch in Materie gefunden werden kann, die wir normalerweise als tot betrachten. Mit dem Wissen, daß Zellen, die zu lange sich selbst überlassen bleiben, sich aus zielgerichteten lebendigen Einheiten in desorganisierte Idioten verwandeln, besitzen wir den Keim einer Theorie, die mit allen Tatsachen übereinzustimmen scheint.

Der Romeo-Irrtum ist eine Verwechslung von Leben und Tod, und er wird einfach deshalb so oft begangen, weil zwischen den beiden kein absoluter Unterschied besteht. Sie sind Manifestationen desselben biologischen Prozesses und unterscheiden sich nur graduell. Es gibt jedoch noch einen dritten Zustand, der sich sowohl vom Leben als auch vom Tod unterscheidet. Es ist der Zustand der Anonymität, wie sie in kultivierten Zellen nahe der Hayflick-Grenze in Erscheinung tritt. Diese Zellen sind nicht lebendig im normalen Sinne, denn es fehlt ihnen die Identität der Spezies, der sie ursprünglich angehörten; ebensowenig sind sie aber tot, denn sie entwickeln noch viele lebensähnliche Aktivitäten. Sie unterscheiden sich von den lebendigen Zellen im Blut und den toten Zellen an der Hautoberfläche insofern, als ihnen die für ihre Spezies charakteristische Organisation fehlt. Diese Abwesenheit eines dynamischen Musters ist das hervorstechende Merkmal eines dritten Zustandes, der weder Leben noch Tod genannt werden kann und dennoch eine durchaus reale und erkennbare Bedingung eigener Art ist und einen Namen braucht. Ich schlage vor, ihn einstweilen *Goth* zu nennen.

Abgesehen davon, daß es an den Namen eines alten germanischen Volkes anklingt, hat *Goth* in keiner der bekannteren Sprachen irgendeine Bedeutung, und wir können es nach Belieben als Hauptwort oder, klein geschrieben, als Eigenschaftswort verwenden.

Wir haben nun also drei Materiezustände – Leben, Tod und *Goth* –, aber in biologischer Hinsicht ist es zweckmäßig, von nur zweien zu sprechen. Materie ist entweder lebendig oder *goth*. Die Unterscheidung zwischen diesen beiden Zuständen stützt sich auf die Anwesenheit oder Abwesenheit eines Koordinierungsschemas oder Organisators. Man kann sagen, Leben ist gegeben, solange in der Materie noch der geringste Rest dieses »Strudels« vorhanden ist. Wenn er endgültig erlischt, durch die Zeit oder durch die Isolierung, tritt *Goth* an die Stelle des Lebens. Wenn die Materie selbst aufgelöst wird, wie es bei einem Körper der Fall wäre, der sich im Zentrum einer thermonuklearen Explosion befände, so würde das Leben, wie wir es kennen, enden, aber *Goth* würde erst beginnen, wenn auch das Organisationsfeld zerstört worden wäre.

Manche Arten von *Goth* sind identisch mit dem totalen biologischen Zusammenbruch, der »absoluter Tod« genannt wurde. Dieser Ausdruck gefällt mir, und er kann beispielsweise sinnvoll angewandt werden bei einer Leiche, die verbrannt wurde, aber er schließt nicht diese »zombiehaften« Zellenzustände mit ein, die unter die Definition *Goth* fallen. Was wir üblicherweise Tod nennen, wurde präziser definiert als »klinischer Tod«, und auch dieser Begriff kann nützlich sein, aber er ist so dehnbar, daß er mehr eine Abschwächung oder Minderung der Lebenskraft zu bezeichnen scheint, als eine biologische Bedingung eigener Art.

40

Tote Materie wie ein Haar oder eine Kralle, die in einem lebenden Organismus eine geregelte Funktion erfüllt, ist lebendig. Man könnte sogar daran denken, manche Magneten und Kristalle in diese Kategorie aufzunehmen. Tote Materie wie fossile Knochen oder gesponnene Baumwolle dagegen, die nichts von der Ordnung und dem Rhythmus des Lebens aufweist, ist *goth*. Ein Organismus kann in seine zellularen Bestandteile zerlegt werden und dennoch das Leben bewahren, aber wenn diese isolierten Einheiten ihre einzigartige Identität verlieren, weicht die Organisation des Lebens der Desorganisation des *Goth*. Die Zustände von Leben und *Goth* überdecken einander teilweise und liegen auf einem Kontinuum, das von der Komplexheit des denkenden Verstandes bis zur relativen Einfachheit eines selbständigen Moleküls reicht. Der Tod ist nichts weiter als ein Nonius, den wir auf dieser Skala entsprechend unseren jeweiligen Anschauungen oder dem Stand unserer Technologie hin und her schieben. Der Tod ist, wie viele Philosophen schon seit langem vermuten, ein Geisteszustand.

Ich bin mir dessen bewußt, daß diese Vorstellung weitgehend auf Mutmaßungen beruht und mehr der Extrapolation verdankt als dem Experiment, aber als Biologe entdecke ich auffällige Widersprüche in allen bisherigen Erklärungen der Phänomene Leben und Tod. Es widerstrebt mir, neue Wörter und Begriffe zu prägen, aber zwischen den geltenden Theorien und dem zu beobachtenden Sachverhalt klafft eine solche Lücke, daß mir irgendeine neue Begriffskonstruktion notwendig und in diesem Falle gerechtfertigt erscheint.

Auf meiner Suche nach Bestätigung mußte ich über die üblichen Quellen hinausgehen und mich nach Anhaltspunkten umsehen, die mir helfen konnten, das Problem wieder in seine evolutionäre Perspektive zu bringen. Ich habe an den verschiedensten seltsamen Orten lose Fäden gesammelt und mag mich für ihre Herkunft nicht entschuldigen, denn ich will in den folgenden Kapiteln zeigen, daß diese Fäden auf wissenschaftliche Weise zu einem Muster verwoben werden können, das allmählich so etwas wie einen Sinn in dem Rätsel des Todes erkennen läßt.

2. Kapitel
Der Tod als Krankheit

Der Körper eines erwachsenen Menschen enthält, grob gerechnet, 60 000 000 000 000 (60 Billionen) Zellen, und in jeweils vierundzwanzig Stunden verliert er genug Zellen, um einen Suppenteller damit zu füllen.

Betrachten Sie einmal die Schuppen, die ständig von Ihrer Haut abfallen, genauer, und Sie sehen feingeformte kristalline Vielecke, deren Oberflächen durchsichtige Keratinpyramiden bilden. Betrachten Sie eines der sechzig Haare, die Sie täglich verlieren, und Sie sehen mehr als tausend Zellen, die wie kreisförmige Schindeln um einen faserigen Kern in der Mitte angeordnet sind. Schaben Sie einen dünnen Span von Ihrem Fingernagel, und Sie verlieren weitere zehntausend Zellen, die zu einer harten, hornigen Substanz geschichtet und komprimiert sind. An der Körperoberfläche fordern jede Berührung und jeder Luftzug ihren Zoll, und im Körperinnern herrschen nicht minder harte Bedingungen. Tag für Tag wird die gesamte Innenauskleidung der Mundhöhle in den Magen hinuntergespült und verdaut, und 70 000 000 000 Zellen werden von der durchpassierenden Nahrung von den Darmwänden gestreift. Der Rest der täglichen Quote wird durch chemische Katastrophen wie Liebe, Haß, Zorn und Sorge zerstört, die alle den Körper abnutzen.

Nebeneinandergelegt, würde die gesamte »Ausbeute« eines Tages den Atlantik überspannen, aber beim durchschnittlichen *jungen* Erwachsenen ergibt sich alles in allem weder ein Verlust noch ein Gewinn an Zellen, denn der Körper produziert so viele neue, wie er alte verliert. Ein Kind kommt mit nur 2 000 000 000 000 Zellen zur Welt, und während des Wachstums vermehren sich diese um etwa das Dreißigfache, bis das Körpergewicht eines Erwachsenen erreicht ist. Von der Reife an findet dann ein ständiger Verlust statt. Nach der Pubertät werden die Gehirnzellen nicht mehr erneuert, und vom 30. Lebensjahr an verlieren wir jährlich durchschnittlich ein Prozent unseres Nervensystems. Dieser Verlust nimmt mit fortschreitendem Alter stetig zu, bis ein Punkt erreicht wird, wo das Leben rasch aus dem Gleichgewichtszustand gerät und Unordnung und Desorganisation die Oberhand gewinnen.

Zuletzt kommt es so weit, daß wir sagen, ein Organismus sei gestorben; aber woher wissen wir so genau, wann dies geschieht? Gibt es Kriterien, mit deren Hilfe wir nachweisen können, daß etwas Besonderes geschehen ist? Und können wir Gewißheit haben?

Das Amt für Bevölkerungsstatistik der Vereinten Nationen definiert den Tod als »den endgültigen Stillstand aller Lebensfunktionen« (279). Mit dieser umfassenden Definition sind alle Fachleute einverstanden, aber beträchtliche Meinungsverschiedenheiten bestehen hinsichtlich der Frage, wie man diese Funktionen erkennt und worin ihr Stillstand oder der klinische Tod bestehen soll.

In einer Veröffentlichung des britischen Konsumentenverbandes mit dem Titel »Was tue ich, wenn jemand stirbt?« wird vorgeschlagen, man solle als erstes feststellen, ob der Betreffende noch atmet, indem man ihm einen Spiegel vor den Mund hält, um zu sehen, ob er sich beschlägt, aber schon in den ältesten medizinischen Schriften wird diese Probe als unzuverlässig bezeichnet (3). Die Anhänger des Hatha-Joga erlernen im forgeschrittenen Stadium eine Technik, die *khechari mudra* genannt wird: Der Adept drückt dabei die Zungenspitze gegen die Öffnung der Nasenhöhle am hinteren Gaumen und sitzt mit geschlossenem Mund stundenlang da – offensichtlich außerstande, auf irgendeine Weise zu atmen (290). Versuche, die man in Indien mit einem Hatha-Joga-Adepten in einer luftdichten Metallkammer anstellte, zeigten, daß der Mann seinen Sauerstoffverbrauch und seine Kohlendioxydausscheidung auf ein Mindestmaß reduzieren und unter Bedingungen überleben konnte, die für jeden normalen Menschen tödlich gewesen wären (2). Andere Versuche mit Zen-Mönchen in Japan und Anhängern der transzendentalen Meditation in den Vereinigten Staaten zeigen, daß sie alle in dem Augenblick, in dem die Meditation beginnt, eine Verminderung des Sauerstoffverbrauchs um etwa 20 Prozent erreichen (282). Vermutlich kann der Verbrauch durch Übung noch weiter reduziert werden. Die meisten einschlägigen Lehrbücher verweisen auf einen gewissen Oberst Townsend, der vor einem Ärzteausschuß in London mit dem Atmen absichtlich so lange aussetzte, daß die Ärzte ihn für tot erklärten und nach Hause gingen. Am nächsten Tag tat er dasselbe noch einmal (46).

Das zweite herkömmliche Anzeichen des klinischen Todes ist der Stillstand des Pulses. Aber auch hier wieder wird das Bild durch alle jene verwirrt, die gelernt haben, normalerweise unbewußte Vorgänge bewußt zu beherrschen. Ein französischer Kardiologe, der mit einem tragbaren Elektrokardiographen durch Indien reiste, fand mehrere Versuchspersonen, die ihr Herz auf Verlangen stillstehen lassen konnten (281). Und sogar Ratten könnte durch instrumentale Techniken gelehrt werden, den Herzschlag zu beeinflussen (182). Bei einer Testserie widerstanden sieben Ratten den starken automatischen Signalen, die der Körper aussendet, wenn etwas Gefährliches vorgeht, und hielten ihren Herzschlag so lange an, daß sie verendeten (63). Ich selbst habe in einem Krankenhaus in New Delhi einen geübten Fakir gesehen, der sein Herz, während er an einen Elektrokardiographen angeschlossen war, ganze zwölf Minuten lang absolut stillstehen ließ. In diesem Fall schien ein Stimulus für den Vagusnerv, der Instruktionen vom Hinterhirn zum Herzen leitet, durch eine Technik hervorgerufen zu werden, die von den Jogis *valsalva* genannt wird und unter anderem darin besteht, daß man in der Brust einen erhöhten Druck dadurch herstellt, daß man tief einatmet und sich dann ruckartig nach vorn beugt. Die Tatsache, daß die moderne Medizin die Diagnose des Todes keineswegs vereinfacht hat, wird sehr deutlich veranschaulicht durch die chirurgische Technik der Unterkühlung, mit deren Hilfe das Herz für die Dauer einer ganzen Operation am Schlagen gehindert wird. Ein Chirurg aus dem 19. Jahrhundert, der heute bei einer solchen Operation anwesend wäre, würde den Patienten ohne Zögern für tot erklären.

Eine abnormal niedrige Körpertemperatur gilt ebenfalls als sicheres Anzeichen des klinischen Todes, aber das Problematische an diesem Kennzeichen ist unter anderem, daß hinsichtlich der Frage, wie hoch die »normale« Temperatur sein soll, keine rechte Übereinstimmung herrscht. In Großbritannien gelten 98,4° Fahrenheit als normal, in den Vereinigten Staaten 98,6° Fahrenheit. Auf dem europäischen Kontinent hält man es wie die Amerikaner, wobei die betreffende Temperatur natürlich als 37° Celsius gemessen und ausgedrückt wird. Unsere Körpertemperatur ist niedriger als »normal« beim Erwachen und höher als dieser hypothetische Durchschnitt beim Schlafengehen. Säuglinge haben eine viel höhere Temperatur, alte Menschen eine niedrigere, und bei Frauen erhöht sich die Körpertemperatur um einen ganzen Grad während der Ovulation. Sportler können nach großen Anstrengungen gleichzeitig 41° C rektal und 34° C auf der schweißgekühlten Haut haben. Ein kaltes Bad kann die Temperatur auf 32° C drücken, und alte Menschen in kalten Räumen konnten noch gerettet werden, nachdem ihre Temperatur bereits auf 24° C gesunken war. Die Polizeiärzte behaupten, daß die Körpertemperatur nach Eintritt des klinischen Todes pro Stunde um nicht ganz einen Grad sinkt, und sie berechnen die seit dem Mord verstrichene Zeit nach der Formel $\frac{10\,(37 - \text{rektale Temperatur})}{8}$. (70) Das gilt angeblich bis zu zwölf Stunden, aber danach wird eine subtilere Berechnung auf Grund einer prozentuellen Methode angewandt (74).

Die Temperatur als Anzeichen des klinischen Todes ist vor allem deshalb problematisch, weil bei einem plötzlichen Tod durch Blitzschlag oder durch innere Verletzungen manchmal mehrere Stunden lang keine große Änderung der Körpertemperatur eintritt, während andererseits Asthma-Anfälle rasch todesähnliche Temperaturen bei Lebenden hervorrufen können. Andere Anomalien sind steigende Temperaturen unmittelbar nach dem Tod durch Cholera, Wundstarrkrampf und Pocken, und im übrigen wird durch die Verwesung so viel Wärme erzeugt, daß alle Leichen ohnehin bald wieder eine »normale« Körpertemperatur erreichen. Ein durch Drogen herbeigeführter Scheintod wirkt sich aus als ein tiefer Schlaf, in dem, wie Bruder Lorenzo Julia versicherte, »kein Odem, keine Wärme zeugt von Leben«. Ein schwedischer Junge, der aus einer Schneewehe gerettet wurde, erholte sich vollständig, nachdem seine Körpertemperatur schon auf 17° C gesunken war. Nach der Faustregel der

Polizei hätte er bei dieser Temperatur schon 25 Stunden tot sein müssen. Viele Tiere überleben bei noch niedrigeren Körpertemperaturen während des Winterschlafs (der Igel hat in dieser Zeit eine konstante Temperatur von 6° C), und nun rückt auch für Menschen ein künstlicher Winterschlaf in den Bereich des Möglichen (248). In der hypothermischen Chirurgie ist es üblich, den Blutkreislauf durch Senkung der Temperatur auf 15° C für eine Stunde stillzulegen, und in Japan nimmt man Gehirnoperationen bei der »Igeltemperatur« von 6° C vor. Im Jahre 1967 ließ sich James Bedford in Kalifornien bei der Temperatur von flüssigem Stickstoff (−196° C) permanent einfrieren, und seither folgten ihm mindestens zehn Menschen nach, die sich oder vielmehr ihre Leichen den *Cryonics Societies* anvertrauten (203). Diese Körper, die in ihren eisigen Kokons zwischen Diesseits und Jenseits ruhen, sind sowohl für die Biologie als auch für das Gesetz ein heikles Problem.

Manche gerichtsmedizinische Experten heben die Veränderungen hervor, die beim klinischen Tod im Auge eintreten. Der gütige Arzt, der die starrenden Augen des Toten zudrückt, ist zu einer stereotypen Filmfigur geworden, aber die Lider geben ebenso leicht nach im Tiefschlaf, bei Schlaganfällen, Erstickungsanfällen, Trunkenheit, Vergiftungen und manchen Kopfverletzungen. Die andere klassische Probe, die darin besteht, einen Lichtstrahl auf das Auge zu richten, taugt ebenfalls nur sehr wenig, denn die Irismuskeln bleiben wie viele andere Muskeln noch mehrere Stunden nach dem bescheinigten klinischen Tod aktiv und ziehen sich zusammen. Die Gerichtsmediziner erklären, daß sich die Pupille beim Eintritt des Todes erweitert und dann ungefähr zwanzig Stunden später teilweise wieder zusammenzieht. Zum Teil verläßt man sich auch auf Farbveränderungen, insofern als man behauptet, daß alle Augen einige Zeit nach dem Eintritt des Todes grünlich-braun werden. Das mag seine Richtigkeit haben, denn das Irispigment, Melanin, ist in allen Augen das gleiche; in braunen Augen liegt es lediglich näher an der Oberfläche, und in blauen Augen ist es durch darüberliegende Gewebe verdeckt. Es scheint auch zu stimmen, daß die Hornhaut hart und trüb wird und daß die Augäpfel zehn bis zwölf Stunden nach Eintritt des klinischen Todes schlaff werden.

Sobald der Kreislauf stillsteht, schlagen sich die roten Blutkörperchen unter dem Einfluß der Schwerkraft nieder, und zurück bleibt ein farbloses Serum, das die Haut blaß erscheinen läßt, aber selbstverständlich nur bei hellhäutigen Menschen. Die gesamte Blutmenge neigt außerdem dazu abzusinken und die Kapillarien in den am tiefsten liegenden Teilen des Körpers zu füllen, wodurch dort dunkle Flecke erscheinen, die für die Polizei von unschätzbarem Wert sind, weil sie erkennen lassen, ob eine Leiche bewegt wurde oder nicht. Als zuverlässige Anzeichen des Todes können diese Flecke allerdings auch nicht gelten, denn die einzige Methode, sie von vor dem Tode eingetretenen Blutergüssen zu unterscheiden (bei denen mehr Blut in den umliegenden Geweben vorhanden ist), ist ein Einschnitt (70). Die Tatsache, daß das Blut einige Stunden nach dem klinischen Tod zu gerinnen beginnt, verleitete zu der Annahme, man könne den Tod feststellen, indem man einen Einstich mit einer Nadel vornimmt und auf austretende Flüssigkeit achtet. Beim lebenden Menschen wird jedoch die Blutgerinnung durch eine chemische Verbindung verhindert, die in Zellen an den Gefäßwänden produziert wird, und diese Zellen funktionieren auch nach dem Tode noch langsam weiter, so daß das Blut selbst mehrere Tage nach dem Beginn der Gerinnung noch einmal ganz flüssig werden kann.

Ein anderes Symptom, das auftritt und wieder verschwindet, ist die Leichenstarre. Sie wird dadurch verursacht, daß Muskelfasern steif werden, wenn eines der großen energietragenden Moleküle in der Zelle seine Form verändert. Der Prozeß beginnt in den Eingeweiden und schreitet zum Herzen, zum Zwerchfell und zu den Gesichtsmuskeln fort. Gewöhnlich bemerkt man die Starre zuerst nach einer Stunde an den Augenlidern, dann, nach drei oder vier Stunden, am Kiefer und nach etwa zwölf Stunden an allen langen Muskeln des Körpers. Sechsunddreißig Stunden später erschlaffen die Muskeln wieder, aber dieser Ablauf kann leicht durch eine ganze Anzahl von Faktoren gestört werden. Die Leichenstarre kann hinausgezögert werden durch Streß oder Angst im Augenblick des Sterbens, denn beides hinterläßt eine hohe Adrenalinkonzentration im Blut, und sie kann durch Anwendung von Gewalt künstlich beseitigt werden. Wenn ein erstarrtes Glied gebogen wird, kehrt die Steifheit nicht zurück. Die

Leichenstarre kann aber auch früher als gewöhnlich eintreten nach schwerer Erschöpfung oder bei einem sehr plötzlichen Tode sogar augenblicklich in Form eines Leichenkrampfes. Dieser selten anzutreffende Zustand wird gelegentlich mit schweren Tetanusanfällen verwechselt.

Die jüngsten Fortschritte der medizinischen Technologie haben die Definition des klinischen Todes so weit ausgedehnt, daß sie nun Zustände mit einschließt, die man früher für nicht mehr umkehrbar hielt. Das Laboratorium für experimentelle Wiederbelebungsphysiologie in Moskau beschreibt nun den klinischen Tod als »einen Zustand, in dem alle äußerlich erkennbaren Lebenszeichen (Bewußtsein, Reflexe, Atmung, Herztätigkeit) fehlen, der Organismus als ganzer aber noch nicht tot ist; die Stoffwechselvorgänge in seinen Geweben gehen weiter, und unter bestimmten Umständen ist es möglich, alle Funktionen wiederherzustellen (86). Unter normalen Bedingungen würde sich ein Organismus in dieser Verfassung wahrscheinlich nicht mehr erholen, aber mit Hilfe therapeutischer Mittel ist die Wiederbelebung jederzeit möglich, solange die Gehirnrinde nicht irreparable Schäden davongetragen hat. Wenn das geschehen ist, können zwar einzelne Organe wie das Herz und die Lungen wieder zur Funktion angeregt werden, aber es ist nicht mehr möglich, den ganzen Organismus zu selbständigem Leben zurückzuführen. Experimente auf diesem Gebiet zeigen, daß das Gehirn bei normaler Temperatur eine Untätigkeit von maximal sechs Minuten ertragen und seine volle Funktionsfähigkeit zurückerlangen kann. Der Tod kann daher mit dem Elektroenzephalographen als der Augenblick bestimmt werden, in dem diese Frist in den schwächsten Geweben des Körpers abgelaufen ist. An sich müßte das die genaueste Methode der Feststellung des Todes sein, die es je gegeben hat, aber die russischen Wissenschaftler weisen darauf hin, daß das Maximum von sechs Minuten noch keineswegs als absolut sicher gelten kann. Sie sagen, es sei »vom praktischen Standpunkt unmöglich, das Ende des Zustandes des klinischen Todes für jeden einzelnen Organismus genau zu bestimmen«, und man müsse daher »auf Durchschnittswerte zurückgreifen«.

Es liegt auf der Hand, daß kein Symptom für sich allein als

Nachweis des klinischen Todes betrachtet werden kann. Die meisten Fachleute sind sich dessen seit langem bewußt, und alle betonen, daß es nur *ein* wirklich verläßliches Anzeichen gibt: die Verwesung. Wenn sich Bakterien und Pilze in den Eingeweiden zu vermehren beginnen, rufen sie eine Verfärbung des Unterleibs hervor; graue Flecke erscheinen, die sich allmählich grün färben, und ein widerlicher Geruch macht sich bemerkbar. Doch nicht einmal diese Symptome sind absolut sicher, denn bei gewissen Hautkrankheiten treten Flecke und Verfärbungen auf, die denen des endgültigen Verfalls gleichen.

Ein Standardwerk über die Autopsie (218) faßt das Problem zusammen, indem es darauf hinweist, daß es drei verschiedene Todesursachen gibt: Asphyxie oder Versagen der Atmung (durch Ersticken, Strangulation, Lähmung etc.); Synkope oder Kreislaufversagen (hervorgerufen durch Schock, Blutung, Herzkrankheiten etc.) und schließlich Koma oder Versagen der Nerven (durch Hirnverletzungen, Gifte, Drogen etc.). In keinem dieser drei Fälle gibt es typische äußerliche Anzeichen von echtem diagnostischem Wert.

Alle Fortschritte auf medizinischem und technischem Gebiet, die in letzter Zeit erzielt wurden, scheinen nicht viel geholfen zu haben. Im Jahre 1890 veröffentlichte ein besorgter Arzt eine Abhandlung über das Problem der Unterscheidung zwischen echtem Tod und Scheintod, und er führte 418 Hinweise an (87). Heute müßte diese Liste noch länger sein, aber von einer Übereinstimmung hinsichtlich dieses Gegenstandes ist noch nichts zu bemerken. Unsere neuen Hilfsmittel haben nur dazu beigetragen, das Leben des einzelnen zu verlängern und die Unterscheidung zwischen Leben und Tod noch weiter zu erschweren – und allen raffinierten Hilfsmitteln zum Trotz machen wir noch immer Fehler. Am 3. November 1967 wurde ein schwerverwundeter amerikanischer Soldat in das beste Lazarett Südvietnams eingeliefert, wo die Wiederbelebungsversuche nach 45 Minuten aufgegeben wurden. Die Ärzte, der Elektrokardiograph und der Elektroenzephalograph sagten übereinstimmend, daß der Mann tot sei. Doch vier Stunden später kam er in der Leichenhalle wieder zu sich, und heute bezieht er daheim in Illinois eine Rente (172). Ein Kommentar aus dem Jahre 1821 hat noch heute seine volle

Gültigkeit: »Wenn uns bewußt ist, was das Leben anzeigt – und das sollte an sich jeder wissen, obgleich vielleicht niemand sagen kann, daß er tatsächlich und völlig eindeutig versteht, was das Leben ausmacht –, so erkennen wir augenblicklich auch den Tod. Er ist das Aufhören der Phänomene, die uns so vertraut sind – der Phänomene des Lebens« (250).

Man erkennt heute klar, daß es verschiedene Grade des Todes gibt und daß der klinische Tod (das Aufhören der Lebensfunktionen) einige Zeit vor dem absoluten Tod eintritt (der durch den Verfall der diese Funktionen bewirkenden Zellen gekennzeichnet ist). Die Haare und die Fingernägel wachsen noch weiter, die Leber produziert weiter Glykose, und Zellen können noch nach mehr als 72 Stunden nach dem Eintritt des klinischen Todes dem Körper entnommen und erfolgreich in Kulturen weitergezüchtet werden. Dieser neue *Goth*-Zustand beginnt erst, wenn die Zellen eine hinlänglich große chemische Veränderung oder physikalische Isolierung erfahren haben und so von ihrer Organisationsquelle getrennt wurden. Die ersten Organe, die den absoluten Zellentod erleiden, der unweigerlich zum *Goth* führt, sind die am höchsten spezialisierten wie Gehirn und die Augen. Die Chirurgen wissen das und fordern daher eine bessere Ausrüstung, um gewisse Organe für Transplantationen frisch und funktionsfähig erhalten zu können. An solche Organverpflanzungen kann selbstverständlich erst gedacht werden, wenn feststeht, daß der Spender ohnehin sterben muß, aber mit jedem technischen Fortschritt und jedem neuen das Leben verlängernden Hilfsmittel können mehr und mehr Patienten gerettet werden, die unter normalen Umständen sterben müßten.

Der klinische Tod wurde zu einer veränderlichen und rein theoretischen Konstruktion, und wir nähern uns mehr und mehr dem Punkt, wo es möglich sein wird, mit Hilfe künstlicher Mittel alle lebenswichtigen Funktionen, auch die des Gehirns, zu ersetzen und den Tod beinahe unbegrenzt hinauszuzögern. Was wird dann aus der Definition der Vereinten Nationen, derzufolge der Tod »der permanente Stillstand aller Lebensfunktionen« ist? Die Permanenz beginnt erst, wenn man die Geräte abschaltet, und der Tod wird dann vermutlich als »etwas, was der Arzt entscheidet«, definiert werden müssen.

Es wird in zunehmendem Maße klar, daß der Tod keineswegs eine unwiderrufliche Tatsache ist, sondern vielmehr eine Funktion der Beziehung zwischen Arzt und Patient – oder irgendeiner anderen Beziehung. Es hat allmählich den Anschein, als hingen unsere Feststellungen über Leben und Tod mehr von der Wahrnehmung ab, die ein Mensch von einem anderen macht, als von irgend etwas, was tatsächlich geschieht. Wir sollten uns vielleicht angewöhnen, nicht mehr zu sagen: »Der arme Walter ist tot«, wenn wir uns dabei nur auf die Behauptung Freds stützen können. Das Einzige, was wir mit Gewißheit sagen können, ist, daß der Tod zwischen Walter und Fred getreten ist. Wenn der Hausarzt geholt wurde und er diesen Tod bescheinigt hat, so hat sich der Kreis der Betroffenen auf das vom Gesetz geforderte Minimum erweitert, und Walter kann begraben werden, aber der Arzt trägt eine schwere Verantwortung. Das spiegelt sich im Wortlaut des britischen Totenscheins, auf dem der Arzt die Todesursache »nach bestem Wissen und Dafürhalten« einträgt. Das ganze Problem bewegt sich auf dieser Ebene der allgemeinen Ansichten statt der absoluten Tatsachen. Der Arzt muß eine Entscheidung treffen, und es ist keine leichte Entscheidung, aber schon naht Hilfe von seiten der Biologie.

Leben und Tod scheinen unzertrennlich zu sein, aber wenn es zutrifft, daß sich beide von dem Zustand unterscheiden, den wir *Goth* nennen, und wenn es möglich ist, Instrumente herzustellen, die diesen Unterschied messen, wird sich das Problem zumindest teilweise lösen lassen. Im Augenblick gibt es auf der ganzen Welt Hunderte von unheilbaren Patienten, die seit Monaten oder gar Jahren im Zustand schwerer Ermattung dahindämmern und offensichtlich nur noch dank mechanischer oder klinischer Intervention am Leben sind. Ich glaube, daß Organismen unter solchen Bedingungen wie isolierte Zellen in die Anonymität absinken und als Individuen oder auch nur lebendige Einheiten zu existieren aufhören. Das Gefühl sagt uns, daß es so sein muß. Man braucht nur zu sehen, wie diejenigen, die diese hoffnungslosen Fälle pflegen, sie zuletzt trotz aller Güte und guten Absichten wie Maschinen behandeln, die gewartet werden müssen. Diese Reaktion und dieser Vergleich sind gerechtfertigt, denn ich glaube (wenn es auch noch nie gemessen wurde), daß die Organisatoren des Lebens in diesen im Zustand des *Goth* befindlichen Individuen sich eines Tages als entweder qualitativ anders oder zumindest als so weit geschwächt erweisen werden, daß sie quantitativ keine Rolle mehr spielen.

Schon 1836 hieß es in einem *Handbuch der Gerichtsmedizin:* »Individuen, die auf plötzliche Weise scheinbar vernichtet werden, etwa durch gewisse Wunden oder Krankheiten oder sogar durch Enthauptung, sind nicht wirklich tot, sondern befinden sich lediglich in einem Zustand, der mit dem Fortbestand des Lebens unvereinbar ist« (231). Das ist eine elegante und sehr wesentliche Unterscheidung. Der Tod ist nicht »unvereinbar mit dem Fortbestand des Lebens«. Unsere Fähigkeit, alle Arten von Toten ins Leben zurückzurufen, wird nur durch den Stand unserer Technologie beschränkt. Es gibt jedoch Zustände, die nicht mehr rückgängig gemacht werden können – und sie sind charakteristisch für das, was wir *Goth* nennen.

Eine Methode, unsere Schwierigkeiten in bezug auf den Tod zu beseitigen, besteht darin, ihn einfach als eine Krankheit zu betrachten (287). Er ist in mancher Hinsicht ein zeitweiliger Zustand, einer, der wie eine Krankheit geheilt werden kann. Wie es Krankheiten gibt, über die wir noch keine Gewalt haben, so gibt es einige Arten von Tod, gegen die wir machtlos sind. Die Terminologie der Krankheiten kann hier ebenfalls Anwendung finden. Wir können dazu übergehen, von »Todesanfällen« zu sprechen und zwischen Menschen zu unterscheiden, die nur »leicht tot« oder »sehr schwer tot« sind.

Eine solche Betrachtung des Todes hilft, ein philosophisches Problem zu lösen, das die Psychologen Kastenbaum und Aisenberg in ihrer ausführlichen Studie über unsere Reaktionen auf den Tod anschnitten (141). Sie stellten nämlich die Frage: »Wie lange dauert der Tod?« Und sie gaben ihr einen Sinn, indem sie die logische Gegenfrage folgen ließen: »Wie lange muß ein Lebewesen lebendig sein, damit wir es als lebendig betrachten?« Die Antwort auf die zweite Frage muß offenbar lauten: Gerade lange genug, daß die Feststellung getroffen werden kann. Stirbt das Lebewesen im nächsten Augenblick, so wird dadurch die ursprüngliche Feststellung, daß es lebte, keineswegs ungültig. Auf den Tod wird jedoch diese Logik nicht angewandt. Wird ein

Lebewesen als tot erkannt und erweist es sich danach als lebendig, so nehmen wir an, daß die ursprüngliche Feststellung irrig war. Jemand muß eben einen Fehler gemacht haben.

Das Problem wurzelt in unserer kulturell, sprachlich und gesellschaftlich fundierten Überzeugung, daß zwischen Tod und Dauer eine starre Verbindung besteht. Wenn der Tod jedoch nur eine Krankheit und somit heilbar ist, existiert das Problem nicht mehr. Die Antwort auf die Frage »Wie lange dauert der Tod?« ist dieselbe wie die Antwort auf die Frage: »Wie lange dauert der Krebs?« Bis der Organismus sich wieder erholt oder der Krankheit erliegt. Bis er sich von Tot in Lebendig oder von Tot in *Goth* verwandelt.

Der Vergleich zwischen Tod und Krebs ist durchaus zutreffend. Es gibt ein Experiment mit Zellenkulturen von Mäusen, das die Ähnlichkeit dieser beiden Zustände erkennen läßt. Eine einzelne Zelle wurde einer Maus entnommen und in einer Kultur weitergezüchtet, bis sich zwei getrennte Zellenstämme entwickelt hatten. Nach einer langen Reihe von Multiplikationen starb der eine Stamm an der Hayflick-Grenze aus, während der andere diese Grenze überschritt und weiterlebte. Wenn Zellen des überlebenden Stammes Mäusen von demselben Stamm wie der ursprüngliche Spender eingepflanzt wurden, riefen sie bösartige Geschwüre hervor, die ihre Wirte töteten. Die Zellen waren verkrebst. Krebs kommt durch Zellen zustande, die sich – gewöhnlich durch Mutation – so weit verändert haben, daß sie dem Organisator ihrer Spezies nicht mehr gehorchen und in Form eines abnormal schnellen Wachstums Amok laufen. Der Krebs ist daher eine Organisation, die sich von der des normalen Zellenwachstums unterscheidet, und damit ist er der Krankheit, die wir Tod nennen, sehr ähnlich.

Er ist nicht eine einheitliche Krankheit wie die Windpocken, er kann nicht immer gleich behandelt werden, und er entsteht auch sicherlich nicht immer auf die gleiche Weise. Es gibt ebensowenig *eine* bestimmte Krebsursache, wie es *eine* bestimmte Todesursache gibt. Man wird Heilmittel für den Krebs finden, aber diese werden den Krebs nicht ausrotten. Heilmittel für den Tod werden bereits entdeckt, aber die Menschen werden weiterhin sterben. Krebs und Tod sind beide Zustände des Lebens.

Das einzige, was den Tod von allen anderen Krankheiten unterscheidet, ist, daß ihn alle »bekommen«. Von dem Augenblick in der Evolution an, in dem Bakterien die Reproduktion erfanden, war jedes Individuum zum Tode verurteilt. Aber der Mensch allein scheint die Qual empfinden zu müssen, diesen Urteilsspruch zu kennen und zu fürchten, zu wissen, daß wir leben und daher sterben müssen. Anderen Spezies scheint diese Befangenheit zu fehlen, aber sie sind sich der Zustände des Todes durchaus bewußt.

Eugène Marais, dieser großartige, rätselhafte Naturforscher, der allein und mit so großem Erfolg nach den Seelen von Ameisen und Affen suchte, berichtet von einem zahmen Bärenpavianweibchen, dem man das Junge zum Zweck einer ärztlichen Behandlung wegnehmen mußte (174). Die Mutter schrie drei Tage lang beinahe unaufhörlich, während Marais um das Leben des Jungen kämpfte – und verlor. Als man den toten kleinen Pavian der immer noch verzweifelten Mutter zurückbrachte, »lief sie zu dem Körper hin und berührte ihn zweimal mit den Händen, wobei sie die für Bärenpaviane typischen zärtlichen Laute von sich gab. Dann näherte sie ihr Gesicht dem Rücken des toten Jungen, berührte seine Haut mit den Lippen und bewegte diese in der für Bärenpaviane typischen Art. Unmittelbar darauf richtete sie sich auf, stieß eine Reihe von Schreien aus, ging in eine Ecke und setzte sich still in die Sonne; das tote Junge interessierte sie offenbar nicht mehr.« Der Vorfall war abgeschlossen.

Gilbert Manley, der die Schimpansenkolonie im Londoner Zoo beobachtete, sah ein Weibchen, das ein verletztes Junges an die Brust drückte und überall mit sich herumtrug. Sie erlaubte den Wärtern nicht, ihr das Junge wegzunehmen (171). Es starb schließlich, während Manley gerade zusah, und die Mutter legte es einfach weg und rührte es nicht mehr an.

Der Tod des jungen Tieres war für die Mutter ebenso deutlich zu erkennen wie für die beobachtenden Menschen, aber er war offenbar kein Grund zur Furcht. Eine merkliche Veränderung hatte stattgefunden, und die Reaktion war in beiden Fällen ein Verlust des Interesses. Smythe sagt in seiner Arbeit über das Verhalten der Hunde: »Ich habe oft gesehen, daß ein Hund über den toten Körper eines anderen Hundes, mit dem er ein paar

54

Minuten zuvor noch gespielt hatte, ohne ein Zeichen des Wiedererkennens oder ohne auch nur an dem Kadaver zu schnuppern, einfach hinwegstieg« (252). Und er fügt hinzu: »Früher, als Schweine noch vor den Augen ihrer Genossen geschlachtet wurden, stürzten die Tiere, die warteten, bis sie an die Reihe kamen, zu ihnen hin und tranken das Blut, das aus ihren Kehlen rann.«

Im Falle dieser Primaten und Haustiere war Mangel an Interesse wahrscheinlich die biologisch richtige Reaktion auf den Tod eines ihrer Gruppenmitglieder. Sie konnten nichts dagegen tun, und Ausweichhandlungen waren zwecklos. Nach allem, was wir an Tieren in freier Wildbahn beobachten können, hat der plötzliche Tod – durch einen Gewehrschuß aus großer Entfernung oder durch einen unhörbaren Pfeil – wenig oder gar keine Wirkung auf die Überlebenden. Wird er begleitet von dem Anblick, den Lauten oder dem Geruch eines Raubtiers, das den Tod verursacht hat, so ist eine ganz andere Reaktion zu beobachten, aber die Flucht der anderen Tiere, des Moorhuhns oder der Gazelle, ist eine Reaktion auf den, der getötet hat, und nicht auf den Getöteten.

Die Tiere scheinen im allgemeinen zu erkennen, daß sich etwas geändert hat, aber sie können den kritischen Augenblick auch nicht genauer bestimmen als wir. Es gibt viele Berichte über Tiermütter, die ihre toten Jungen herumtragen, bis sie zu verwesen beginnen, und es gibt Geschichten über Elefanten und Büffel, die bei einem gestürzten Angehörigen ihrer Herde bleiben und vergeblich versuchen, dem toten Tier wieder auf die Beine zu helfen (296). Herdentiere können jungen oder verletzten Gruppenangehörigen auf verschiedene Arten helfen, von denen einige vielleicht sogar instinktiv bedingt sind. Konrad Lorenz beschreibt, wie sich Graugänse mit ausgebreiteten Flügeln über einen sterbenden Freund stellen und drohend zischen. Er fügt hinzu: »Ich erlebte dasselbe, als eine Nilgans ein Graugansjunges auf den Kopf geschlagen hatte, das taumelnd zu seinen Eltern lief und dort alsbald an Hirnblutung starb. Die Eltern hatten den Totschlag nicht sehen können und reagierten dennoch in der beschriebenen Weise auf das Hinstürzen und Sterben ihres Kindes« (168).

Das defensive Verhalten war unter diesen Umständen sinnvoll; es hatte einen Überlebenswert für die junge Gans, die sich vielleicht wieder von ihrer Verletzung erholt hätte, aber es kommt immer der Augenblick, wo die Mitglieder der Spezies nichts mehr für ihren Genossen tun können. Das Erkennen dieses Augenblicks muß vielleicht erlernt werden.

George Schaller erzählt in seinem Bericht über die Berggorillas von Kisoro von einem jungen Tier, das sich weigerte, die Leiche seines erwachsenen Gefährten zu verlassen. »Es war eine grausame Wahl, die dieses Affenkind treffen sollte: Vor den Menschen fliehen und allein auf der Suche nach seiner Gruppe durch den Wald irren, eine Aufgabe, auf die es nicht vorbereitet war, oder sich an den letzten Überrest seines früheren glücklichen Gruppenlebens klammern, das heißt an seinen toten Führer, der es nun zum erstenmal nicht beschützen konnte. Es wurde schließlich eingefangen und starb später im Londoner Zoo« (237).

Man vergleiche diesen Bericht mit der folgenden Schilderung Robert Kastenbaums, der die erste Begegnung eines achtzehn Monate alten Menschenkindes mit dem Tod in Gestalt eines toten Vogels beschreibt. Der Junge erkannte den Vogel als solchen ... »aber er schien unsicher und verwirrt zu sein. Außerdem unternahm er keinen Versuch, den Vogel zu berühren. Das war eine ungewöhnliche Vorsicht bei einem Kind, das sonst alles, was es sah, zu berühren oder aufzuheben versuchte. David hockte sich schließlich nieder und näherte sich dem Vogel ein wenig. Sein Gesichtsausdruck änderte sich. Ein anfänglicher Ausdruck erregter Entdeckerfreude war zunächst der Verblüffung gewichen: nun nahm sein Gesicht das Aussehen einer Trauermaske an« (141).

Sowohl beim Gorilla- als auch beim Menschenkind stellen wir ein Nichtbegreifen bei der ersten Berührung mit dem Tod fest. David fand einige Wochen später einen zweiten Vogel, und diesmal reagierte er ganz anders. »Er hob den Vogel auf ... streckte die Hand zu einem Baum hinauf und hielt den Vogel über seinen Kopf. Diese Gebärde wiederholte er mehrere Male ... und er begleitete seinen Befehl mit Bewegungen, die als die eines fliegenden Vogels gedeutet werden konnten.« Als der wiederholte Versuch, den Vogel in den Baum zu setzen, ihn nicht

56

wieder lebendig machte, fand sich David damit ab, daß das nicht ging. »Er sah zugleich ernüchtert und überzeugt aus«, und dann verlor er jedes Interesse.

Es scheint bei keiner Spezies ein vorbestimmtes Verhalten gegenüber dem Tod zu geben. Die Begegnung mit dem Tod löst bei einem naiven jungen Lebewesen beim erstenmal eine offenbar völlig zufällige Reaktion aus. Was bei weiteren Begegnungen geschieht, wird weitgehend von den beim und nach dem erstenmal gesammelten Erfahrungen bestimmt. Menschenkinder werden auf ihre erste Berührung mit dem Tod bis zu einem gewissen Grade schon sehr früh vorbereitet durch eine Vielfalt von Erlebnissen und Erfahrungen. Zyklen von Hell und Dunkel, der Wechsel von Wachen und Schlafen, das Versteckspiel – in all dem sind bereits die einander widersprechenden Begriffe des Seins und des Nichtseins enthalten. Adah Maurer behauptet sogar, daß *peek-a-boo,* das Wort für Versteckspiel in der englischen Kindersprache, direkt von einer alten englischen Wendung abstammt, die »lebendig oder tot« bedeutet (177). Allmählich lernt ein Kind dann, daß manche Dinge regelmäßig kommen und gehen, andere aber endgültig verschwinden und nicht mehr zurückkehren.

Die Entwicklung des Todesverständnisses des Kindes scheint mehrere klar erkennbare Phasen durchzumachen. Zunächst erkennen Kinder unter fünf Jahren den Tod überhaupt nicht. Alles wird als lebendig betrachtet. Ein Kind nimmt beispielsweise mehrere Kieselsteine mit nach Hause, damit sie Gesellschaft haben und sich nicht einsam fühlen, oder es dreht vielleicht eine Vogelscheuche um, damit sie nicht immer dieselbe Gegend vor Augen haben muß. Kinder in diesem Alter setzen eine vollkommene Kontinuität zwischen allen Dingen voraus, und sie versuchen nicht, zwischen belebten und unbelebten zu unterscheiden. Das kommt vielleicht daher, daß sie die für solche Unterscheidungen nötigen Kriterien nicht besitzen und daß man sie diese angeblichen Unterschiede noch nicht gelehrt hat, aber man fühlt sich versucht, diesen primitiven Animismus des Kindes mit dem neuen »kosmischen Bewußtsein« zu vergleichen. Wenn ich bedenke, mit welch ungewöhnlicher Klarheit Kinder oft die komplexesten Dinge sehen, kann ich nicht umhin, mich zu fragen, wieviel Wahres in diesem frühkindlichen Glauben an ein universelles Leben stecken mag. Und wenn Kinder in Ungarn (201), China (122), Schweden (149), der Schweiz (214) und den Vereinigten Staaten (230) alle die gleichen Vorstellungen haben – können wir uns es dann noch leisten, sie einfach als kindisch abzutun?

Später, wenn das Kind unsere Deutung der Wirklichkeit erlernt oder gelehrt wird, macht der frühe Animismus leichte Veränderungen durch. Die Kinder werden gezwungen, den Tod anzuerkennen, aber im Alter von fünf bis sieben Jahren handeln sie einen Kompromiß aus und denken und sprechen vom Tode als von einem vorübergehenden Zustand. Ein Fünfjähriger kann von einem Tier sagen, es sei »nicht sehr arg tot«, und ein Sechsjähriger erklärt, wenn jemand tot ist, »spürt er noch ein ganz kleines bißchen, aber wenn er dann ganz tot ist, spürt er gar nichts mehr« (201). Maria Nagy mißt diesen Reaktionen, bei denen Kinder Leben und Tod als austauschbar betrachten, keinen besonderen Wert bei, so als wäre die Idee als solche der reine Unsinn; aber ist sie das wirklich? Viele Gemeinschaften von Erwachsenen glauben, daß der Tod nicht unerbittlich sei. Auf den Salomon-Inseln verwendet man das Wort *mate* für jemanden, der gestorben ist, aber die Beerdigungen sind Feste, denn *mate* ist ein Zustand wie die Pubertät, der Jahre dauern kann und lediglich zu anderen Lebensstufen überleitet (223).

Unter dem weiteren, unerbittlichen Anpassungszwang geben Kinder zwischen etwa sieben und neun Jahren ihre kindlichen Vorstellungen von einer Harmonie zwischen Leben und Tod auf und suchen nach dem Vorbild der Erwachsenen Zuflucht in der Personifizierung des Todes als Knochenmann oder Schreckgespenst. Ungefähr um dieselbe Zeit beginnt das Kind, den Tod in Spielen »auszuprobieren«, bei denen man sich totstellen muß, wie beispielsweise bei Räuber und Gendarm. Diese Nachahmung des Totseins im Spiel scheint die wirksamste Methode zu sein, die Idee als solche in eine praktisch brauchbare Anschauung vom Leben einzugliedern, so daß im Alter von ungefähr neun Jahren die meisten Kinder schließlich dahin gelangen, den Tod als »permanenten Stillstand aller Lebensfunktionen« zu akzeptieren (23). Wie Carlos Castaneda sagt, kennt das Kind die Beschreibung der Welt und hat es seine Mitgliedschaft darin erworben, »wenn es imstande ist, all die richtigen wahrnehmungsmäßigen Interpretationen vorzunehmen, die diese Beschreibung bestätigen, indem sie ihr entsprechen« (44).

Bisher liegt noch keine ernsthafte Studie über den Tod und das Todesbewußtsein bei anderen Spezies als unserer eigenen vor, aber es gibt anekdotische Bruchstücke und merkwürdige experimentelle Befunde, die zueinander passen und ein erstaunliches Bild erstehen lassen, und je schärfer dieses Bild wird, desto weniger kindlich erscheint uns die Vorstellung von einer universellen Kontinuität.

Rosalia Abreu, die als erste Schimpansen in der Gefangenschaft züchtete, berichtet von einem Vorfall, der sich beim Tode eines Weibchens ereignete. In dem Augenblick, in dem diese Schimpansin in einem Raum im Innern des Hauses starb, begann ihr Gefährte, der sich draußen im Park befand, zu schreien. »Er schrie immer weiter und blickte um sich, so als sähe er etwas.« Als später ein anderer Schimpanse starb, verhielt er sich ebenso. »Er schrie und schrie und schrie. Und er starrte und starrte mit hängender Unterlippe, so als sähe er etwas, was wir nicht sehen konnten. Sein Geschrei war anders als alles, was ich sonst gehört hatte. Ich bekam eine Gänsehaut davon« (292).

Unter den meisten Bedingungen schenken Tiere dem Tod offenbar wenig Aufmerksamkeit, aber es gibt einige Situationen, in denen die Fähigkeit, auf das Sterben zu reagieren, Überlebenswert haben kann. Raubtiere lassen gewöhnlich davon ab, ihre Beute zu töten, sobald diese aufhört, entkommen zu wollen, aber es ist unwahrscheinlich, daß sie auf den Tod selbst reagieren. Ihr angeborenes Tötungsschema reagiert auf bestimmte Reize, die von der lebenden, sich bewegenden Beute ausgehen, und wenn diese Signale nicht mehr empfangen werden, findet die verhaltensmäßige Abfolge von Fangen und Töten ihr natürliches Ende. Wenn eine Löwin ein Zebra gerissen hat und sie und ihre Gruppe sich sattgefressen haben, kommen andere Tiere herbei, um zu vertilgen, was übriggeblieben ist. Hyänen und Schakale werden zweifellos durch Geräusche und Gerüche angelockt, aber Geier scheinen einem anderen Hinweis zu folgen und versammeln sich oft auch mit unheimlicher Präzision über einer versteckten, nicht sichtbaren Beute. Wir wissen, daß sie ein ungewöhnliches Sehvermögen besitzen, das noch erhöht wird durch eine Gitterstruktur vor der Retina, die Bewegungen in größter Entfernung noch deutlich hervortreten läßt, und daß ein Geier, der eine Beute ausfindig gemacht hat, sogleich alle anderen hinter sich herzieht, aber all das genügt noch nicht, um ihr Erscheinen zu erklären. Ich habe Geier gesehen, die sich im Dunkeln versammelten und wie ungeduldige Sargträger um eine angeschossene Antilope herumsaßen, und bei dieser Gelegenheit waren keine aasfressenden Säugetiere in der Nähe gewesen, die ihre Aufmerksamkeit hätten wecken können.

Ich will damit nicht sagen, daß Geier imstande seien, den Tod aus der Ferne zu diagnostizieren, aber ich glaube, daß ein sterbender Organismus in manchen Situationen ein Signal aussendet und daß dieses Alarmsignal besonders stark ist, wenn der Angriff auf den Organismus plötzlich und mit großer Heftigkeit erfolgt. Es ist als wahrscheinlich anzunehmen, daß das Signal ursprünglich eine Warnung darstellte, die nur für Angehörige der gleichen Spezies bestimmt war, und daß es sich mit der Zeit, das heißt im Laufe der Evolution, in ein allen Spezies verständliches SOS verwandelte. Je nach den Umständen und der betreffenden Spezies kann das Signal gedeutet werden als: »Ich brauche Hilfe«, »Aufgepaßt, Mörder unterwegs«, »Beruhigt euch, er frißt einen anderen« oder »Her zu mir, hier gibt es was zu fressen«. Alle diese Mitteilungen haben ihren praktischen Wert, und sie zeichnen sich insofern durch eine Sparsamkeit der Mittel aus, als sie alle auf einem einzigen Signal basieren, das ein in Not geratenes Individuum aussendet. Ich glaube, wir haben nun genug Material, um zu beweisen, daß ein solches System tatsächlich existiert.

Die Geschichte, wie Cleve Backster entdeckte, daß Pflanzen imstande sind, auf andere Spezies zu reagieren, ist nun beinahe schon Gemeingut geworden, aber es lohnt sich, die Einzelheiten seines ersten Experiments zu wiederholen. Im Jahre 1966 entdeckte Backster, daß Pflanzen, die an ein Instrument angeschlossen werden, mit dem man elektrische Widerstände mißt, in gewissen Situationen meßbare Reaktionen zeigen. Er nahm einen objektiven Test vor, indem er ein automatisches Gerät konstruierte, das in willkürlichen Abständen nacheinander kleine Krebse in kochendes Waser warf, während eine in einem anderen Raum befindliche Topfpflanze mit Hilfe der üblichen Elektroden an einen Polygraphen oder »Lügendetektor« angeschlossen war (7). Er stellte fest, daß in der Pflanze merkbare elektrische Veränderungen stattfanden, sooft eines der lebenden Salzkrebschen ins kochende Wasser fiel und daß von dem Streifen keine entsprechende Aufzeichnung abzulesen war, wenn das Gerät einen toten Krebs ins Wasser fallen ließ.

Diese Beobachtungen wurden 1968 veröffentlicht und lösten ein so großes Interesse aus, daß Backster nun ein Doppelleben führt. Tagsüber dienen seine Büroräume in der Nähe des Times Square in New York ihrem alten Zweck, Polizeibeamte im Umgang mit komplizierten elektronischen Geräten zu schulen, aber am Abend werden die Lügendetektoren und Elektroenzephalographen umgestellt, um Organismen zu überwachen, die man auch nicht im entferntesten eines Verbrechens verdächtigen kann.

Backster stellte fest, daß sich seine Pflanzen nicht nur auf sterbende Krebse einstellten, sondern auf alle Arten von Leben reagierten. So zeigten sie eine heftige Reaktion, als in demselben Raum ein Ei zerbrochen wurde (76). Das bedeutet nicht nur, daß sich die Pflanze des Lebens und der Zerstörung von Leben in ihrer Nähe bewußt war, sondern auch, daß das Ei aktiv beteiligt war und vielleicht irgendeine Mitteilung aussandte. Da ein nicht befruchtetes Hühnerei aus einer einzigen Zelle besteht, lag die Folgerung nahe, daß sich Signal und Antwort auf zellularer Ebene abspielten. Backster begann mit biologisch einfacherem Material zu experimentieren. Ein einzelnes Ei wurde an einen Elektroenzephalographen angeschlossen, und am 11. April 1972 um 6 Uhr 44 wurde in einer Entfernung von 7,5 m ein zweites Ei in kochendes Wasser geworfen (8). Genau fünf Sekunden später verwandelte sich die gerade Linie auf dem Aufzeichnungsstreifen in ein plötzliches Crescendo, das den Stift beinahe über den Rand des Papiers stieß. Das Ei reagierte in genau dem Augenblick, in dem einem anderen Ei etwas zustieß.

Diese gemeinsame Empfindung scheint besonders stark zu sein zwischen Proben von lebendem Material derselben Herkunft. Am 3. Dezember 1972 legte Backster Silberdrahtelektroden an eine Probe frischen menschlichen Samens. Um 8 Uhr 51 zerbrach der Spender, der 12 m entfernt saß, eine Ampulle mit Amylnitrit und schnupperte an dem ätzenden Inhalt. Zwei Sekunden später, als die Chemikalie Zellen der empfindlichen Nasenschleimhaut des Mannes zerstörte, reagierte sein isoliertes Sperma. Bei Kontrolltests stellte man fest, daß Sperma auf nicht verwandte Menschen *nicht* reagiert. Ich selbst stellte ähnliche Experimente mit Blutproben und mit Epithelzellen von meinem Gaumen an. Wenn man solche Proben in zwei Teile trennt und den einen mit konzentrierter Salpetersäure behandelt, zeigt der andere oft eine mit empfindlichen elektrischen Geräten meßbare Reaktion.

Gummibäume, Salzkrebse, Geier, Eier und Sperma haben nur eines gemeinsam: Sie bestehen aus Zellen, so daß wir fasziniert feststellen können, daß diese Reaktionen auf zellularer Ebene stattfinden. Wenn, wie ich annehme, das Signal von allem empfangen werden kann, was lebt, müßte es auch notwendigerweise auf dieser Ebene des kleinsten gemeinsamen Nenners ausgesandt und wahrgenommen werden. Ich glaube, daß es zunächst ein vergleichsweise einfaches Kommunikationsschema zwischen den einzelnen Zellen ein und desselben Organismus war, vielleicht vor der Entwicklung eines eigentlichen Nervensystems. Pflanzen haben keine koordinierten Nervensysteme und sind dennoch imstande, ihre Zellen in einer so präzisen Harmonie zu orchestrieren, daß ganze Batterien von Tausenden von ihnen gleichzeitig mit einer einzigen Bewegung zu reagieren vermögen, die schnell genug ist, um eine Fliege zu fangen. Der Mechanismus, der diese Reaktion auslöst, ist noch ein Geheimnis, aber Backster hat vielleicht die Lösung gefunden.

Der nächste Schritt bestand vielleicht darin, daß Zellen wie Pollenkörnchen oder Samen diese Sensibilität über die Grenzen des Organismus hinaus entwickelten, um neue Individuen zu produzieren, die eine selbständige Existenz führen und dennoch wesentliche Kontakte mit anderen ihrer Art aufrechterhalten konnten. In der Folge wurden vielleicht kompromißhafte Signale zwischen Gruppen nahverwandter Arten entwickelt, möglicherweise im Hinblick auf einen gemeinsamen Feind. Der Feind mußte sich dann auf dieselbe Wellenlänge einstellen, um diese Signale zu entdecken und ihrer Wirkung auf das Verhalten seiner Beute zuvorzukommen. Schließlich fanden sowohl der Räuber als auch seine Beute das Signal nützlich als Warnung vor beispielsweise einer Naturkatastrophe, die alle betreffen konnte. Dieses Bild der Entwicklung eines, wie Backster sagt, »primären Bewußtseins« aller lebenden Dinge ist reine Theorie, aber solche Wege schlägt die Evolution oft ein. Es kommt selten vor, daß ein Bedürfnis sehr lange besteht, ohne daß die Natur Schritte unternimmt, es zu befriedigen.

Wenn zwischen allem, was lebt, ein Kommunikationsnetz besteht, so ist anzunehmen, daß es sich in Krisenzeiten am dramatischsten manifestiert. Spontane telepathische Kontakte zwischen Menschen kommen meistens zustande, wenn einer der Beteiligten in Gefahr ist oder stirbt. Das Todessignal ist vielleicht der »lauteste Ton« dieser universellen Sprache und deshalb auch der erste, der unsere Aufmerksamkeit erregt, und es gibt Anhaltspunkte dafür, daß es sich nicht nur um ein primitives Alarmsystem handelt.

Als Backster das Experiment mit den Krebsen machte, beobachtete er, daß die Pflanzen allmählich immer schwächer auf den Tod der Tiere reagierten. Er hatte den Eindruck, daß die Pflanzen »erkannten«, daß das, was mit den Krebsen geschah, keine Bedrohung für sie darstellte und daß sie sich an die Signale gewöhnten und sie schließlich einfach nicht mehr beachteten (76). Das ist biologisch gesehen sinnvoll. Bei anderen Experimenten stellte Backster fest, daß die Pflanzen auch die Neigung zu einer – je nach den Erfahrungen, die sie mit ihnen machen – positiven oder negativen Konditionierung gegenüber anderen individuellen Organismen haben.

Ich selbst bin bei meinen eigenen Arbeiten auf einen Sachverhalt gestoßen, der darauf schließen läßt, daß Pflanzen die Fähigkeit besitzen, nicht nur auf anderes Leben in ihrer Nähe zu reagieren, sondern sich auch an die mit dieser Reaktion assoziierten Umstände zu erinnern. Ich habe bei mehreren Gelegenheiten in verschiedenen Laboratorien und mit unterschiedlicher Ausrüstung eine botanische Abart des alten Gesellschaftsspiels »Mord« gespielt. Sechs Personen werden dabei aufs Geratewohl ausgewählt und mit den Spielregeln vertraut gemacht. Sie ziehen Lose, und derjenige, der den entsprechend gekennzeichneten Zettel erhält, ist der Schuldige, aber er hält seine Identität geheim. Nun werden zwei Topfpflanzen irgendeiner Spezies – aber beide von der gleichen – in einem Zimmer aufgestellt, und jede der sechs Versuchspersonen ist zehn Minuten mit ihnen allein. Wenn der »Schuldige« an die Reihe kommt, mißhandelt und zerstört er die eine der beiden Pflanzen. Am Ende der Teststunde ist also die Untat vollbracht und eine der beiden Pflanzen ist tödlich verwundet; vielleicht wurde sie sogar aus dem Topf gerissen und auf dem Boden zertrampelt. Es gibt jedoch eine Zeugin: die andere Pflanze. Sie wird an einen Elektroenzephalographen oder Polygraphen angeschlossen, und jede der sechs Personen wird in das Zimmer geführt und stellt sich kurz vor der Zeugin auf. Bei fünf von ihnen zeigt die Pflanze keine Reaktion, obwohl sich die eine oder andere Person vielleicht nach der Tat im Zimmer aufgehalten hat; sobald sie aber den Schuldigen vor sich hat, läßt sich beinahe immer eine meßbare andere Reaktion auf dem Streifen ablesen.

Es wäre nun durchaus möglich, daß das Gerät oder die Pflanze und das Gerät zusammen auf ein elektrisches Signal reagieren, das durch das Schuldgefühl des Täters ausgelöst wird. Ebenso wäre es möglich, daß *ich* das Gerät in irgendeiner Weise beeinflußte, denn ich war bei den Tests stets anwesend. Doch in einem bestimmten Falle kam ein Ergebnis zustande, das zeigt, daß diese Überlegungen überflüssig sind. Bei diesem Experiment in Florida »beschuldigte« eine Zyklame *zwei* der sechs Verdächtigen. Ich befragte die beiden noch einmal gründlicher und stellte fest, daß der eine die zweite Zyklame zerstört und der andere an demselben Vormittag eine Stunde lang seinen Rasen gemäht hatte. Er war ohne jedes Schuldgefühl in das Zimmer gekommen, aber für die Pflanze hatte er »Blut an den Händen«.

Dieses Experiment funktioniert nicht immer, aber es ist nun schon so oft erfolgreich verlaufen, daß es für mich keinen Zweifel mehr geben kann: Pflanzen reagieren nicht nur auf alles Lebendige in ihrer Umgebung, sie vermögen auch zwischen individuellen Organismen zu unterscheiden und offenbar eine dauerhafte Assoziation zwischen einem Signal und einem bestimmten Individuum herzustellen. Die bisher beobachteten Reaktionen sind noch nicht zuverlässig genug, um vor Gericht als Beweise gelten zu können, aber wenn wir einmal empfindlichere Instrumente verwenden, besteht vielleicht die unglaubliche Möglichkeit, daß man Pflanzen vom Schauplatz eines Verbrechens als Zeugen in Schutzhaft nimmt.

Die ersten wissenschaftlichen Versuche, die Möglichkeiten einer universellen Sprache des Lebens zu erfassen, wurden zu Beginn unseres Jahrhunderts in Indien unternommen, und zwar in Form der inspirierten Arbeiten von Jagadis Chandra Bose. Die Publicity, die Backsters Entdeckungen erhielten, lieferte in den letzten fünf Jahren neue Anregungen, und heute spricht man allenthalben von den Folgen, die es hat, wenn man Pflanzen liebt oder streichelt oder mit ihnen spricht, für sie betet oder sie einfach bewundernd betrachtet. Die Mitglieder der *Findhorn Community* behaupten, sie könnten direkt mit den Geistern ihrer Pflanzen in Verbindung treten – und es gelingt ihnen tatsächlich, größeres und besseres Gemüse zu ziehen. Im Psychologischen Institut in Moskau wurde der Versuch unternommen, diese Wechselwirkung auf eine mehr quantitative experimentelle Basis zu stellen (219).

Für diese Versuche wurde Tanja, ein gutes hypnotisches Subjekt, ausgewählt, weil sie unter Hypnose imstande war, auf Wunsch experimentelle, sonst aber offenbar durchaus echte Emotionen wie Angst, Glück, Zorn oder Kummer zu empfinden. Sie wurde in einem Abstand von nur acht Zentimetern vor eine blühende Geranie gesetzt, die an einen Elektroenzephalographen angeschlossen war. Wenn Tanja sich während dieser Testserie vor Angst wand, vor Kält zitterte, vor Freude lachte oder vor Trauer weinte, brachte die Pflanze in zeitlicher Übereinstimmung mit ihrem Verhalten eine ganze Reihe von elektrischen Reaktionen hervor. Das Gerät allein konnte Tanja nicht beeinflussen, und in den Pausen zwischen ihren »Vorstellungen« blieb die Pflanze an das Gerät angeschlossen, und auf dem Streifen war keinerlei Abweichung von der normalen Grundlinie zu sehen.

Einer der Tests erbrachte besonders interessante Ergebnisse für alle, die wie Backster anfangs mit Lügendetektoren gearbeitet hatten. Tanja wurde unter Hypnose aufgefordert, an eine

Zahl zwischen eins und zehn zu denken und sie um keinen Preis zu verraten. Dann zählte ein anderer Experimentator langsam von eins bis zehn, und sie antwortete auf jede Zahl mit einem entschiedenen Nein. Aber die Blume erkannte die Zahl und die Lüge, indem sie nur auf die Zahl fünf reagierte.

In Backsters jüngsten Arbeiten finden wir weitere Beispiele für die Feinheiten der universellen Sprache, und wir bekommen allmählich eine ungefähre Vorstellung von ihrer Reichweite. Nach seiner Entdeckung der Beziehung zwischen einem Ei und einem anderen versuchte Backster, die Möglichkeit auszuschalten, daß seine eigenen Empfindungen die Reaktion auslösten, und er automatisierte das Experiment (8). Er baute eine Drehscheibe, auf der achtzehn Eier Platz hatten und die sich langsam drehte und in zufälligen Abständen jeweils ein Ei durch eine Klappe in siedendes Wasser fallen ließ. Er stellte fest, daß der »Empfänger«, das heißt das an den Elektroenzephalographen angeschlossene Ei, auf das Fallen des ersten Eis von der Drehscheibe deutlich reagierte, während keine Reaktion auf die übrigen siebzehn Eier zu beobachten war, sofern der Abstand, in dem sie fallengelassen wurden, nicht mehr als fünfzehn Minuten betrug. Ich habe dieses Experiment selbst wiederholt, und ich bin der Ansicht, daß das Versagen nicht auf seiten des »Empfängers« zu suchen ist, denn das an den Elektroenzephalographen angeschlossene Ei reagierte nur fünf Minuten später auf ein neues, von außerhalb des Versuchsraums hereingebrachtes Ei. Die Schuld scheint bei den Eiern auf der Drehscheibe zu liegen, die zu senden aufhören, sobald das erste ins Wasser gefallen ist. Die einzig mögliche Erklärung ist, daß, wenn das erste Ei ins siedende Wasser fällt und den Alarmruf aussendet, die anderen siebzehn, die warten, bis die Reihe an sie kommt, »ohnmächtig« werden – und daß es fünfzehn Minuten dauert, bis sie wieder zu sich kommen.

Ich fühle, während ich dies schreibe, wie den Wissenschaftlern in aller Welt bei dieser Vorstellung die Haare zu Berge stehen. Ich weiß, das alles klingt absurd, und ich bin mir bewußt, wie gefährlich es ist, aufgrund so weniger Beweise so weitreichende Behauptungen aufzustellen, aber je tiefer man in dieses Gebiet eindringt, desto schwerer fällt es einem, mit den Füßen auf dem

Boden zu bleiben. Jede neue Untersuchung öffnet die Büchse der Pandora ein wenig weiter und läßt wieder einen ganzen Schwarm kleiner Dämonen entweichen, die sich alle gegen die wissenschaftliche Überlieferung verschworen haben und eine radikal neue Betrachtungsweise fordern. Um mit dieser Vorstellung von Eiern, die ohnmächtig werden, leben zu können, greife ich verzweifelt nach allen Strohhalmen und finde (wie es mir nun immer häufiger geschieht) etwas Brauchbares auf dem Gebiet der Anthropologie.

Die Cree haben wie so viele Indianer eine Totempfahl-Tradition. Diese Pfähle erfüllen im Leben der Gemeinschaft eine wichtige Funktion, und das Schnitzen eines neuen ist mit umständlichen Zeremonien verbunden. Zu allererst aber versammeln sich die Stammesältesten und gehen in den Wald, um einen Baum von passender Größe und Form zu finden. Dann stellen sie sich im Halbkreis um den Baum auf und sagen dem Sinne nach: »Höre, Baum, das alles tut uns leid, aber du weißt, wie wichtig unser Totempfahl für uns ist, und der alte ist schon stark verwittert. Wir brauchen einen neuen ... und du bist der Richtige.« Daraufhin laufen die Ältesten, ohne sich noch einmal umzusehen, weiter in den Wald hinein und fällen rasch den nächsten Baum von der gleichen Größe und Form. Soviel ich weiß, hat noch niemand die Cree gefragt, warum sie das tun, aber nach allem, was ich nun von diesen Eiern weiß, beginne ich zu verstehen. Vielleicht werden die Bäume in diesem Teil des Waldes ohnmächtig, wenn sie die Drohung hören, die gegen den ersten ausgesprochen wird. Vielleicht fällen die Ältesten den zweiten Baum, bevor er wieder zu sich gekommen ist.

Das alles ist noch sehr undurchsichtig. Man weiß zu wenig und hat noch zu wenig geforscht, um zuverlässige Schlüsse ziehen zu können. Aber in der Lebensweise und in den Bräuchen der Menschen, die noch in enger Berührung mit der Natur leben, finde ich immer wieder Vorstellungen, die sich richtig »anfühlen«, Gedanken, die »passen«. Doch die Intuition ist kein Ersatz für exakte, wiederholbare Experimente. Oder doch?

Im Augenblick stehen wir jedenfalls vor folgender Situation: Es hat sich herausgestellt, daß es unmöglich ist, den Tod zu diagnostizieren. Keines der herkömmlichen Zeichen ist gültig.

Und die Geschichte ist voll von Beispielen, die zeigen, daß man sich auf keines von ihnen verlassen darf, wenn man nicht Opfer einer Verwirrung werden will, in der die Lebenden zu einem Schicksal verdammt werden, das schlimmer als der Tod ist. Leben und Tod gehen beinahe unmerklich ineinander über, und während das Leben seine Grenzen immer weiter ausdehnt, wird klar, daß es verschiedene Grade des Totseins gibt und daß die meisten (oder vielleicht sogar alle) umkehrbar sind. Der Tod scheint weniger ein permanenter Zustand zu sein als vielmehr ein vorübergehendes Leiden. Kinder zeigen keine angeborene Reaktion auf die Zustände des Todes, sondern neigen dazu, sich so zu verhalten, als existierte er nicht. Unabhängig von ihrer Herkunft schreiben sie allen Dingen Leben und die Fähigkeit zu, aufeinander einzuwirken – und die jüngsten Forschungen legen die Vermutung nahe, daß sie recht haben könnten.

Ich glaube, sie haben tatsächlich recht. Ich bin mehr und mehr davon überzeugt, daß es biologisch gesehen nicht mehr sinnvoll ist, auch nur zu versuchen, zwischen Leben und Tod auf gleich welcher Ebene zu unterscheiden.

3. Kapitel
Das Sterben als Teil des Todeszyklus

Von einem gefangenen Buchfinken wird berichtet, daß er sechsundzwanzig Jahre lebte. Der kleine Vogel starb schließlich an Altersschwäche, aber in der freien Natur gibt es so etwas wie einen alten Buchfinken nicht. Kleine Vögel und Säugetiere werden nie alt. Dazu leben sie einfach nicht lange genug. Bei einer jährlichen Todesrate von über 50 Prozent kann kein Individuum erwarten, länger als einige Jahre zu leben. Sie sterben alle jung.

Die Situation des Menschen ist insofern eine andere, als viele von uns ein hohes Alter erreichen. Auch vor 3000 Jahren, als die durchschnittliche Lebenserwartung unter 30 Jahren lag, gab es Menschen, die »dreimal zwanzig und zehn« Jahre lebten. Heute hat die Medizin den Durchschnitt gehoben, bis er sich, zumindest in einigen Ländern, dieser biblischen Grenze näherte, aber bisher war es unmöglich, diese Grenze selbst weiter hinaufzudrücken. Wir haben die Form der Überlebenskurve geändert, so daß heute praktisch jeder die Chance hat, seine Kindheit und sein Erwachsenenalter bis zu 70 Jahren zu erleben, aber auch in Großbritannien erreicht nur jeweils ein Mensch unter 10 000 das Alter von 90 Jahren. Unsere Spezies hat wie alle andern eine typische, vorausbestimmte Lebensspanne.

Die Biologie sieht das eher als ein kreisförmiges denn als ein lineares Muster und beschreibt es als eine Serie von Veränderungen oder einen Lebenszyklus. An jedem gegebenen Punkt dieses Kreises besteht die Möglichkeit, daß ein Individuum stirbt, aber je weiter sich der Kreis dreht, desto größer wird die Wahrscheinlichkeit. Ein Mann von 70 Jahren stirbt im Laufe des nächsten Jahres mit einer dreimal so großen Wahrscheinlichkeit wie ein Mann von 30 Jahren und mit einer fünfzigmal so großen Wahrscheinlichkeit wie ein Junge von zehn Jahren. Ebendas verstehen wir unter »Altern«. Ein großer Teil unserer sozialen Planungen und alle Bedingungen, unter denen wir eine Lebensversicherung abschließen, gründen sich auf das Wissen von diesem Verfall des Lebens. Der Prozeß des Sterbens beschränkt sich daher nicht auf das hohe Alter, sondern er ist etwas, was schon am Beginn des Lebenszyklus einsetzt, diesen während seiner gesamten Dauer begleitet und eine Reihe von erkennbaren und definierbaren Stadien durchläuft.

Nach der herkömmlichen Definition ist ein Lebenszyklus »eine fortschreitende Reihe von Veränderungen, die ein Organismus von der Befruchtung bis zum Tode durchmacht«. Da wir nun aber die Gültigkeit des Todes als Festpunkt in Frage gestellt und gesagt haben, daß er schon während des ganzen Lebens vorhanden ist, brauchen wir eine neue Definition. Es müßte eine sein, die den Begriff der Zustandsänderung mit einschließt und die Möglichkeit berücksichtigt, daß sich der Zyklus über jenen fragwürdigen Zustand hinaus erstreckt, den wir den klinischen Tod genannt haben. Vielleicht können wir den Zyklus definieren als »eine Reihe von Veränderungen in der Organisation der Materie von der Befruchtung bis zum *Goth.*«

Die Entwicklung eines Organismus läuft nach einem auf den Zyklus abgestimmten Schema ab, aber beim Menschen wird schließlich ein Punkt erreicht, wo wir feststellen können, daß ein Übergang vom Vorherrschen der Ordnung zum Vorherrschen der Unordnung stattfindet. In diesem Augenblick müssen wir erkennen, daß wir sterben. Die aufschlußreichsten Einblicke in diesen Geisteszustand liefern uns Menschen, die einem plötzlichen Tod sehr nahekamen. Im Jahre 1892 stürzte ein Schweizer Geologe beim Klettern in den Alpen ab, und seine Erfahrungen bewogen ihn, 30 andere Männer zu befragen, die wie er einen Absturz überlebt hatten (206). Albert Heim stellte fest, daß alle ähnlich auf ihren scheinbar unausweichlichen Tod reagiert hatten, und er teilte auf dieser Grundlage die letzten Sekunden vor dem Ende in drei deutlich abgrenzbare Sterbephasen ein.

In dem Augenblick, in dem der Sturz beginnt, ist die erste Reaktion der Versuch, die Gefahr abzuwenden und gegen das Unvermeidliche anzukämpfen. Zum Teil ist das ein rein physischer Reflex wie das Zurückzucken der Hand von einem heißen Ofen, aber zugleich tobt offenbar auch ein heftiger psychischer

Kampf gegen ein seltsames Verlangen, sich der Gefahr zu unterwerfen. Wir werden später noch sehen, daß das nicht destruktiv ist, sondern Überlebenswert hat. Das zweite Stadium beginnt, sobald der Stürzende einsieht, daß jede Gegenwehr vergeblich ist, und die Tatsache des gewissen Todes akzeptiert. Er gerät dadurch in eine Stimmung des Losgelöstseins, in der ihn seltsam belanglose Gedanken beschäftigen. Ein Kletterer beschrieb »Empfindungen kleinlichen Ärgers und sogar spekulativen Interesses« (65). Ein Student, der aus einem mit hoher Geschwindigkeit fahrenden Auto geschleudert wurde, sagte, seine erste Sorge habe seinem neuen Mantel gegolten, den er zerreißen sah, während er über die Straße rollte, und dem Football-Team seiner Schule, das, wie er eben noch im Autoradio gehört hatte, dabei war, ein Spiel zu verlieren. In einem anderen Fall fürchtete ein kleiner Junge, der von einem Felsen stürzte, nur, er könnte sein neues Taschenmesser verlieren.

Diese abirrenden Gedanken kristallisieren sich bald zum so oft beschriebenen Rückblick auf das ganze Leben. Im Jahre 1972 stürzte in Arizona ein neunzehnjähriger Fallschirmspringer aus einer Höhe von tausend Metern ab und brach sich nicht mehr als das Nasenbein. Er berichtete, daß er zu schreien begann, als er fiel, und »dann wußte ich, daß ich tot und daß mein Leben zu Ende war. Mein ganzes vergangenes Leben blitzte vor meinen Augen auf. Ja, tatsächlich. Ich sah das Gesicht meiner Mutter, alle Häuser, in denen ich gewohnt hatte, die Militärakademie, die ich besuchte, die Gesichter der Freunde – alles« (299). Heim berichtete: »Ich sah mich als siebenjährigen Jungen zur Schule gehen, dann im Klassenzimmer der Vierten mit meinem geliebten Lehrer Weiss. Ich spielte mein ganzes Leben noch einmal, als wäre ich auf einer Bühne, auf die ich vom höchsten Balkon des Theaters hinunterschaute.« Eine 34 Jahre alte Krankenschwester erzählte nach einem beinahe tödlichen, durch eine allergische Reaktion auf Penicillin ausgelösten Koma, sie habe lebhafte Farben und eine Puppe gesehen, die sie einmal besessen hatte, und sich über das strahlende Blau ihrer Glasaugen gewundert.

Ein Psychiater erklärt diese visuelle Erinnerung als »eine emotionelle Verteidigung gegen den Gedanken des Ausgelöschtwerdens«, und er meint, daß der Sterbende, der keine Zukunft mehr hat, seine letzte Lebensenergie darauf konzentriert, noch einmal einzufangen, was ihm in der Vergangenheit teuer war (206). Ein anderer beschreibt die Bilder als verschleierte Erinnerungen und ist der Ansicht, eine Analyse der in diesen Augenblicken ausgewählten Bilder würde ergeben, daß sie mit einem unangenehmen Erlebnis verbunden sind (123). Die umfassendste Studie der Reaktionen von Todeskandidaten, die im letzten Augenblick noch gerettet werden konnten, führt über 300 Personen an und stellt »Rückblenden« nur in 12 Prozent aller Fälle fest, aber aus dem Datenmaterial geht hervor, daß es sich dabei immer um Situationen handelte, in denen ein plötzlicher Tod, beispielsweise durch Sturz oder Ertrinken, bevorzustehen schien und die Zeitspanne sehr kurz war (138). Wenn das Leben während eines längeren Zeitraums bedroht war, beispielsweise durch Krankheit oder in einem Falle durch das Eingeschlossensein in einem luftdichten Kühlschrank, gab es grundsätzlich keine Rückblicke auf das vergangene Leben.

Die Rückblende – und wir müssen bedenken, daß es sich um eine Abfolge von Reaktionen handelt, die sich in wenigen Sekunden zusammendrängen – endet schließlich, und an ihre Stelle tritt ein seltsamer mystischer Zustand. Die obenerwähnte Krankenschwester erlebte eine Ekstase, in der sie »auf idyllische Weise in die Betrachtung eines Bildes des Tadsch Mahal versunken« war. Ein Bergsteiger, der von einer Wand in den Dolomiten stürzte, erinnert sich: »Mein Körper war im Begriff verletzt, zerschmettert und zerquetscht zu werden, aber mein Bewußtsein war nicht mit diesen physischen Verletzungen assoziiert und an ihnen völlig desinteressiert« (65). Heims Studie der Unfälle in den Alpen endet mit der Bemerkung, daß der Tod durch Absturz sehr angenehm ist und daß »Menschen, die in den Bergen umkamen, ihre individuelle Vergangenheit in einem Zustand der Verklärung sahen. Über alles körperliche Leid erhoben, befanden sie sich unter dem Einfluß erhabener und tiefer Gedanken, himmlischer Musik und eines Gefühls des Friedens und der Versöhnung. Sie stürzten durch einen blauen und rosaroten, wunderbaren Himmel; dann war plötzlich alles still.«

Dieser transzendente Zustand ist so überwältigend und angenehm, daß ihn diejenigen, die ihn erleben, nicht mehr aufgeben möchten. Eine Frau, die als Kind vor dem Ertrinken gerettet wurde, sagt: »Ich sah die Bemühungen, mich ins Leben zurückzuholen, und versuchte, nicht zurückzukehren. Ich war erst sieben Jahre alt und ein sorgloses Kind, aber in meinem ganzen Leben habe ich nie wieder einen Augenblick so reinen Glücks erlebt« (299). Es gibt Anhaltspunkte dafür, daß Menschen, die einen mißglückten Selbstmordversuch unternahmen und dabei dieses Erlebnis hatten, den Versuch wiederholen – gewöhnlich mit mehr Erfolg als beim erstenmal.

Die starke Ähnlichkeit zwischen Transzendenz angesichts der Todesdrohung und Transzendenz unter dem Einfluß von Drogen zeigt, daß das Sterben eng mit dem Leben verbunden ist. Die Stadien des Widerstands, der Rückschau und der Transzendenz werden in der kurzen Periode erlebt, die einem plötzlichen, unerwarteten Tod vorausgeht, aber es bestehen direkte Parallelen in den sehr viel längeren Phasen des Sterbens als Folge von Krankheit oder Altersschwäche.

Elizabeth Kübler-Ross befragte über zweihundert sterbende Patienten und stellte in ihrer Einstellung zum bevorstehenden Tod fünf deutlich unterscheidbare Phasen fest (153). Wenn ein Mensch erfährt, daß er an einer tödlichen Krankheit leidet, ist seine erste Reaktion gewöhnlich ein: »Nein, nicht ich – das kann nicht wahr sein!« Diese anfängliche Verleugnung ähnelt den ersten verzweifelten Versuchen des Bergsteigers, den Sturz zu leugnen. Sobald sich der Patient dann eingesteht, daß es wahr sein muß, folgen auf die Verleugnung Zorn und Frustration. »Warum ich, wo ich doch noch so viel zu tun habe?« Dieses Stadium kann auch durch ein anderes ersetzt werden, in dem der Patient zu feilschen versucht und sich selbst oder anderen Versprechungen macht, um noch einmal Zeit zu gewinnen. Wenn der Patient die volle Bedeutung der Krankheit erkennt, kommt eine Zeit der Ängste und Depressionen. Dieses Stadium hat keine Parallele beim Erlebnis des plötzlichen Todes; es scheint sich nur in Situationen zu ergeben, in denen der Mensch, der dem Tod entgegensieht, Zeit hat, sich eingehend mit den Umständen zu befassen. Über die Todesfurcht und das Sterben sind zahllose Untersuchungen angestellt worden, und in den meisten Fällen scheint man anzunehmen, daß jeder Mensch von Natur aus den

Tod fürchtet. Aber wenn ich in der umfangreichen Literatur über die psychologischen Reaktionen auf den Tod blättere, fällt mir immer wieder eines auf: Diese Furcht zeigt sich nur bei Erwachsenen und nur wenn sie Zeit haben nachzudenken. Es gibt absolut keine Beweise dafür, daß eine solche Furcht ein natürlicher und unvermeidlicher Teil unseres Sterbeverhaltens sei. Im Gegenteil, in Kulturen, in denen der Tod offener behandelt und als ein Teil des Lebensprozesses gesehen wird, gibt es keine Furcht vor dem Sterben. Und bei den anderen Spezies weist nichts darauf hin, daß der Tod eines der Stimuli sei, die instinktive Ausweich- oder Schmerz-Reaktionen auslösen. Wenn junge Schimpansen ein bestimmtes Alter erreichen, vermeiden sie ohne vorherige Belehrung die Berührung mit schlangenähnlichen Gegenständen. Sie haben eine angeborene Neigung, ängstlich auf Stimuli zu reagieren, die mit Gefahr in Verbindung gebracht werden könnten, aber ich kenne keinen einzigen Organismus, der eine naturgegebene Furcht vor dem Tod an sich verrät.

Die dem klinischen Tod vorausgehenden Endstadien des Zyklus sind bei einem langsamen und bei einem plötzlichen, raschen Tod die gleichen. Wenn todgeweihte Patienten genug Zeit hatten oder in ausreichendem Maße die richtige Art von Hilfe erhielten, um ihre Ängste zu bezwingen und sich mit der Unvermeidlichkeit des Sterbens abzufinden, erleben sie oft ein Gefühl der inneren Ruhe und Zufriedenheit.

Es scheint daher, daß der Prozeß des Sterbens eine ausgeprägte Phase der menschlichen Entwicklung mit einer eigenen Abfolge von geordneten, definierbaren Erlebnissen und Verhaltensmustern umfaßt. Die Tatsache, daß diese Stadien nicht nur für Menschen typisch sind, die durch Unfälle oder Krankheiten ums Leben kommen, wird dadurch erwiesen, daß die gleichen Stufen auch einem Tode vorausgehen, den physisch vollkommen gesunde Menschen erleiden. Eine Untersuchung an achtzehn abgeurteilten Mördern, die im Zuchthaus Sing-Sing der Hinrichtung entgegensahen, zeigte, daß ihre Wartezeit in den »Todeszellen« mit einer Verleugnung (das heißt mit einer Bagatellisierung ihrer Lage) begann, daß darauf Zorn und Angst folgten und daß das Warten zuletzt (für diejenigen, die genug Zeit hatten) mit einem meditativen Losgelöstsein endete (22).

74

Es mag ein wenig weit hergeholt klingen, aber es scheint möglich zu sein, die Stadien des Sterbens zu identifizieren, indem man ihren Parallelen in unserer – im Laufe der Geschichte wechselnden – Einstellung zum Tode nachgeht. Es gab in unserer Geschichte eine Zeit der Todesverleugnung, eine Zeit, in der wir Menschen uns weigerten, den Tod als ein natürliches Ereignis zu betrachten, und lieber etwas anderes oder einen anderen verantwortlich machten. Das zeigt sich deutlich in den Todesritualen der Flußtal-Kulturen. Danach kam eine Zeit, in der der Tod akzeptiert wurde wie in den jüdisch-hellenischen Kulturen, in denen der Tod etwas sehr Wirkliches und Endgültiges war. Darauf folgte ein Stadium der Auflehnung gegen den Tod, in dem wir versuchten, die Wirklichkeit zu überwinden. Der heilige Paulus drückte diese christliche Haltung aus durch den tapferen Ruf: »O Tod, wo ist dein Stachel?« Und schließlich kommen wir, wie beim Sturz von der Felswand an dem Punkt an, wo wir heute stehen und wo unsere Kultur dem Ende so nahe ist, daß ihre einzige Abwehr gegen den Tod die Transzendenz ist.

Eine weitere mögliche Übereinstimmung, die die Existenz dieser Stadien bestätigt, liefern uns die letzten Arbeiten über die Biochemie des Gehirns während des Sterbens. Die Untersuchungsergebnisse zeigen ebenfalls vier klar erkennbare Stadien. Professor Negowskij von der Sowjetischen Akademie der Medizinischen Wissenschaften nennt sie Schock, präagonalen Zustand, Agonie und klinischen Tod (202). Diese Einteilung stützte sich anfangs auf Experimente mit Hunden, die man nach Durchtrennung der Oberschenkelarterie verbluten ließ. Das erste Stadium beginnt nach zwei oder drei Minuten, wenn etwa die Hälfte des Blutes ausgeflossen und der Blutdruck erheblich gesunken ist. In diesem Augenblick strömt nicht mehr genug Blut zum Gehirn, um es mit dem normalen Sauerstoff- und Zuckerbedarf zu versorgen. Das Gehirn reagiert darauf, indem es kompensatorische Mechanismen in Gang setzt, die seine Gefäße erweitern und zusätzliches Blut aus Vorratsdepots mobilisieren. Eine Zeitlang funktionieren diese Notmaßnahmen, und der Zuckergehalt in dem Blut, das das Gehirn erreicht, steigt tatsächlich.

Unser Körper speichert Energie in Form von Glykogen, das in der Leber und in den Muskeln gelagert ist, bis es benötigt wird.

Im Notfall läßt das Adrenalin den Blutdruck steigen, und zugleich fördert es die rasche Rückverwandlung von Glykogen in Blutzucker für den unmittelbaren Gebrauch. Das Gehirn erhält in Sekundenschnelle eine erhöhte Nahrungszufuhr und beginnt rascher zu arbeiten. Dieses biochemische Stadium entspricht unmittelbar der Stimmung des geistigen Losgelöstseins und den Erinnerungsrückblenden, die auf den ersten Reflex des Bergsteigers, das heißt den Versuch, den Sturz zu vermeiden, folgen.

Das zweite Stadium, das die Russen präagonal nennen, ist durch auffällige chemische Veränderungen im Gehirn gekennzeichnet (86). Die Aktivität in der Gehirnrinde erreicht Fieberhöhen, und der Zucker wird schneller verbraucht, als er nachgeliefert werden kann. Diese Aktivität im menschlichen Gehirn beschränkt sich weitgehend auf die höheren Frequenzen mit schnellen Betawellen, die von unregelmäßigen Einschüben einer längeren Alpha-Aktivität unterbrochen werden. Das ist genau der Geisteszustand, der, wie man weiß, in der Meditation auftritt, und er entspricht offenbar der Glückseligkeit und Transzendenz, von der Menschen berichten, die beinahe starben.

Das dritte Stadium nennen die Russen Agonie, und für den abgestürzten Bergsteiger würde es erst eintreten, nachdem er auf dem Boden aufgeschlagen ist. Die Atmung steht still, die Augenreflexe verschwinden und die Gehirntätigkeit sinkt auf beinahe Null. Bei den Hunden setzte Agonie ein, wenn die organischen Abfallprodukte der Glukose sich im Gehirn sammelten und es vergifteten. Wenn die Gehirntätigkeit völlig erlischt, sprechen die Russen vom klinischen Tod, aber selbst dann noch ist eine Wiederbelebung möglich, wenn das Blut wieder zum Fließen gebracht werden kann. Geschieht jedoch nichts, um das verlorengegangene Gleichgewicht im Gehirn innerhalb einer bestimmten Zeitspanne (die beim Menschen, wie wir gesehen haben, sechs Minuten zu betragen scheint) wiederherzustellen, so ist das vierte Stadium beim gegenwärtigen Stand der Technik nicht mehr umkehrbar, und der Organismus wird als tot betrachtet.

Die russischen Studien liefern noch einen weiteren wichtigen Hinweis (98). Sie zeigen, daß eine lange Sterbeperiode wie im Falle einer Lungenkrankheit zu einer schweren Erschöpfung der

Energiereserven in den frühen Stadien führt und daß das Gehirn in einem solchen Organismus nur eine sehr kurze Periode des klinischen Todes zu überdauern imstande ist. Tritt der Tod durch einen Unfall oder, allgemein gesagt, sehr plötzlich ein, so sind große Reserven vorhanden, und der Organismus ist widerstandsfähig genug, um längere Perioden einer völligen Stillegung des Gehirns zu überleben. Die Fähigkeit, sich von einem solchen Stillstand zu erholen, hängt ganz vom Stoffwechselzustand des Organismus vor dem Sterben ab. Bei Experimenten mit Hunden konnte festgestellt werden, daß die Tiere nur eine geringe Chance hatten, wiedererweckt zu werden, wenn sie sich vor dem Sterben im Zustand großer Erregung befanden; wenn sie dagegen vor dem Sterben ruhig waren oder schliefen, hatten sie erheblich bessere Aussichten auf Wiederbelebung. Daher haben die Gleichgültigkeit und die transzendenten Zustände, in denen sich der Sterbende entspannt und beispielsweise das Tadsch Mahal betrachtet oder vergangene Ereignisse an sich vorüberziehen sieht, einen hohen Überlebenswert. Der abstürzende Bergsteiger, der in diese Verfassung gerät, hat bessere Aussichten, eine schwere Verletzung oder sogar den klinischen Tod zu überstehen als einer, der während des ganzen Sturzes schreit und um sich schlägt.

Die vor dem Sterben eintretenden Veränderungen sind daher aus einem sehr guten Grunde an eine feste Reihenfolge gebunden, aber dieser Ablauf kann in beinahe jeder Phase unterbrochen werden. Ebenso kann er durch Schmerz oder Angst kurzgeschlossen werden. So kann der anfängliche Angstzustand, wenn er heftig genug ist, direkt zum klinischen Tod führen. Wir sagen, man sterbe vor Angst oder sei zu Tode erschrocken. Dergleichen geschieht tatsächlich.

In Australien haben die Zauberer der Eingeborenen »Zeigeknochen«, die aus den Oberschenkelknochen von Rieseneidechsen gemacht werden und an die eine Strähne Menschenhaar gebunden wird. Richtet man einen solchen Knochen auf einen Mann, während der Todeszauber gesungen wird, so erkrankt das Opfer bald und stirbt, und alle Künste der modernen Medizin vermögen es nicht mehr zu retten (81). Afrikanische Medizinmänner verwenden Knöchel, europäische Hexen fertigen Puppen aus Holz oder Wachs an, die Woodoo-Priester auf den karibischen Inseln opfern weiße Hähne, und in Griechenland genügt ein »böser Blick«. Die Methoden scheinen verhältnismäßig unwichtig zu sein, aber über die Wirkungen auf das Opfer, das die Zaubermittel sieht oder auch nur weiß, daß sie angewendet wurden, liegt genug dokumentarisches Material vor.

An Menschen, die bei offensichtlich bester Gesundheit an den Wirkungen schwarzer Magie starben, wurden mehrfach klinische Untersuchungen vorgenommen. In keinem dieser Fälle konnten die Ärzte Erreger oder Verletzungen finden, die den offensichtlichen körperlichen Verfall der Patienten hätten verursachen können. Sie konnten lediglich die Symptome registrieren. Im Falle eines Woodoo-Zaubers begann das Opfer sehr rasch zu atmen, und sein Herz klopfte schneller und schneller, bis es sich in ständiger Kontraktion befand und der Tod durch Herzstillstand eintrat (40). Hämatokritmessungen während des Sterbens zeigten eine rasche Zunahme der Blutkonzentration dadurch, daß Plasma in den Gewebsräumen versickerte und somit dem Kreislauf entzogen wurde. Es war, als operierte jemand das Opfer mit einem unsichtbaren Messer, denn das sind genau die Symptome, die sonst bei einem schweren Operationsschock beobachtet werden.

Bei anderen Todesfällen durch Woodoo-Zauber diagnostizierten die Ärzte »plötzliche hämodynamische Veränderungen« (29) und »paroxysmale ventrikulare Tachykardie« (108), was nichts anderes bedeutet, als daß das Herz versagte. Andere nannten als Todesursache einen »übermäßigen Sauerstoffkonservierungs-Reflex« (289) oder »kataleptischen Tod infolge von Sauerstoffmangel« (181). Diese Diagnosen sind unwesentlich. Die eigentliche Todesursache war in jedem Falle eine Schädigung des Gehirns als Folge einer unzulänglichen Sauerstoffversorgung, da das Blut seinen Bestimmungsort nicht mehr erreichte. Das sagt uns aber nichts über die Ursache der Funktionsstörung. Es ist kaum daran zu zweifeln, daß auch so schwere Veränderungen im Körper wie die hier genannten psychosomatischen Ursprungs sein können. Stephen Black berichtet von einem Hautkrebs, der im Allgemeinen Krankenhaus von Lagos durch Biopsie diagnostiziert und danach durch eine Salbe, die von einem Medizinmann der Eingeborenen stammte, offensichtlich geheilt wurde. Als die Salbe in London analysiert wurde, stellte sich heraus, daß sie nichts anderes als Seife und Holzasche enthielt (29). Doch allzu oft wird der Ausdruck »psychosomatisch« dazu mißbraucht, das Versagen des Arztes zu bemänteln, der nicht feststellen kann, was dem Patienten fehlt. Letzten Endes darf von keinem Leiden angenommen werden, es sei rein psychosomatischer Natur, so-lange nicht bewiesen werden kann, daß die Symptome allein durch psychotherapeutische Methoden heilbar sind, aber in den fortgeschrittenen Fällen von Verhexung ist selten Zeit für eine Therapie gegeben. Es ist sehr leicht, diese Phänomene mit der Behauptung abzutun, sie seien »nur eingebildet«, aber diese Ausflucht geht an der erstaunlichen Tatsache vorbei, daß das Gehirn imstande ist, den Körper, der es beherbergt, zu töten.

In den Fällen von Verhexung, in denen Menschen buchstäblich vor Angst sterben, wissen die Opfer gewöhnlich, daß der Zauber ausgesprochen wurde und daß man von ihnen erwartet, daß sie sterben. Und sie sterben auch tatsächlich (12). Dennoch besteht die Möglichkeit, daß eine äußere Kraft auf sie einwirkt. In der Tschechoslowakei wurde eine Reihe von Experimenten mit zwei praktizierenden Telepathen angestellt, die mehrere Kilometer voneinander entfernt waren (232). Der Empfänger erfuhr nicht, wann Übertragungen versucht werden sollten, und dennoch erlitt er einen lähmenden Asthma-Anfall in genau dem Augenblick, in dem man den Sender aufforderte, sich vorzustellen, er sei leben-dig begraben worden. Wenn der Sender sich vorstellte, er leide an Atemnot, litt auch sein Freund, der niemals zuvor mit derglei-chen zu tun gehabt hatte, an Atemnot. Es sieht so aus, als sei es möglich, die physiologischen Vorgänge eines Menschen auch aus der Entfernung zu beeinflussen. Im Jahre 1959 stellte Stepan Figar in Prag fest, daß die starke geistige Konzentration einer Person eine meßbare Veränderung des Blutdrucks einer anderen Person bewirken konnte, die sich in einer gewissen Entfernung liegend ausruhte (75). Eine ähnliche Entdeckung machte un-längst Douglas Dean vom *Newark College of Engineering*. Wenn jemand intensiv an einen guten Freund denkt, so ist bei diesem – unabhängig davon, wo sich die beiden befinden – eine meßbare Veränderung im Blutdruck und Blutvolumen festzustellen (146).

Indem er diese Reaktion als Kommunikationsmittel verwendete, gelang es Dean mit Hilfe des Morsekodes, einfache Mitteilungen von New Jersey nach Florida zu senden, und zwar ohne Wissen des Empfängers, der, an einem Plethysmographen angeschlossen, einfach still dalag.

Doch ob nun das Herzversagen durch das Gehirn des Opfers oder durch die feindseligen Gedanken oder Handlungen einer anderen Person ausgelöst wird – das Endergebnis ist das gleiche. Der betreffende Mensch stirbt durch Schock. Ein plötzlicher Tod dieser Art ist häufig bei Tieren, die in der Natur eingefangen oder aus irgendeinem Grunde in Gefangenschaft gehalten werden. Hasen und Mäuse gehen durch grobe Behandlung ein, Spitzmäuse können sogar schon durch ein lautes Geräusch getötet werden. Störungen durch Bautätigkeit oder auch nur die Nähe ungewohnter Tiere in Nachbarkäfigen haben schon zahllose empfindsame Zootiere umgebracht. Wilde Vögel sterben oft, während man sie in der Hand hält, und es sind schon Menschen vor Angst und Schreck gestorben, weil sie eine Injektion bekamen oder auch nur einen anderen Menschen bluten sahen. Daß der Tod in allen diesen Fällen die gleiche Ursache hat, wurde an der *John Hopkins Medical School* in Baltimore durch eine Reihe grausamer Experimente nachgewiesen (222).

Curt Richter baute dort eine recht unangenehme Apparatur auf, in der er Streßwirkungen auf Ratten testet, indem er die Tiere zwingt, in enghalsigen Krügen zu schwimmen, aus denen sie nicht entkommen können. Er hindert sie durch Wasserstrahlen, die einen ständigen Strudel verursachen, daran, sich auszuruhen oder einfach treiben zu lassen, und hält sie in den Krügen fest, bis sie verenden. Unter normalen Umständen können zahme weiße Ratten in dieser Apparatur tagelang leben, aber soeben gefangene, wilde, braune Ratten verenden innerhalb von Minuten. Wie Autopsien zeigen, sterben die braunen Ratten an einem Schock, der durch Überreizung des vom Kopf zum Herzen führenden Vagusnervs entsteht. Die gleichen Symptome können bei weißen Ratten ausgelöst werden, wenn man ihnen durch Abschneiden der Schnurrbarthaare ein Trauma zufügt, bevor man sie der Wassertortur aussetzt, aber die anderen weißen Ratten sterben schließlich aus ganz anderen Gründen. Nach mehr als zwei Tagen in den Krügen, aus denen sie weder durch Kampf noch durch Flucht entkommen können, geben sie einfach auf und sterben aus Hoffnungslosigkeit.

Wenn die Ratten kurz vor dem Verenden aus dem Wasser geholt wurden, erholten sie sich sehr rasch wieder, und nachdem sie auf diese Weise gelernt hatten, daß ihre Lage nicht hoffnungslos war, schwammen sie viel länger, wenn man sie wieder in die Krüge steckte. Eine solchermaßen konditionierte Ratte hielt 81 Stunden durch und wäre vermutlich noch weitergeschwommen, bis sie verhungert wäre. Es scheint so, als verhielten sich Menschen, die verhext oder durch Woodoo zum Tode verurteilt werden, ebenso. Sie sterben aus Hoffnungslosigkeit, aber wenn einer den »Test« überlebt, wird er nie wieder das Opfer einer Verhexung. Er ist gegen diese Art von Tod »geimpft«.

Gelegentlich äußern Patienten im Laufe einer Behandlung die Überzeugung, daß sie bald sterben werden. Sterben sie tatsächlich, so nimmt man gewöhnlich an, sie hätten sich selbst in derselben Weise, in der die Opfer einer Verhexung einer tödlichen Hilflosigkeit erliegen, aufgegeben, aber es gibt noch eine andere Möglichkeit. Ein Psychiater, der solche Fälle untersuchte, stellte bei ihnen ein Überwiegen von Herz- und Nierenleiden fest (17). Er meint, daß chronische Störungen dieser Organe zu plötzlichen Änderungen des physiologischen Gleichgewichts führen können, die der Patient rasch zu spüren bekommt. Es erscheint tatsächlich sinnvoll anzunehmen, daß es der Betroffene selbst als erster bemerkt, wenn Desintegration eine Veränderung seiner inneren Wetterlage hervorruft. Tritt eine schwerwiegende Änderung ein, so wird er sich dessen bewußt; er wird vom Tode schwanger und kommt zur vorgesehenen Zeit nieder.

Es gibt zahlreiche anekdotische Berichte über Tiere, die die gleiche Intuition zu besitzen scheinen und sich irgendwo verkriechen, um zu sterben. Der sogenannte Elefantenfriedhof ist reine Erfindung, aber die einzelnen Stadien des Sterbens folgen in so unwandelbarer Reihenfolge aufeinander, daß es nicht unvernünftig ist, in ihnen ein klassisches Triebverhalten zu sehen, das zur letzten Erfüllung des *Goth* führt. Die Tatsache, daß wir nie die Möglichkeit haben, diese Verhaltensweisen zu üben, daß jedes Individuum nur einmal stirbt, hat viele Wissenschaftler (vor allem Freud) dazu verleitet, den Begriff des »Todestriebs« zu entwickeln. Zweifellos gibt es genug Hinweise darauf, daß der Mensch eine starke Neigung zur Selbstvernichtung hat, aber nichts oder nur wenig deutet darauf hin, daß der Ursprung dieser destruktiven Kräfte triebhafter oder instinktiver Natur ist. Ich glaube vielmehr, daß dieses unter gewissen Umständen zu beobachtende Sich-in-den-Tod-Stürzen eher einen Instinkt für die Verhaltensmuster des Sterbens beweist. Wir werden mit dem Sterben vertraut, noch ehe wir geboren werden, und wir leben ständig in Gesellschaft des Todes. Das Überraschende ist nicht, daß wir uns seiner unter gewissen Bedingungen bewußt werden, sondern daß er nicht eine aktivere Rolle in dem Bewußtsein spielt, das wir von uns selbst und den Dingen um uns her haben. Der Tod ist nicht »Alles oder nichts«. Wir haben in vielen Bereichen unseres täglichen Lebens reichlich Gelegenheit, ihn zu üben.

Möglicherweise ist unser erstes unmittelbares, dem Tode ähnelndes Erlebnis die Geburt. Nur wenige Menschen unternehmen jemals eine so gefährliche Reise wie es der schreckliche Weg durch die zehn Zentimeter des Geburtskanals ist. Wir werden wahrscheinlich nie genau wissen, was in diesen Augenblicken im Kopf des Kindes vorgeht, aber es ist durchaus anzunehmen, daß es etwas ähnliches wie die Stadien des Sterbens durchlebt. Wenn die Wehen einsetzen und der Uterus die ersten gewaltigen Anstrengungen unternimmt, das Kind aus der Wärme und Geborgenheit des Schoßes hinauszustoßen, ist Widerstand die zwangsläufige Reaktion des Fötus. In Schottland versuchte man unlängst bei einer Frau, deren Niederkunft schon bedenklich überfällig war, die Wehen dadurch einzuleiten, daß man die Fruchtblase aufstach. Mit einem Katheter wurde etwa ein halber Liter Fruchtwasser abgezogen, und dann warteten die Geburtshelfer auf den Beginn der Wehen, als plötzlich der Fötus im Mutterleib drei zornige Schreie ausstieß. Neunzehn Stunden später kam endlich ein vollkommen normaler Junge zur Welt (248).

Der anfängliche Widerstand gegen das Geborenwerden muß schließlich unter dem unbarmherzigen Druck des Uterus aufgegeben werden. Es würde den Geburtsvorgang erheblich erleichtern, wenn sich das Kind in einem Zustand hilfsbereiter Gleichgültigkeit entspannen könnte. Es scheint, daß wir tatsächlich bewußt wahrnehmen, was mit uns in diesem Augenblick geschieht, und daß wir uns sogar noch viele Jahre später an Einzelheiten erinnern können. Unter hypnotischer Regression, bei der die Versuchspersonen Schritt für Schritt durch ihr ganzes Leben zurückgeführt werden, waren viele imstande, sich an Einzelheiten zu erinnern und beispielsweise zu sagen, ob sie mit dem Kopf oder den Füßen voran zur Welt kamen, ob der Kopf mit der Zange gegriffen wurde oder ob sie beinahe durch die Nabelschnur erwürgt wurden (145). Solche »Erinnerungen« können natürlich immer auch anders interpretiert werden, aber in einigen Fällen konnten Tatsachen, die nicht einmal den Müttern der Versuchspersonen bekannt waren, anhand der Aufzeichnungen in der Klinik überprüft werden.

Geburt und Tod haben gemeinsam, daß eine Trennung vollzogen wird. Bei der Geburt wird das Kind zum erstenmal der Mutter entrissen, und je größer es wird, desto länger dauern die wiederholten Trennungen von ihr. Diese Trennungen ermöglichen es ihm, die einander widersprechenden Zustände von Zusammensein und Trennung, von Sein und Nichtsein zu meistern. Adah Maurer sagt: »Sobald es drei Monate alt ist, ist das gesunde Kind in seinem Selbstgefühl schon genug gefestigt, um mit diesen widersprüchlichen Zuständen zu experimentieren. Beim Versteckspiel wiederholt es unter gefahrlosen Umständen spielerisch das mit Entzücken abwechselnde Entsetzen und bestätigt sein Selbstgefühl, indem es das Bewußtsein aufs Spiel setzt und wieder zurückgewinnt« (177). In einem gewissen Sinne wechselt das Kind zwischen Leben und Tod hin und her.

Später kennt das Kind aktivere Leben-und-Tod-Spiele, bei denen es die Realität des Todes unter den verschiedensten Umständen testet, indem es das Töten, Sterben und Totsein durchspielt. Man geht nach und nach dazu über, das Spiel als eine der ernstesten Verhaltensformen zu betrachten, und tut recht daran. Es ist ein Verhalten, bei dem schreckliche Vorstellungen, die normalerweise im höchsten Grade traumatisch sein würden, ertragen und sogar genossen werden können, während sie erprobt werden. Viele Tiere spielen auf eine Weise, die es ihnen ermöglicht, auch praktische Geschicklichkeiten zu üben, die in ihrem späteren Leben von Bedeutung sein werden. Manche spielen sogar Totsein.

Das amerikanische Opossum, *Didelphis virginiana,* stellt sich tot, wenn es angegriffen wird (80). Es fällt mit offenen Augen um, legt sich auf die Seite, streckt die Beine aus und bohrt die Krallen in den Boden. In diesem Zustand ist das Tier hellwach, und in bezug auf Temperatur, Sauerstoffverbrauch oder Blutchemie sind keine Veränderungen festzustellen. Aufzeichnungen der Gehirnströme zeigen, daß sich diese nicht von denen eines normalen, wachen Tieres unterscheiden. Eine Gruppe in Los Angeles erforschte diese Reaktion im einzelnen, indem sie Elektroden in die Gehirne mehrerer Opossums einsetzte und die Tiere dazu brachte, sich totzustellen, indem sie sie mit einer Hundeschnauzenattrappe beutelte und dazu über einen Lautsprecher das Bellen und Knurren von Hunden vom Band abspielte (205). EEG-Aufzeichnungen zeigen, daß das Tier alles, was geschieht, mit größter Wachsamkeit wahrnimmt und tatsächlich nur »vorgibt«, tot zu sein. Auf der anderen Seite, des Atlantiks berichten Jäger, daß »ein Fuchs, der sich totstellt, oft vorsichtig die Augen öffnet, den Kopf hebt, sich umsieht und schließlich davontrottet, wenn sich die Verfolger weit genug entfernt haben« (43).

Sehr oft nehmen Tiere Körperhaltungen ein, die dem Tod weit ähnlicher sind als der wirkliche Tod. Charles Darwin sammelte siebzehn verschiedenen Arten von Insekten, die die Gewohnheit haben, sich totzustellen, und verglich ihre simulierten Todeshaltungen mit den Haltungen, die auf natürliche Weise verendete oder langsam mit Kampfer getötete Insekten derselben Spezies einnahmen. Er stellte fest: »In keinem Falle war die Haltung genau die gleiche, und in mehreren Fällen waren die Haltungen der Simulanten und der wirklich toten so unähnlich, wie sie es überhaupt nur sein konnten« (58). Es scheint also, daß diese Arten nicht so sehr den Tod nachahmen, der oft recht lebensähnlich aussehen kann, sondern sich nach der Vorstellung richten, die andere Tiere davon haben, wie sie als Tote aussehen sollten. Ihre Reaktion ist offensichtlich auf ein Publikum abgestimmt, und im Laufe der Evolution waren es die natürlichen Feinde, die bestimmten, welche Todeshaltung die »richtige« war, indem sie wie Theaterkritiker die guten Schauspieler von den schlechten schieden – und letztere fraßen.

Krustentiere, Spinnen und Insekten, die sich totstellen, tun es im geeigneten Augenblick, aber im Gegensatz zum Opossum verlieren sie dabei die Herrschaft über ihre Muskeln und verfallen in einen völlig starren Zustand, der tonische Unbeweglichkeit genannt wird. Der gleiche Zustand wurde hervorgerufen und beschrieben bei Vögeln, Meerschweinchen, Hunden, Katzen, Schafen, Schimpansen und Menschen. Die einfachste Methode, einen Menschen in diesen Zustand zu versetzen, besteht darin, ihn aufzufordern, sich aus der Hüfte in einem Winkel von 90 Grad rasch nach vorn zu beugen und den Atem anzuhalten, worauf ihn zwei Helfer plötzlich auf den Rücken werfen. Die Muskeln ziehen sich heftig zusammen, und die Versuchsperson wird steif und unbeweglich, manchmal für die Dauer einer ganzen Minute. Man kann dieses Phänomen oft auf Fußballplätzen beobachten, wenn Spieler umgerempelt werden und ernsthaft verletzt zu sein scheinen, bis sie sich schlagartig erholen und wieder voll bewegungsfähig sind. Von katatonischen Zuständen wird auch bei Soldaten im Nahkampf berichtet, wo das – vorsätzliche oder reflexbedingte – Sichtotstellen sicherlich einen hohen Überlebenswert haben kann.

Viele Biologen zweifelten daran, daß es einen Wert haben kann, sich einfach hilflos vor einem Feind hinzulegen, aber die Tatsache, daß das Sichtotstellen überhaupt existiert, bedeutet, daß es oft genug wirkt, um sich zu lohnen. Es gibt offenbar bestimmte Umstände, unter denen es sich besonders bewährt, und es muß eine Art von begrenzendem Faktor geben, der die automatische Reaktion kontrolliert, damit sie nicht zu oft und nicht durch die falschen Reize ausgelöst wird. Die Reizschwelle scheint ziemlich hoch zu liegen, wodurch gewährleistet wird, daß die Regungslosigkeit nur als letzte Zuflucht in den aussichtslosesten Situationen gewählt wird. Hudson Hoagland entdeckte bei seinen Untersuchungen an den Eidechsen *Anolis carolinensis* und *Phrynosoma cornutum* eine höchst wirksame natürliche Kontrolle. Wenn eines dieser Tiere von der Reaktion zu oft Gebrauch macht, verwandelt sich der nachgeahmte Tod in den wirklichen, und es stirbt tatsächlich (119).

Einer der wenigen Berichte über die Empfindungen, die ein Mensch erlebt, wenn er unbeabsichtigt in den Zustand des Sich-totstellens gerät, liefert auch den Beweis für seine Wirksamkeit gegen einen Angriff. Der Forschungsreisende David Livingstone wurde einmal von einem Löwen angefallen, der ihn auf den Rücken warf, an der Schulter packte und zu zerfleischen begann. Livingstone befand sich »in einer Art Traumzustand, in dem ich keinen Schmerz und kein Entsetzen empfand«, und als er regungslos liegen blieb, ließ der Löwe einen Augenblick von ihm ab; er kam zu sich und floh (166). Livingstones Geistesabwesenheit scheint ganz dasselbe zu sein wie das Losgelöstsein, das der abstürzende Bergsteiger empfindet, und sie liefert ein weiteres Beispiel dafür, daß der Körper unter gewissen Bedingungen und im Notfall imstande ist, auf gewisse Stadien des Sterbeverhaltens zurückzugreifen; sie zeigt darüber hinaus, daß diese Verhaltensweisen tatsächlich Überlebenswert haben können, daß sie nicht nur das Sterben begleiten, sondern auch dem Leben dienlich sind.

Eine andere übliche menschliche Reaktion auf Streßsituationen ist die Ohnmacht. Emotioneller Streß führt zu einer Überreizung des Vagusnervs, der den Herzschlag verlangsamt und zugleich die Blutgefäße im Unterleib entspannt, so daß sich das Blut dort sammelt. Die Folge davon ist ein plötzliches Absinken des Blutdrucks in den Hirnarterien, und man wird ohnmächtig, aber sobald man hinfällt, liegt der Kopf auf derselben Höhe wie der Magen, und das Blut strömt wieder zum Gehirn. Eine Ohnmacht ist ein Reflex, aber offenbar einer mit eingebauter Steuerung, denn er führt selbst die Bedingungen herbei, die für die Erholung nötig sind.

Ohnmachtsanfälle waren einmal bei den Frauen einer bestimmten Gesellschaftsschicht große Mode als Mittel, mit schwierigen zwischenmenschlichen Situationen fertigzuwerden. Manche simulierten sicherlich nur eine Ohnmacht, weil sie wußten, daß sie auf diese Weise ihre Wünsche durchsetzen konnten, aber viele verloren tatsächlich das Bewußtsein – nicht selten so überzeugend, daß man sie für tot hielt. Das ist ein ausgezeichnetes Beispiel für eine gesellschaftlich bedingte Reaktion, die jedoch zur physiologischen Wirklichkeit wird für alle jene, die körperliche Reaktionen unter die Kontrolle des Geistes zu bringen vermögen. Heute sind Ohnmachten nicht mehr so beliebt, und sie kommen seltener vor, aber man sieht ihre evolutionären Möglichkeiten. Wenn der gesellschaftliche Druck zugunsten der Ohnmacht lange genug bestanden hätte, wäre sie vielleicht ein normaler, unveränderlicher Bestandteil unseres instinktiven Verhaltensrepertoires geworden. In bestimmten Situationen treten Ohnmachtsanfälle noch auf, aber wie Livingstone entdeckte, kommt der höhere Überlebenswert dem Sichtotstellen zu, das es einem erlaubt, das Bewußtsein zu bewahren und Änderungen der Situation auszunutzen.

Die todesähnlichen Haltungen mancher Insekten scheinen Reflexe von der Art der Ohnmacht zu sein, die das Individuum völlig der Gnade des Angreifers ausliefern. Das Opossum oder der Fuchs, der sich totstellt, macht dagegen Gebrauch von der fortschrittlicheren Technik mit ihrem Vorteil der Flexibilität, aber die Beobachtung zeigt, daß dieser Zustand bewußter Regungslosigkeit durch einen Reflex herbeigeführt wird, der nicht weniger starr und automatisch ist als der, der eine sich tot stellende Bohrassel auf den Rücken wirft. Um im Falle eines Angriffs wirksam zu sein, muß die Reaktion rasch erfolgen, und nichts läuft im Körper schneller ab als ein Reflex, der die normalen Nervenbahnen kurzschließt und das Gehirn völlig umgeht. Der Reflex und das Verhalten, zu dem er führt, scheinen angeboren und nicht bedingt zu sein, denn sie erscheinen auch bei isolierten Opossums schon im Alter von etwa vier Monaten als voll entwickeltes Schema. Das Schema unterliegt jedoch einer Art von bewußter Kontrolle, denn sobald die Drohung verschwindet, wird das Opossum wieder lebendig.

Neben der Ohnmacht gibt es noch zwei andere Kollaps-Zustände, von denen man heute nur noch wenig hört. Der eine ist die Kataplexie oder Schreckstarre (auch Schrecklähmung), bei der der Betroffene mit geschlossenen Augen schlaff zu Boden sinkt und unfähig ist, sich zu bewegen oder einen Laut von sich zu geben, obwohl er bei Bewußtsein ist und voll wahrnimmt, was um ihn her vorgeht. Es ist das das Äquivalent zu dem Zustand, in den Tiere wie Vögel oder Kaninchen leicht dadurch versetzt werden können, daß man ihre Bewegungsfähigkeit plötzlich einschränkt.

In älteren medizinischen Schriften wird von der Kataplexie gesagt, sie werde »durch heftige Gemütsbewegungen ausgelöst und dauert so lange, bis eine solche Gemütsbewegung bemeistert wird«, aber sie scheint der Vergangenheit anzugehören, denn in den meisten modernen medizinischen Wörterbüchern taucht sie nicht einmal mehr auf. Vielleicht begraben wir heute unsere Kataplektiker einfach lebendig. Es könnte seine besondere Bedeutung haben, daß eine der frühesten Erörterungen dieses Problems in einer Abhandlung mit dem Titel »Über die Zeichen, die den echten Tod vom Scheintod unterscheiden« vorliegt, die im *Transylvania Journal of Medicine* erschien (243). Der Autor sah sich zur Beschäftigung mit diesem Thema veranlaßt durch die zahllosen Vampirerscheinungen in seiner Heimat Siebenbürgen. Er und andere waren der Ansicht, daß die Zerstörungen in manchen Gräbern, die aufgebrochenen Särge, die zerrissenen Leichentücher und die verrenkten, blutüberströmten Leichen nicht so sehr auf Vampirismus hindeuteten, sondern vielmehr Spuren der letzten verzweifelten Anstrengungen von Kataplektikern waren, sich aus dem allzu frühen Grab zu befreien (175).

Der zweite selten anzutreffende Zustand ist die Katalepsie oder Starrsucht, die beschrieben wird als »ein plötzliches Aussetzen des Empfindungsvermögens und der bewußten Bewegung im Verein mit einer wachsartigen Starre der Glieder«. Dieser Zustand kommt heute noch bei katatonen Schizophrenen vor, er kann aber auch bei beinahe allen Menschen unter Hypnose hervorgerufen werden. Einer der beliebtesten Tricks des »verrückten Mönchs« Rasputin war es, eine Allee lebender Statuen in bizarren Haltungen aufzustellen, um den neurotischen Zarenhof im alten St. Petersburg zu amüsieren. Das gleiche tun heute noch verantwortungslose Hypnotiseure auf der Varietébühne. Eine spontan eintretende wachsartige Starre kann außerdem auch durch länger anhaltende rhythmische Reize ausgelöst werden. Viele Jahre lang glaubte man, die von Medizinmännern und Woodoo-Zauberern hervorgerufene Katalepsie werde nur durch Tetanie verursacht, das heißt durch eine Muskelstarre, die durch heftiges Atmen und die Senkung des Säuregehalts des Blutes zustandekommt. Stephen Black studierte jedoch unlängst die Methoden der Medizinmänner der Joruba in Nigeria und stellte fest, daß sie einen vollkommen kataleptischen Zustand als Reaktion auf die rhythmischen Reize von Trommeln und Gesängen herbeiführen (20). Sobald die Betroffenen auf diese Weise hypnotisiert wurden, können ihre Körper in jede Stellung gebracht werden, die sie auch – etwa bei Opferritualen – beinahe beliebig lange beibehalten.

Bei Säugetieren ist diese Nachgiebigkeit vielleicht ein bedingter Reflex, der schon vor der Geburt entstand, als sich der Fötus widerstandslos modellieren lassen mußte, um die Form des Schoßes anzunehmen – so seltsam diese auch sein mochte. Zu dieser Zeit lieferte das stetig schlagende Herz der Mutter die rhythmischen Reize. Auch nach der Geburt noch kann die Mutter das schreiende Kind am besten beruhigen und einschläfern, indem sie es an ihre Brust drückt, wo es den vertrauten Rhythmus hört. Und die Zahl der kataleptischen jungen Mädchen, die auf Bahren aus den Konzertsälen getragen werden müssen, beweist, daß die Pop-Gruppen entdeckt haben, daß Rhythmen im Tempo des Pulsschlags auch fünfzehn Jahre später noch am besten wirken.

Die normale Pulsfrequenz ist 70 Schläge pro Minute, aber es gibt einige schnellere Rhythmen, deren Wirkungen nicht weniger dramatisch sind. Im Jahre 1966 entdeckte Grey Walter, daß ein Licht, das einem Menschen in regelmäßigen Intervallen ins Auge blinkt, seltsame Wirkungen auf die Gehirnrhythmen ausübt und daß gewisse Blinkfrequenzen, die dem Sechs- bis Zehnfachen der Pulsfrequenz entsprechen, plötzliche Anfälle auslösen, die denen der Epilepsie ähneln (283). Diese Reaktion ist heute eine wertvolle Hilfe bei der Diagnose potentieller Epileptiker, aber man stellte darüber hinaus fest, daß sich bei den meisten völlig normalen Menschen auf die gleiche Weise Anfälle auslösen lassen. Wenn eine Rückkoppelung hergestellt wird, so daß das Blinken durch die Hirnsignale selbst ausgelöst wird, kann dieses synchronisierte Blinken bei mehr als der Hälfte aller Menschen augenblicklich epileptische Anfälle mit nachfolgender Bewußtlosigkeit verursachen.

Die Epilepsie ist keine Krankheit, sondern ein Symptom. Sie ist seit ihrem ersten Auftreten von abergläubischen Vorstellungen umgeben, und man nahm früher an, sie werde durch Besessenheit hervorgerufen. Sie wurde dem heiligen Paulus, Julius

Cäsar, Napoleon und (vielleicht mit mehr Berechtigung) Dosto-
jewskij zugeschrieben, aber Tatsache ist, daß jeder Mensch einen
epileptischen Anfall haben kann. Er ist nichts anderes als eine
Periode desorganisierter Hirntätigkeit und kann hervorgerufen
werden durch eine Kopfverletzung, einen elektrischen Schlag,
Drogen, Asphyxie oder auch hohes Fieber. Diese Anfälle mit
Muskelkrämpfen und Zuckungen und nachfolgender Bewußtlosigkeit sind nicht so etwas ähnliches wie Epilepsie, sondern
regelrechte Epilepsie. Der einzige Unterschied zwischen einem
Epileptiker und allen anderen ist der, daß er diese Art von
Störung öfter erleidet. Manchmal kann der Anfall auf ein Blutgerinnsel oder einen Tumor zurückgeführt werden, aber bei ständig
wiederkehrender Epilepsie scheinen die Anfälle spontan aufzutreten. Sie können durch Sedativa unterdrückt werden, die den
Patienten schläfrig machen, und der Verdacht liegt nahe, daß die
ganze Behandlung sich lediglich darin auswirkt, daß sie die
gesamte Hirntätigkeit reduziert. Es gibt keine Anhaltspunkte
dafür, daß das *Grand mal* oder die meisten anderen schweren
Anfälle erblich seien. Somit besteht die Möglichkeit, daß sie, wie
das Stadium des Losgelöstseins beim Sterben, psychosomatische
Reaktionen auf bestimmte bedrohliche Zustände darstellen.
Wenn das zutrifft, gehört die Epilepsie nicht in die Kategorie der
Gehirnschäden und neuralen Störungen, sondern sie ist ein Verhaltensmuster, das in jedem normalen Gehirn entstehen und in
gewissen Situationen Überlebenswert haben kann. Starke Ähn-
lichkeiten bestehen auch zwischen dem Phänomen der Epilepsie
und dem des Sterbens, und ich bin der Ansicht, daß beide sehr
viel gemeinsam haben mit dem bekanntesten aller todesähnlichen Zustände – der Trance.

Die meisten Trancezustände sind Dissoziationen, die dadurch
entstehen, daß eine fokale Gehirnzone stark gereizt wird, bis eine
reziproke Hemmung in einer anderen Zone eintritt (234). Menschen, die über glühende Kohlen gehen, wenden diese Technik
an, um zu verhindern, daß die Nervenimpulse von den Füßen
herauf das Gehirn erreichen, so daß sie, selbst wenn sie Verbrennungen erleiden sollten, keinen Schmerz spüren würden. Es
scheint, daß religiöse Hysterie den christlichen Märtyrern den
gleichen Dienst leistete und es ihnen ermöglichte, Glückseligkeit

zu genießen, während sie bei lebendigem Leibe von den Löwen aufgefressen wurden.

William Sargant studierte das Trance-Verhalten in verschiedenen Teilen der Welt und stellte fest, daß die Trance überall durch eine Verbindung von rhythmischen Reizen und übermäßigem Atmen eingeleitet wird (234). In Sambia treibt der Heiler böse Geister aus, indem er dem Patienten eine Decke überwirft und ihn mit dem Kopf über rauchende Glut hält, so daß er sehr rasch und flach atmen muß, wodurch es zu einer Hyperventilation kommt. In Äthiopien treiben Dorfpriester Teufel aus, indem sie dem Besessenen so lange Weihwasser ins Gesicht spritzen, bis er kaum noch Luft bekommt und heftig atmen muß. In Trinidad klatscht man in die Hände und atmet schwer in einem bestimmten Rhythmus, um »den Heiligen Geist herabzurufen«. Die Pocomania-Zeremonien in Jamaica beruhen auf dem sogenannten *tromping,* einem Rhythmus, der durch Stampfen mit den Füßen und ein besonderes Atemgeräusch entsteht. Krieger der Nomadenstämme der Samburu und der Turkana in Kenya tanzen zum ununterbrochenen Dröhnen der Trommeln bis zur Raserei und schließlich bis zum Kollaps. Wenn Aufzeichnungen all dieser Rhythmen Europäern vorgespielt werden, versetzen sie auch diese, nicht in einem Eingeborenenstamm aufgewachsenen, Menschen in die gleichen Trance-Zustände. Man hat Vergleiche angestellt zwischen diesen Klangmustern und dem jambischen Rhythmus, der im alten Griechenland für so mächtig gehalten wurde, daß er nur in Gegenwart eines Priesters laut werden durfte. Nach den Pestepidemien im mittelalterlichen Europa war es neben drastischeren Mitteln wie der Geißelung üblich, bis zum Umfallen zu tanzen, um das Nervensystem in den Zustand der Trance zu versetzen und bis zum Kollaps aufzupeitschen.

Der Zweck der Herbeiführung von Trance-Zuständen besteht in allen Fällen darin, die Beeinflußbarkeit zu erhöhen und Glauben und Gehorsam einzuflößen, aber zugleich haben diese Zustände die Nebenwirkung, nervöse Spannungen zur Entladung zu bringen – manchmal auch Spannungen von einer pathologisch zu nennenden Heftigkeit. Sie führen zu sensationellen Heilungen in Fällen von schweren Depressionen, paranoider Schizophrenie und fortdauerndem Trauma, indem sie eine Erregung hervorrufen, die Erschöpfung, Kollaps und eine permanente Veränderung oder Wiederherstellung der Gehirnfunktionen zur Folge hat. Die Buschmänner der Kalahari nennen den Kollaps den »kleinen Tod«, und sie unterscheiden nicht zwischen dem durch rhythmisches Tanzen und dem durch Epilepsie ausgelösten Kollaps (158). Es ist möglich, daß die beiden direkt vergleichbar sind und daß spontane epileptische Anfälle verzweifelte Versuche des Geistes darstellen, sich aus potentiell gefährlichen Situationen zu befreien. Die Leichtigkeit, mit der die in transzendentaler Meditation Geschulten ziemlich dramatische physiologische Veränderungen bewirken können, zeigt, daß es sicherlich nicht außerhalb der Fähigkeiten des Gehirns liegt, seine eigenen inneren Rhythmen zu schaffen, die nötig sind, um Trance-Zustände und Anfälle auszulösen (282). Wenn das zutrifft, ist die Epilepsie nicht das Symptom einer Störung, sondern vielleicht deren Heilung.

Es gibt eine erprobte psychoanalytische Technik, die Abreaktion genannt wird und bei deren Anwendung der Therapeut versucht, eine verdrängte Emotion freizusetzen, indem er den Patienten dazu zwingt, das ursprüngliche Erlebnis nachzuvollziehen. Sargant behandelte eine große Anzahl von Soldaten des Zweiten Weltkriegs, die an Neurosen litten, indem er ihnen, während sie sich in Trance oder unter dem Einfluß von Drogen befanden, suggerierte, sie erlebten noch einmal die schreckliche Situation, mit der sie nicht fertig werden konnten (234). Das hatte oft eine starke nervöse Erregung zur Folge, die zu heftigen Gefühlsausbrüchen führte und mit einem Kollaps endete. Wenn der Patient wieder zu sich kam, waren seine abnormalen seelischen Belastungen verschwunden. In letzter Zeit wurden die gleichen Ergebnisse durch eine Elektroschocktherapie erzielt, bei der der Patient einen elektrischen Schlag erhält, der stark genug ist, um einen epileptischen Anfall auszulösen.

Gregory Bateson erfand den Begriff der »Doppelbindung« (»double bind«), oder »Beziehungsfalle«, um die wohlbekannte Situation zu beschreiben, in der ein Mensch in jedem Falle der Verlierer ist – er mag tun, was er will (14). Nach diesem Konzept wendet der Therapeut, der bei seinem Patienten die Symptome vorsätzlich hervorruft, eine »therapeutische Doppelbindung« an (13). Diese Technik macht sich die ebenso bekannte Neigung des

Menschen zunutze, das Unangenehme zu erforschen, indem man es wiederholt zu erleben versucht: Die Zunge tastet immer wieder ein Geschwür am Gaumen ab und macht es dadurch immer schmerzhafter.

In den herkömmlichen Lerntheorien wird zwar kein derartiger Mechanismus anerkannt, aber ich bin der Ansicht, daß in unserem Körper eine positive Feedback-Schleife vorhanden ist, eine Rückkoppelung, die auf alles Unbehagliche in der Weise reagiert, daß sie das Verhalten fördert, das zu diesem Unbehagen führte – und diese Reaktion wird beibehalten, bis eine bestimmte Schwelle erreicht wird und eine größere Umstellung stattfindet. Dieser Mechanismus könnte das sein, was Freud den Todestrieb nannte, und wenn er tatsächlich existiert, könnte die Epilepsie die Manifestation dieser Rückkoppelung sein. Ich will damit sagen, daß sich der Körper ständig selbst überwacht und daß es gewisse Situationen gibt, die er als potentiell gefährlich erkennt und meistert, indem er sich selbst eine Elektroschockbehandlung verabreicht; so löst er einen Anfall aus, der diese Situationen ändert und ihm das Leben rettet. Nach dem homöopathischen Prinzip, Gleiches mit Gleichem zu behandeln, tauscht der Körper einen vorübergehenden »kleinen Tod« gegen den permanenten großen ein.

Wenn man Elektroden an den Leib einer hochschwangeren Frau legt, kann man die Gehirnströme des Fötus aufzeichnen. Diese erweisen sich gewöhnlich als langsame Deltawellen mit einer Frequenz von weniger als drei pro Sekunde, aber manchmal wird dieses regelmäßige Muster unterbrochen von stärkeren Entladungen, die den Aufzeichnungen gleichen, die man von Erwachsenen während eines epileptischen Anfalls erhält. Gegen Ende der Schwangerschaft werden diese Ausbrüche immer häufiger, bis sie während der Geburt selbst beinahe ununterbrochen auftreten. Wir alle werden in einer Art Epilepsie geboren, und wenn wir sie überleben, ist das mit großer Wahrscheinlichkeit die positive Konditionierung, die wir brauchen, um später in ähnlichen Krisen der gleichen Reaktion fähig zu sein. Die ersten Anfälle im Mutterleib scheinen eine Folge von Sauerstoffknappheit zu sein, die entsteht, wenn das Kind größer wird und die Vorräte seines sicheren Hafens allmählich zur Neige gehen. Im letzten Schwangerschaftsmonat beginnt das Kind sich zu strecken und zu drehen, während die Sauerstoffversorgung seinen Bedarf immer weniger zu decken imstande ist. Der Mangel führt zu einer zunehmenden Alkalität des Blutes, die ihrerseits offenbar im Gehirn sowohl des ungeborenen Kindes als auch des in Trance versetzten oder epileptischen Erwachsenen Krämpfe hervorruft. Der Anfall bei der Geburt endet oft wie beim Erwachsenen mit einer kurzen Bewußtlosigkeit – die vielleicht gerade im kritischen Augenblick eintritt, das heißt wenn Entspannung nötig ist. Sobald dann das Neugeborene selbst zu atmen beginnt – oder beim Erwachsenen die Krise vorüber ist –, hört der Anfall auf, und die Gehirnströme kehren zu ihrem normalen Schema zurück. Sehr oft folgt darauf ein leichter Schlaf.

In mehreren westafrikanischen Sprachen gibt es kein Wort für Schlaf. Das Zeitwort »schlafen« wird ausgedrückt durch »halb tot sein«. In vielen europäischen Sprachen findet man den Ausdruck »todmüde sein«, und im psychoanalytischen Denken sind Schlaf und Tod für das Unbewußte oft das gleiche. Besteht zwischen den beiden eine Verbindung? Oft sterben Menschen im Schlaf, aber ist der Schlaf deshalb ein Teil des Sterbeprozesses? Ich möchte es bezweifeln.

Man weiß seit einiger Zeit, daß es in unserem Gehirn ein Zentrum gibt, das für das Wachsein zuständig ist. Jüngste Forschungen zeigen, daß der Schlaf in dem Augenblick eintritt, in dem dieses retikuläre Aktivierungssystem auf zwei verschiedene Arten beeinflußt wird (134). Im ersten Fall verhindert ein chemischer Stoff, der in einem anderen Teil des Hirnstamms produziert wird, aktiv das Wachsein. Es liegt also dieselbe Situation vor, wie wenn man ein Auto zum Stehen bringt, indem man auf die Bremse tritt. Diese aktive Einwirkung leitet den leichten »orthodoxen« Schlaf ein. Im zweiten Fall tritt ein anderer chemischer Stoff in Aktion, dessen Wirkung mit dem Anhalten eines Autos, indem man den Fuß vom Gaspedal nimmt, vergleichbar ist. Diese passive Beeinflussung führt zum tiefen »paradoxen« Schlaf oder Traumschlaf. Wird das für das Wachsein verantwortliche System durch eine Verletzung oder einen chirurgischen Eingriff zerstört, so verfällt der Körper permanenter Bewußtlosigkeit. Die Hirntätigkeit wird zunächst reduziert wie beim leichten Schlaf oder beim vorübergehenden epileptischen Koma, aber bald verlöschen die Gehirnströme vollends, und die betreffende Person wacht nie mehr auf. Sie wird zu einem »hilflosen, empfindungslosen, gelähmten Protoplasma-Klumpen« (83). Mit anderen Worten: sie wird *goth*.

Es gibt keine wesentliche Veränderung der Gehirnströme mit zunehmendem Alter. Elektroenzephalogramme von Achtzigjährigen sehen denen von Vierzigjährigen sehr ähnlich. Das Gehirn ist normalerweise offenbar imstande, die meisten anderen Organe zu überdauern, und gewöhnlich tötet eines der anderen Organe das Gehirn, indem es ihm den nötigen Sauerstoff vorenthält. Das sterbende Gehirn ist ruhig. Wenn das Blut immer weniger Sauerstoff zuführt, erscheinen einige langsame Wellen, deren Amplitude zunimmt, bis sie sich allmählich verlieren und die Stifte des Elektroenzephalographen lange gerade Linien zeichnen. Dieser Mangel jeglicher Reaktion gleicht dem, den man beim permanenten Koma beobachten kann, aber er hat keinerlei Ähnlichkeit mit den komplizierten rhythmischen Mustern beider Arten von Schlaf.

Schlaf und Epilepsie sind mit dem Tode insofern verwandt, als sie diesen symbolisieren. Freud meinte, die epileptischen Anfälle Dostojewskijs seien Todessubstitute gewesen, erklärbar durch die Schuldgefühle, die er hegte, weil er den Tod seines Vaters gewünscht hatte (85). Es ist möglich, daß ein Mensch unbewußt den Tod simuliert, um so zu versuchen, dem wirklichen Tod zu entgehen. Das Opossum tut nichts anderes, und es gibt viele Beispiele von Tieren, die auf großen Streß in der Weise reagieren, daß sie sich einfach zurückziehen und einschlafen. Robert Lifton berichtet in seinem Buch über die *hibakusha* (die Menschen, die die Atombombe von Hiroshima überlebten) von einer allgemeinen psychischen Betäubung, und er meint, daß die Überlebenden, um nicht vollends den Verstand zu verlieren, »eine umkehrbare Form eines symbolischen Todes« erleben, »durch den ein permanenter physischer oder psychischer Tod vermieden wird« (163). Menschen, die ein Konzentrationslager, die Seuchen des Mittelalters oder Naturkatastrophen überlebten, verhielten sich alle so, als hätte man sie betäubt. Diese Taubheit oder Anästhesie ist so charakteristisch für das Katastrophen-Syndrom, daß sie einen Überlebenswert haben muß. Indem sie sich gegen die in ihre Umwelt einbrechenden Kräfte abschließen, gelingt es den Organismen, Verletzung und Vernichtung zu vermeiden, aber zugleich muß auch ein gewisser Grad von Bewußtheit vorhanden sein. Die Insassen der Konzentrationslager erzogen sich dazu, das grausame Morden um sie her nicht mehr wahrzunehmen, aber gleichzeitig achteten sie außerordentlich wachsam auf Signale aus ihrer Umwelt, die es ihnen ermöglichten, sich auf kommende Gefahren vorzubereiten (204). Diese Kombination von Leben und Tod und von verborgener Empfindlichkeit in einem scheinbar bereits toten Individuum liegt allem Verhalten zugrunde, das ein Sichtotstellen und todesähnliche Zustände einschließt. Sie ist eine biologische Gegebenheit und ein wesentlicher Bestandteil der Ökonomie des Überlebens.

So sehen wir uns nun an der Seite der tödlich verwundeten Opernsopranistin, die noch Zeit hat für eine langatmige Arie und mehrere Draufgaben, bevor sie endlich dahinscheidet. Das Sterben ist nicht nur ein kurzer Vorgang, der dem klinischen Tod unmittelbar vorausgeht. Es kann freilich im Falle eines jähen Todes sehr kurz sein, aber selbst unter solchen Umständen ist noch Zeit für vielschichtige Rückblenden innerhalb einer Reihe von in Wechselbeziehung zueinander stehenden Phasen, die in einer vorbestimmten Reihenfolge ablaufen. Das Gewicht des Beweismaterials zwingt uns zu der Annahme, daß das Sterben ein höchst kompliziertes Verhaltensmuster ist, das sich keineswegs auf die Vorbereitung auf den Tod beschränkt. Es ist während des ganzen Lebens gegenwärtig und kann zum Teil sogar ganz spezifisch dazu verwendet werden, den Fortbestand des Lebens zu gewährleisten. Wir können also sagen, daß Organismen offenbar »sterben, um zu leben«.

Der Schlüssel zu der Verwirrung zwischen Leben und Tod ist in der Naturgeschichte zu suchen.

Das Leben entwickelte sich aus dem Nichtlebendigen, und sein wirksames Überleben hängt noch immer vom Nichtüberleben einiger seiner Teile ab. Leben und Tod sind nicht voneinander zu unterscheiden, aber es gibt noch einen dritten, unterscheidbaren Zustand – den des *Goth* – und eine klar definierbare Reihe von Ereignissen, die zu ihm hinführen.

Was wir Tod nannten, ist lediglich eine Zustandsänderung, oft nur zeitweilig und manchmal heilbar. Der Tod an sich hat keine klinische, logische oder biologische Realität, und er existiert nur als eine in zwischenmenschlichen Beziehungen gültige Konstruktion.

Als Romeo Julia in der Gruft blaß und leblos vorfand und annahm, daß sie tot sei, *war* sie tot. Daß sie später wieder zu sich kam und mehr dem Leben ähnelte, löscht ihren Tod nicht aus. Als Julia Romeo leblos, mit dem Gift in der Hand, daliegen sah, war auch er tot, und sein Tod würde auch nichts von seiner Gültigkeit verloren haben, wenn irgendein fixer Doktor aus den Seitenkulissen hereingestürzt wäre und ihm in aller Eile den Magen ausgepumpt hätte.

Der Romeo-Irrtum besteht ganz in der Vorstellung.

Teil II

Der Geist

Das Leben hat eine Sterblichkeitsquote von 100 Prozent. Jeder Mensch kommt zuletzt an dem Punkt an, an dem er als klinisch tot betrachtet wird, und jede Gesellschaft hat ihre herkömmlichen Bräuche und Methoden, mit Menschen in diesem Zustand zu verfahren.

Die Aschanti in Westafrika begraben ihre Toten – auf der linken Seite liegend und mit den Händen unter dem Kopf – an eigens dafür bestimmten Orten unter der Erde (220). Die Tiwi in Nordaustralien dagegen bestatten die Toten auf dem Erdboden und decken sie mit großen Erdhaufen zu, die sie bei einem Beerdigungstanz feststampfen (106). Die Bavenda in Südafrika schließen die Toten in ihren eigenen Hütten ein und verlassen diese, aber viele andere Völker bauen regelrechte Totenhäuser (256). Auf den Philippinen bestehen sie aus eigens für diesen Zweck gebrannten Ziegeln. Die Maroniten im Libanon bauen Totenhäuser aus Stein, auf Madagaskar können Holz und Knochen dafür verwendet werden. Die Ovimbundu in Angola legen ihre Toten in Höhlen (103), während sich die Bergstämme Indiens mit offenen Felssimsen begnügen (197). Die Santee-Sioux nähten ihre Toten in Hirsch- oder Büffelhäute ein und hängten sie in die Wipfel hoher Bäume (255). In Assam, wo Bäume knapp sind, baute man eigene Gerüste, und in Tibet, wo es praktisch überhaupt keine Bäume gibt, wird ein sogenanntes Luftbegräbnis vorgenommen: Die Leiche wird zerschnitten und das Fleisch von den Knochen gelöst. Die Knochen werden zu kleinen Stückchen zermahlen. Dann mischt man das Ganze mit Gerste und verfüttert dieses Haschee an die Vögel, die mit einem Horn zum Festmahl herbeigerufen werden (242). In der Mongolei nennt man den Adler den Nomadensarg, und man betrachtet es als gutes Omen, wenn eine Leiche, die man an einem »einsamen, sauberen und ehrwürdigen Ort« zurückgelassen hat, rasch von den Aasvögeln gefressen wird (156). Andere Völker ziehen es vor, ihre Toten selbst zu essen, denn sie halten es für besser, im Magen eines Freundes zu ruhen als in der kalten Erde. In New South Wales rösten die Eingeborenen die Leichen auf kleinem Feuer, bis sie hartgeräuchert sind. In Bali werden die Toten auf besonderen Türmen in einer komplizierten und lauten Zeremonie völlig verbrannt (51). In anderen Weltteilen werden Leichenverbrennungen in großen Trommeln, im Haus des Verstorbenen oder in eigenen Krematorien vorgenommen. An den Ufern des Ganges gibt es die sogenannten *ghats,* steinerne Plattformen, auf denen die Hindus ihre Toten verbrennen, nachdem diese im Fluß gewaschen und mit zerlassener Butter eingerieben wurden. Anstelle des Feuers kann auch Wasser zur Bestattung dienen, so zum Beispiel im Osten Tibets, wo man die mit Gewichten beschwerten Leichen in die Flüsse wirft, oder im alten Skandinavien, wo man die Leichname bedeutender Männer in kleinen Booten die Flüsse hinunter und ins Meer treiben ließ (142). Manchmal werden die sterblichen Überreste geteilt und unterschiedlich behandelt; so auf Samosir im Pazifik, wo der Körper in einem unterirdischen Gewölbe beigesetzt wird und der Kopf über der Erde in einer Urne (18). In Irian verwenden die Kopfjäger der Asmat die Schädel von Freunden und Feinden gleichermaßen zur Ausschmückung ihrer Hütten.

Zu jeder dieser Bestattungsarten gehört ein entsprechendes Ritual. Habenstein schreibt in seinem weltweiten Überblick über die Bestattungsbräuche: »Es gibt keine Gruppe, so primitiv in dem einen Extremfall oder so zivilisiert im andern sie auch sein mag, die ihre Toten nicht mit gewissen Zeremonien bestattet« (100). Diese Bräuche haben eine ungeheure Überlebenskraft, und sie stellen einen der Aspekte der menschlichen Kultur dar, die Veränderungen am erfolgreichsten widerstehen. In vielen Fällen sind sie die am leichtesten erhältlichen »fossilen Überreste verlorener Zeiten und Orte«. Fraser stellte fest, daß die Eingeborenen in New South Wales ihre Toten entweder in ganzer Länge ausgestreckt, auf der Seite liegend, zu einem Bündel geschnürt oder aufrecht stehend begruben – oder daß sie sie in einen hohlen Baum oder auf eine erhöhte Plattform legten und mit

Knüppeln zudeckten oder brieten und aßen (82). Allein aufgrund dieser verschiedenen Bräuche konnte er die Herkunft jeder Familie in einem rassisch stark gemischten Gebiet feststellen und die Wanderungen ihrer Ahnen rekonstruieren. Perry führte eine glänzende Untersuchung der anthropologischen Ursprünge in Indonesien durch und brachte Licht in das Durcheinander, das heute auf den 13 000 Inseln dieses Archipels herrscht, indem er auf die verschiedenen Richtungen achtete, in denen die Toten lagen (213). Er stellte eine hohe Korrelation zwischen der Lage des Toten und der angenommenen Lage seines Herkunftslandes fest. Wenn beispielsweise ein Bewohner der Insel Savu in sitzender Stellung nach Westen blickend bestattet wurde, lag in dieser Richtung auch das Herkunftsland seiner Rasse.

In all diesen verschiedenen Arten, mit den Toten zu verfahren, klingt ein zentrales Thema an. Jeder Bestattungsbrauch beinhaltet die Annahme, daß der Tod nicht das Ende ist, daß er eine Art von Übergang darstellt (267). Robert Hertz zeigt in seiner Untersuchung der Vorstellungen der Malaien, daß der Tod nicht als ein jäh eintretendes, endgültiges Ereignis betrachtet wird, sondern nur als eine Phase einer stufenweisen Entwicklung (114). Die Malaien und viele andere sehen einen Todesprozeß, der schon früh im Leben beginnt, und dieser Glaube spiegelt sich im Denken und Handeln ihrer Stammesgemeinschaften. Was wir Tod nennen, ist für sie nur ein Zwischenstadium, ein Zeichen, daß für den Körper eine vorläufige Regelung getroffen werden muß. Die Malaien begraben ihn nur provisorisch. Die Kotas in Südindien verbrennen den größten Teil des Körpers, bewahren aber einen Teil des Schädels auf (170). Das eigentliche Begräbnis erfolgt erst später, wenn man annimmt, daß die Seele endgültig beschlossen hat fortzugehen. Während der Wartezeit wird der Tote als noch anwesend betrachtet. Bei den Kotas hat der Tote bis zu seiner Bestattung noch eine soziale Persönlichkeit. Wird seine Frau nach seinem klinischen Tod, aber vor der Bestattung schwanger, so gilt das Kind als das seine; es nimmt seinen Namen an, gehört seinem Klan an und erhält einen Anteil von seinem Besitz. Die Kota-Gesellschaft anerkennt somit den biologischen Unterschied, den wir zwischen Tod und *Goth* festgestellt haben.

In unserer Gesellschaft wird allgemein angenommen, daß der

Tod augenblicklich eintritt. Die Frist von zwei oder drei Tagen zwischen dem Hinscheiden und der Bestattung wird nur eingehalten, damit die nötigen Vorbereitungen getroffen werden können und die Freunde und Verwandten Zeit haben, sich zu versammeln. Daß wir mit dieser Anschauung so gut wie allein dastehen und daß nur wenige andere Kulturen vom Tod eine so präzise Ansicht haben, kann kein Zufall sein. Manchmal scheinen auch wir in unseren Überzeugungen ein wenig unsicher zu werden. Die Art und Weise, wie Stalins Leiche mit dem Wechsel der offiziellen Anschauungen mehrere Male ihre Ruhestätte wechselte, ist ein ausgezeichnetes Beispiel für die ambivalente Einstellung zum Tode auch in einer materialistischen Gesellschaft (284). Aus den meisten Bestattungsbräuchen wird klar ersichtlich, daß man annimmt, die Toten lebten noch und komplizierte Vorsichtsmaßnahmen seien geboten, um zu verhindern, daß sie in der Nähe blieben. Die Bestattungsriten erfüllen zwei Funktionen: Sie sollen die Toten am Leben erhalten, und sie sollen sie fernhalten. Die Verbrennungszeremonien der Hindus zielen hauptsächlich darauf ab, den Toten zu veranlassen, dorthin zu gehen, wo er nun hingehört. Die Ägypter trafen umständliche Vorkehrungen, damit die Toten in ihren Gräbern blieben: sie gaben ihnen alles mit, was sie dort möglicherweise brauchen konnten. Nach einem Begräbnis der Hopi-Indianer hält ein Angehöriger des Verstorbenen Totenwache bei dem Grab im Walde, und dann versperrt er dem Toten symbolisch den Rückweg ins Dorf, indem er mit Holzkohle Linien quer über den Pfad zieht (25). Auf dem Höhepunkt einer Kota-Bestattung wird an der Stelle, wo die Leiche verbrannt wurde, ein Topf zerschlagen, und dann laufen alle, die an der Zeremonie teilgenommen haben, ins Dorf zurück, ohne sich noch einmal umzusehen. Die Lebenden gehen in die eine Richtung, die Toten in eine andere, und das Ritual scheint seinen Zweck zu erfüllen, denn kein Kota-Dorf wird je von Geistern heimgesucht.

Die vergleichsweise scharfe Unterscheidung zwischen Leben und Tod, die unsere gegenwärtige Einstellung kennzeichnet, geht vermutlich auf das Mittelalter zurück. Im Europa des 14. Jahrhunderts gab es mehr Not, Krieg und Seuche als zu jeder anderen Zeit an jedem anderen Ort. Die Beulenpest fegte über den

Kontinent und brachte einem Viertel der Bevölkerung Qualen, Delirium und Tod. Hungersnöte bedeckten die Straßen mit Toten und zwangen die in den Kerkern Vergessenen, sich gegenseitig zu verschlingen. Tataren und Kreuzfahrer plünderten und verwüsteten die bereits von Seuchen geschwächten Städte und Dörfer, und Brände, Erdbeben, die Masern, die Pocken und die Inquisition besorgten den Rest. In diesem Jahrhundert war der Tod das allgegenwärtige Hauptthema. Niemand konnte seine Schrecken ignorieren, und die Folge davon war eine makabre Beschäftigung mit dem Tod. Das einzige Mittel, diesem Entsetzen zu begegnen, war eine emotionelle Reaktion: Philosophen, Künstler, Stückeschreiber, Dichter und gewöhnliche Menschen dramatisierten und personifizierten den Tod, bis sie mit dieser düsteren Gestalt völlig vertraut waren. Die Malerei, die Bildhauerei, die Karikatur, die Folklore – all das machte den Tod zu einem alltäglichen Begriff und half, die Bürde zu erleichtern. Wäre der Tod als Thema in gesellschaftlicher Hinsicht tabu gewesen, so würde die psychische Belastung für den einzelnen unerträglich gewesen sein; so aber brauchte er sich nur umzusehen, um seine eigene Sorge überall widergespiegelt zu finden. Alle befanden sich in der gleichen schrecklichen Lage.

Als die Krise vorüber war, befaßte man sich wieder weniger intensiv mit dem Tod, aber noch heute tragen wir an dem Erbe der Todesfurcht. Wir neigen immer noch dazu, den Tod isoliert zu betrachten, als ein Phänomen eigener Art, das geflüchtet und so lange wie möglich aufgeschoben werden muß. Dabei kann die Todesfurcht in unserer Gesellschaft nur wenig mit persönlicher Erfahrung zu tun haben. Die meisten von uns haben nie eine Leiche gesehen. Wir haben uns vom Tode getrennt, indem wir die Zuständigkeit für den ganzen Prozeß des Sterbens und des Todes den amtlich zugelassenen Fachleuten übertrugen. Wir haben uns gegen die Berührung mit dem Tode isoliert, indem wir ihm einen eigenen Ort zuwiesen. Wir fühlen Unbehagen, ja manchmal sogar Entrüstung, wenn jemand am falschen Ort oder zur falschen Zeit stirbt. Mehr als jede andere Gesellschaft, die die Welt je kannte, haben wir versucht, den Tod von unserem Leben zu trennen, aber es ist uns nur gelungen, eine Lebensanschauung voll konfuser Glaubensvorstellungen aufzubauen.

Diese Verwirrung zeigt sich allein schon in der Art und Weise, in der unsere Massenmedien die tödlichen Unfälle hervorheben und ausführlich beschreiben. Immer wieder wird unsere Aufmerksamkeit auf die lebhaft dargestellten Einzelheiten von Flugzeugabstürzen und Bränden und die Zahl der Verkehrstoten an den Wochenenden gelenkt. Dabei haben wir immer das Gefühl, daß der Tod etwas ist, was »da draußen« geschieht, etwas, was anderswo auf uns lauert, und nicht etwas, was wir in uns selbst tragen. Man hat uns dahin gebracht zu glauben, daß Unfälle eine wesentliche Todesursache seien, aber die Wahrheit ist, daß selbst in den am stärksten motorisierten Ländern weniger als 5 Prozent aller Todesfälle auf Unfälle zurückgehen. Diese übermäßige Beschäftigung mit dem Unfalltod scheint eine unzulängliche Beschäftigung mit dem natürlichen Tod zu verschleiern. Wir haben den vermeidbaren Tod, der uns anderswo ereilen kann, überbetont als Ablenkung von dem unvermeidlichen *Goth* in jedem von uns. Vor allem in den Vereinigten Staaten wird der Tod beinahe als eine Verletzung des verfassungsmäßig garantierten Rechts eines jeden Bürgers auf die Erhaltung des Lebens und die Erlangung des Glücks angesehen.

In diesem gesellschaftlichen Klima gilt der Glaube »primitiverer« Völker an den Tod als einen Übergangsprozeß als wunderlich und verschroben. Jeder, der hier glaubt, daß es in einem klinisch toten Körper noch irgendeine Art von Leben gibt, wird argwöhnisch als religiöser Eiferer oder als eines jener törichten Kinder betrachtet, die sich von irgendwelchen betrügerischen östlichen Gurus an der Nase herumführen lassen.

Ich will daher in diesem zweiten Teil die Frage des Lebens nach dem Tode untersuchen, zunächst indem ich die biologische Möglichkeit diskutiere, und dann indem ich das Beweismaterial genauer betrachte, das eventuell für ein solches Phänomen spricht.

4. Kapitel
Persönlichkeit und Körper

Alles, was uns Biologie, Psychologie und Anthropologie lehren, legt uns den Schluß nahe, daß Leben und Tod nebeneinander existieren in einer ständig wechselnden dynamischen Beziehung, die erst endet, wenn die beteiligte Materie alle Spuren der Ordnung verloren hat, die ihr im Verlauf der Assoziation auferlegt wurde. Ich habe diesen Zustand *Goth* genannt. Der als klinischer Tod definierte Zustand ist nichts anderes als ein Nonius, der auf der Skala des Lebens hin und her geschoben wird und sich immer mehr dem Ende der Skala nähert, an dem *Goth* steht. Ich glaube, daß es der Technologie gelingen wird, den klinischen Tod so weit an das Ende der Skala hinauszuschieben, daß er schließlich mit dem Begriff *Goth* zusammenfällt, und daß dann viele unserer gegenwärtigen Widersprüche automatisch aufgehoben werden.

Einstweilen wollen wir den Abschnitt der Skala betrachten, der noch zwischen klinischem Tod und *Goth* liegt, und rein um des Arguments willen annehmen, daß das Leben in diesem Bereich in irgendeiner Form weiterbesteht. Wir sprechen also von einem Überleben des klinischen Todes.

Niemand zweifelt daran, daß in einem Körper noch lange, nachdem der Arzt den Totenschein unterschrieben hat, organische Aktivitäten stattfinden. Umstritten ist nur die Bedeutung dieser Aktivitäten für das Individuum, das mit dem betreffenden Körper identifiziert wurde, das heißt für die Wesenheit, die wir Persönlichkeit nennen. Die Persönlichkeit kann definiert werden als das, was uns sagt, was ein Individuum in einer gegebenen Situation tun wird. Sie hängt ab von den Stimuli, die diese Situation liefert. Die aus jeder beliebigen Umwelt eintreffende Information wird von den Sinnesorganen aufgenommen und an das Gehirn des Individuums weitergeleitet, so daß letzten Endes unsere Frage lauten muß, ob eine persönliche Identität ohne dieses Feedback existieren kann oder nicht.

Nachtsäugetiere wie Katzen und Nager beziehen einen großen Teil der Information über ihre Umgebung durch Empfindungen, die sie mit ihren langen, feinfühligen Barthaaren aufnehmen, deren jedes mit einer Gruppe von Muskeln und Nervenenden verbunden ist. Werden diese Haare abgeschnitten, so verliert das Tier in hohem Grade die Orientierung, und es kann sogar sterben. Curt Richter in Baltimore stellte fest, daß sich Ratten, deren Barthaare mit einer elektrischen Schermaschine gestutzt wurden, oft sehr sonderbar verhielten. Eine »bohrte ihre Nase unaufhörlich mit einer Art Korkenzieherbewegung in die Ecken ihres Käfigs oder in ihren Futternapf. Sie tat es noch immer, als wir das Labor vier Stunden später verließen. Am nächsten Morgen war sie tot, und weder die Ursache noch die direkten Umstände des Todes konnten durch eine sorgfältige Autopsie ermittelt werden« (222). Die Ratte schien an einem Schock verendet zu sein, der durch das Ausbleiben von Sinneseindrücken nach dem Verlust eines ihrer wichtigsten Sinnesorgane ausgelöst worden war.

Studien an Menschen unter Bedingungen, bei denen Sinneseindrücke ausgeschaltet wurden, zeigen, daß die normale Hirnfunktion von einer ständigen Erregung der Gehirnrinde durch Signale aus dem Hirnstamm abhängt (113). Dieser wiederum muß ständig von den Sinnesorganen mit Information beliefert werden. Es scheint, daß die Augen, die Ohren und die Nase, abgesehen von ihrer normalen spezifischen Funktion der Vermittlung von visuellen Eindrücken, Geräuschen und Gerüchen aus der Umwelt, auch Reize sammeln, die ganz allgemein die Aufgabe haben, das Gehirn wachzuhalten. *Was* sie vermitteln, ist unwichtig, solange sie nur irgendeine Art von Signal senden. Sind die Signale zu monoton oder setzen sie gänzlich aus, so zeigt die Gehirnrinde Anzeichen von Störungen, und das Gehirn beginnt, sich abnormal zu verhalten. Es kommt zu Persönlichkeitsveränderungen, und die Wahrnehmung ist gestört. Die Aktionsströme des Gehirns ändern sich, das Denken ist beeinträchtigt, und Halluzinationen treten auf. Nach langen Stunden auf der Straße beginnen Lkw-Fahrer Erscheinungen wie riesige rote Spinnen auf der Windschutzscheibe zu sehen, Piloten haben mystische Visionen von fliegenden Engeln, und Gefangene in Einzelhaft entwickeln eine akute Paranoia. Diese Symptome werden allmählich immer schlimmer, wenn die Sinnesreize weiter reduziert werden, und es wird behauptet, wenn alle eintreffenden Informationen vollständig zurückgehalten werden könnten, würde das Gehirn überhaupt aufhören zu funktionieren. Eine sich verändernde Umwelt scheint für das Überleben des Menschen wesentlich zu sein. C. Burney beendet seinen Bericht über eine lange Einzelhaft mit der Bemerkung: »Abwechslung ist nicht die Würze des Lebens; sie ist der Stoff, aus dem es gemacht ist« (31).

Das Sterben, bei dem die Sinnesreize in dem Maße, in dem die Unordnung im Organismus überhand nimmt, nach und nach ausgeschaltet werden, ist ein Prozeß des fortschreitenden Reizverlustes. Wir wissen, daß schon die Ausschaltung eines einzigen Sinnessystems eine nachteilige Wirkung auf den Organismus hat. Wie weit kann also ein Individuum auf diesem Wege der Reduzierung gehen, bis Begriffe wie Persönlichkeit und Identität bedeutungslos geworden sind? Um dieser Frage nachspüren zu können, müssen wir zuerst wissen, wieviel von der Persönlichkeit durch innere und äußere physische Faktoren bestimmt wird.

Eines der Probleme, die Psychologen, die mit gefangenen Tieren arbeiten, seit jeher beschäftigt haben, ist die Verschiedenheit der Individuen jeder Population. Die beobachteten Verhaltensunterschiede wurden genetischen Veränderungen, Irrtümern während des Experiments, der Temperatur im Labor und den Mondphasen zugeschrieben. Alle diese Faktoren können wohl die Reaktion eines Tiers auf eine bestimmte Situation beeinflussen, aber die Hauptursache der Verschiedenartigkeit stellen vielleicht die unterschiedlichen Erfahrungen in der Vergangenheit dar. Seymour Levine von der Ohio State University untersuchte die Rolle traumatischer oder schmerzhafter Erlebnisse in den ersten Lebensstadien (161). Er teilte junge Ratten in drei Gruppen. Die Tiere der ersten Gruppe wurden jeden Tag um die gleiche Zeit aus ihren Nestern genommen und in Käfige gesetzt, wo sie einen elektrischen Schlag bekamen. Die zweite Gruppe wurde in einen ähnlichen Käfig gebracht, erhielt aber keinen Schlag, und die dritte Gruppe wurde in ihrem Nest völlig in Ruhe gelassen. Levine glaubte annehmen zu dürfen, daß die elektrischen Schlägen ausgesetzten Ratten von ihrem Erlebnis beeinflußt worden sein müßten, und suchte nach Anzeichen emotioneller Störungen, als die Tiere erwachsen waren. Zu seiner Überraschung stellte er fest, daß sich gerade die Tiere der dritten Gruppe, um die man sich gar nicht gekümmert hatte, »sonderbar benahmen«. Das Verhalten der Ratten, die elektrische Schläge erhalten hatten, unterschied sich nicht von dem der Tiere, mit denen man sich zwar beschäftigt, die man aber nicht elektrisiert hatte. Levine berichtet mit einiger Bestürzung, daß sich die Ratten, die man nicht »behandelt« hatte, auch als erwachsene Tiere nicht behandeln ließen. Sie waren »die erregbarsten und bösartigsten Ratten, die wir je im Labor beobachteten; es war nichts Ungewöhnliches, daß uns eines dieser Tiere durch den ganzen Raum verfolgte, quietschte und uns in die Schuhe und Hosenbeine biß« (162).

Kein Biologe würde allerdings das Verhalten dieser Tiere »sonderbar« nennen. Im Gegenteil, es ist eine wahre Freude, einmal Labor-Ratten zu sehen, die sich wie Ratten benehmen und nicht wie aufziehbare Spielzeugtiere. Das Experiment zeigt jedoch sehr eindringlich, daß Umweltfaktoren eine große Rolle bei der Bestimmung des Verhaltens spielen oder zumindest mitbestimmen, auf welche Weise sich die ererbten Anlagen eines Individuums entfalten.

Es gibt ein beinahe vollkommenes menschliches Gegenstück zu diesem Versuch in einer Langzeitstudie, die in Massachusetts durchgeführt wurde. Im Jahre 1935 wurde eine große Gruppe von siebenjährigen Jungen, die alle aus dem gleichen armen städtischen Milieu kamen, untersucht. Die Jungen wurden befragt und einer ärztlichen Untersuchung sowie einem psychologischen Test unterzogen. Fürsorger holten Auskünfte bei Lehrern, Seelsorgern, den Eltern und den Nachbarn ein und besuchten die Jungen mehrere Male zu Hause. Zwanzig Jahre später forschten Joan und William McCord 253 dieser Jungen aus und untersuchten ihren derzeitigen Status im Lichte ihrer früheren Erfahrung (195). Eine ganze Anzahl der Jungen, die inzwischen erwachsene Männer geworden waren, war mindestens einmal wegen eines Vergehens oder Verbrechens im Zusammenhang mit Gewalttätigkeit, Diebstahl, Trunkenheit oder Notzucht verurteilt worden. Als die Männer anhand der alten Aufzeichnungen nach ihrem Herkunftsmilieu in verschiedene Kategorien eingestuft wurden, stellte sich heraus, daß das Familienleben entscheidend mitbestimmte, ob das Kind später antisoziale oder kriminelle Neigungen zeigte. In der Gruppe der Jungen, die an strenge Disziplin gewöhnt und oft von den Eltern körperlich gezüchtigt worden waren, wurden später 32 Prozent wegen eines Verbrechens verurteilt. Von denen, deren Eltern sich mehr auf Ermahnungen und eine »liebesorientierte« Disziplin verlassen hatten, wurden 33 Prozent straffällig. In der dritten Gruppe, deren Angehörige von ihren Eltern völlig vernachlässigt und keinerlei Disziplin unterworfen worden waren, hatten 69 Prozent Vorstrafen. Wie bei den Ratten gab es also keinen Unterschied zwischen den beiden Gruppen, die »behandelt« wurden, und zwar ohne Rücksicht auf die Art der Behandlung, aber die Gruppe der Ignorierten und Vernachlässigten unterschied sich deutlich von den beiden anderen.

Die McCords wollten daraufhin das alte Sprichwort »Der Apfel fällt nicht weit vom Stamm« auf seinen Wahrheitsgehalt prüfen und stellten fest, daß Söhne, die irgendeine Art von Disziplin kennengelernt hatten, eher dazu neigten, den geäußerten Wertvorstellungen nachzueifern, als das Verhalten des Vaters nachzuahmen, wenn dieser ein Verbrecher war. Wenn wir noch einmal die Definition aufnehmen, derzufolge Persönlichkeit das ist, »was einem sagt, was ein Individuum in einer gegebenen Situation tun wird«, so scheint der Schluß erlaubt zu sein, daß die frühesten gesellschaftlichen Erfahrungen eine tiefgehende Wirkung auf die Art und Weise haben, in der sich die Persönlichkeit ausdrückt. Die Persönlichkeit hängt zumindest teilweise von äußeren physischen Faktoren ab.

Sie scheint aber auch von chemischen Faktoren abzuhängen. Eugène Marais schildert, was mit einer von ihm beobachteten Termitenkolonie geschah, als die Königin gestört wurde. Ein Bröckchen Lehm löste sich von der Decke der Zelle der Königin und fiel auf diese. »Die einzige Wirkung, die der Schreck auf die Königin selbst hatte, war, daß sie den Kopf rhythmisch hin und her zu bewegen begann. Die Arbeiter stellten sofort jede Arbeit in der Zelle ein und rannten in Gruppen ziellos umher . . . Selbst in den entlegensten Teilen des Baus hatte jede Arbeit aufgehört. Die kräftigen Arbeiter und Soldaten versammelten sich in großer Aufregung in verschiedenen Teilen des Baus. Es schien die Neigung vorhanden zu sein, Gruppen zu bilden. Ohne jeden Zweifel wurde der Schreck, den die Königin erlitt, innerhalb weniger Minuten in den äußersten Teilen des Baus empfunden« (173). Das Verhalten der Individuen der Kolonie änderte sich, als eine normale Kommunikationsleitung unterbrochen wurde. Wir wissen heute, daß diese Leitung chemischer Natur ist: Kontakt und Gruppenidentität werden aufrechterhalten durch ein Sozialhormon, das von der Königin ausgeschieden und von Mund zu Mund an alle Angehörigen weitergegeben wird. Wenn sich Arbeiter von einem Bau in einen anderen verirren, werden sie sofort angegriffen und getötet; wird aber zuerst ihre Königin getötet, so hören die Termiten dieses Baus zu arbeiten auf und wandern zu einem nahegelegenen anderen Bau, wo sie bereitwillig aufgenommen werden. Ohne die chemische Bestätigung durch die Königin verlieren sie ihre eigene Identität und werden anonyme Untertanen, die bereit sind, einer neuen Königin die Treue zu schwören und sich einer neuen chemischen Beherrschung zu unterwerfen.

Im Bienenstock wird die Organisation auf die gleiche Weise durch eine chemische Verbindung aufrechterhalten, die von der Königin ausgeschieden und demokratisch verteilt wird, so daß sich die Aufmerksamkeit jeder Biene auf den richtigen Ablauf der Instinkthandlungen konzentriert, die zu dem erforderlichen Ergebnis führen. Diese Königinnensubstanz wirkt einigend in genau der gleichen Weise, in der Tranquillizer Symptome psychischer Störungen vertreiben, Angstgefühle mildern und es einem Menschen ermöglichen, seine Handlungen zu einem konstruktiven Zweck zu koordinieren. Seit Jahrhunderten wird in Indien ein Extrakt der zu den Hundsgiftgewächsen gehörenden *Rauwolfia serpentina* für die Behandlung zahlloser Krankheiten einschließlich Epilepsie und Angstgefühle verwendet. Im Jahre 1953 wurde dieser Wirkstoff im Westen eingeführt, und zwar in Form der Droge Reserpin, die als Tranquillizer wirkt, indem sie den Hypothalamus daran hindert, eine übermäßige Erregung hervorzurufen (118). Nun hat man entdeckt, daß die Königinnensubstanz eine ähnliche chemische Struktur hat wie dieser Tranquillizer. Im Organismus des Termitenbaus oder des Bienenstocks stellt die Königin das Gehirn dar, und sie spielt unter anderem die Rolle des Hypothalamus. Sie ist offenbar ein Individuum für sich, aber sie kann allein nicht existieren, und wenn man sie aus ihrem Bau entfernt, so kommt das einer Operation gleich, bei der man die Haut des Organismus aufschneiden muß, um Zugang zu den inneren Organen zu gewinnen. Diese Gruppenidentität ist der des normalen menschlichen Körpers direkt analog, bei dem der Hypothalamus ohne Hilfe von außen die Emotionen regelt. Zwischen äußeren und inneren Faktoren, die das Verhalten regeln, besteht nur ein geringer funktioneller Unterschied. Für unsere Zwecke genügt es zu wissen, daß das Verhalten, ein Ausdruck der Identität und Persönlichkeit, sehr stark von den sozialen, physischen und chemischen Umständen abhängt, in denen sich ein Körper befindet.

Hippokrates lehrte die ersten griechischen Medizinstudenten, daß das Temperament vom Mischungsverhältnis der vier hauptsächlichen Säfte des menschlichen Körpers abhänge (132). Herrscht die schwarze Galle vor, so ist der Mensch *melancholisch,* gelbe Galle macht ihn *cholerisch,* der Schleim (das »Phlegma«) macht ihn *phlegmatisch,* und durch zuviel Blut wird er *sanguinisch.* Im Jahre 1925 modernisierte der deutsche Psychiater Kretschmer diese Vorstellung, indem er die Menschen in den schmalwüchsigen *leptosomen (asthenischen),* den muskulösen *athletischen,* den rundwüchsigen *pyknischen* und den abweichenden *dysplastischen* Typ einteilte (152). Wie Hippokrates behauptete er, daß nicht nur das Temperament, sondern auch die Psychosen vom Körpertyp abhängen, wobei Schizophrene meist leptosom sind, während man unter den Manisch-Depressiven eher die Pykniker vorfindet. Fünfzehn Jahre später stellte William Sheldon die Theorie auf eine embryologische Basis. Er schied den dysplastischen Typ aus und beschrieb drei Grundtypen, die er hauptsächlich von den drei Keimblättern der Embryonalentwicklung ableitete (241). Er nannte den rundlichen Typ *endomorph,* den athletischen *mesomorph* und den schlanken *ektomorph.* Beide, Sheldon und Kretschmer, setzten die Konsti-

113

tutionstypen bestimmten Persönlichkeitstypen gleich. Rundwüchsige Menschen sollen demnach extravertiert sein und die vollen Formen der Barock-Architektur, die Oper, die romantische Literatur und eine farbenfrohe Malerei lieben. Die schmalwüchsigen Introvertierten dagegen interessieren sich eher für eine kühle, klassische Architektur, das Ballett, eine formenstrenge Literatur und abstrakte Kunst.

Diese Beziehungen haben etwas Verlockendes. Wir alle kennen den heiter-unbekümmerten, dicken, romantischen Italiener und den strengen, hageren, abweisenden Schweden. Die Schwierigkeit liegt nur darin, daß man unmöglich sagen kann, wieviel diese Persönlichkeiten der Körpergestalt verdanken und wieviel durch kulturelle und rassische Stereotypien determiniert wird. Die Erwartungen anderer spielen eine große Rolle bei der Bestimmung unserer Selbstbilder. Die griechischen Männer sind angeblich leidenschaftliche Liebhaber, daher tun sie eben ihr Bestes, um diese Legende zu bestätigen. Hätte Shakespeares Julius Cäsar nicht ein Vorurteil gegen Cassius wegen seiner Hagerkeit und seines »hohlen Blicks« geäußert, er würde sich vielleicht zumindest eines der Messer in seinem Rücken erspart haben.

Sheldons »Konstitutionspsychologie« stützt sich auf einige ausgedehnte Untersuchungen in den Vereinigten Staaten, wo es eine Mischung von rassischen und physischen Typen gibt, die sich von ihren ursprünglichen Kulturen mehr oder weniger losgelöst haben, aber in den Hauptstrom der Persönlichkeitspsychologie fand sie nie Eingang. Einwände gegen sie wurden hauptsächlich erhoben, weil es anhand des vorliegenden Materials nicht möglich ist zu entscheiden, ob der Einfluß der Körpergestalt auf den Charakter ein direkter physischer oder ein indirekter sozialer ist. Manche bezweifeln, daß es überhaupt eine Beziehung im Sinne von Ursache und Wirkung gibt, aber auf diesem Gebiet ist in den letzten dreißig Jahren sehr wenig Arbeit geleistet worden, und wir müssen uns mit einem Konzept begnügen, das unklar und ein wenig quälend ist.

Sexuelle Stereotypien sind ebenso häufig wie kulturelle und rassische Konventionen. Es gibt zahlreiche Anhaltspunkte dafür, daß gewisse Persönlichkeitsunterschiede zwischen Mann und

Frau nur das Ergebnis der Rollen sind, die den Individuen von der Gesellschaft, in der sie leben, aufgezwungen werden, aber es gibt auch rein biologische Grundlagen für psychologische Geschlechtsunterschiede. Männer und Frauen unterscheiden sich in jeder einzelnen Zelle ihrer Körper. Nur Männer haben das kleine Y-Chromosom, das die männliche Entwicklung auslöst. Fehlt es, so vollzieht sich die Entwicklung nach dem weiblichen Schema. Dabei muß jedoch bedacht werden, daß Gene nicht das Verhalten regeln; sie regeln chemische Vorgänge, die zuletzt Individuen hervorbringen, die unterschiedlich »geschaltet« sind und daher auch unterschiedliche Reaktionen auf dieselbe Situation zeigen.

Frauen hören besser als Männer; ihr Vermögen, Geräusche zu unterscheiden und ihre Herkunft zu bestimmen, ist in allen Lebensaltern größer. Männer sehen dafür besser. Diese Geschlechtsunterschiede werden nicht erlernt. Sie sind von Anfang an gegeben. Ein Psychologe, der vierzehn Wochen alte Säuglinge dazu zu bringen versuchte, einen Gegenstand zu betrachten, stellte fest, daß es ihm nur gelang, wenn er für die Mädchen Geräusche und für die Jungen Lichter als Lockmittel verwendete (285). Im Laufe der späteren Entwicklung drücken sich diese Unterschiede darin aus, daß Mädchen früher zu sprechen lernen als Jungen. Sie haben eine bessere Aussprache, schreiben und buchstabieren geläufiger und erwerben einen umfangreicheren Wortschatz als gleichaltrige Jungen. Die Jungen zeichnen sich dafür durch einen besseren Raumsinn aus. Ihre visuellen Geschicklichkeiten offenbaren sich in Tätigkeiten wie ein Ziel treffen, Gegenstände in bestimmten Mustern anordnen oder sich gut orientieren (99). Die evolutionären Vorteile dieser Unterschiede sind offensichtlich. Die lange Unselbständigkeit des Menschenkindes bedeutet, daß die Mutter jahrelang an das Kind gefesselt ist, und unter diesen Umständen stützt sie sich stark auf Fähigkeiten, die die Kommunikation betreffen. Der Mann, der sich frei und leicht bewegen konnte und auch die größere Agilität und Körperkraft besaß, war dazu ausersehen, der Jäger zu sein, und auf diesem Gebiet waren gute Augen und ein guter Orientierungssinn von Vorteil.

Während der menschlichen Evolution wirkten diese biologischen und kulturellen Faktoren zusammen und brachten Geschlechter hervor, die sich stark unterscheiden. Das kleine Y-Chromosom löste eine Kettenreaktion aus, die mit zwei grundsätzlich verschiedenen Persönlichkeitsstrukturen endete. Die Ethologin Corinne Hutt faßt die Unterschiede wie folgt zusammen: »Der Mann ist körperlich kräftiger, aber weniger elastisch; er ist unabhängiger, abenteuerlustiger und aggressiver, er ist ehrgeiziger und wettbewerbsfreudiger, er hat eine größere spatiale, numerische und mechanische Begabung, und er neigt eher dazu, die Welt im Sinne von Objekten, Ideen und Theorien aufzufassen. Die Frau besitzt von Anfang an die sensoriellen Fähigkeiten, die die zwischenmenschliche Kommunikation erleichtern; körperlich und seelisch reift sie schneller, ihre verbale Begabung ist beträchtlich, sie ist fürsorglicher, schließt sich leichter an andere an, ist beständiger und neigt eher dazu, die Welt in persönlichen, moralischen und ästhetischen Begriffen aufzufassen« (124).

Bei Rhesusaffen drohen die ganz jungen Männchen einander, und sie treiben häufiger als die Weibchen rauhe Spiele. Die Weibchen neigen eher dazu, still dazusitzen oder einander zu lausen, und sie wenden bei starrer Körperhaltung den Kopf ab, wenn man sich ihnen nähert. Harry Harlow an der Universität Wisconsin stellte fest, daß die jungen Affen diese geschlechtstypischen Verhaltensweisen auch zeigten, wenn sie isoliert und von einem mit Stoff bespannten Drahtgestell anstelle einer Mutter aufgezogen wurden. Er schloß: »Es fällt uns sehr schwer zu glauben, daß diese Unterschiede kulturell bedingt seien, denn wir können uns nicht vorstellen, wie unsere leblosen Ersatzmütter Kultur auf ihre Jungen übertragen sollten« (105).

Es scheint klar zu sein, daß sich die Fähigkeiten und Persönlichkeitsmerkmale von Männern und Frauen aufgrund biologischer Determinanten in allen Entwicklungsstadien unterscheiden. Auseinandersetzungen darüber, welche Verhaltensweisen besser oder schlechter oder mehr oder weniger fortschrittlich seien, sind völlig irrelevant und hängen ganz davon ab, was von wem gemessen wird. Gewiß ist bei allen Betrachtungen der Geschlechter nur eines, nämlich daß sie verschieden *sind*.

Es kann kaum daran gezweifelt werden, daß psychologische und die Persönlichkeit betreffende Unterschiede biologische Ur-

116

sachen haben. Sie werden teils durch gegebene genetische Faktoren bestimmt, teils durch die meßbaren Umweltfaktoren, denen das sich entwickelnde Individuum ausgesetzt ist. Der Prozeß des Wachstums der Persönlichkeit besteht unter anderem darin, daß bestimmte Faktoren aus der Umwelt ausgewählt und auf eine typische Weise angeordnet werden. Die Persönlichkeit entwickkelt sich so ähnlich, wie sich die einzigartige Struktur mancher fester Körper aus einer Lösung, in der sie schweben, herauskristallisiert. Eine große Anzahl von Kristallen kann aus Lösungen gebildet werden, die so komplex sind wie Meerwasser, aber ihre Natur beschränkt sich immer auf die Moleküle, die in dieser Umgebung erhältlich sind. Jede Änderung der Umwelt spiegelt sich in der Materie wider, die in ihr produziert wird. Auch wenn eine Persönlichkeit voll entwickelt ist, kann sie drastisch verändert werden durch eine einfache physische Funktionsstörung oder durch die Verabreichung einer chemischen Substanz, die auf irgendeine Weise die zur Erhaltung der Persönlichkeit beitragenden physiologischen Prozesse beeinträchtigt. Studien über die Persönlichkeitsveränderungen, die beim Altern auftreten, zeigen, daß einige davon, wie zum Beispiel das verminderte Vertrauen und die zunehmende Vorsicht, direkte Ergebnisse einer physischen Schwächung sind, doch es gibt subtilere Veränderungen im Alter, so zum Beispiel eine zunehmende Introversion und ein vermindertes Empfindungsvermögen, was darauf hinweist, daß das physische Altern von einem Parallelprozeß psychischer Veränderungen begleitet ist (47).

All das führt zu dem Schluß, daß die Persönlichkeit sehr stark im Körperlichen wurzelt, und es erschwert einem die Vorstellung, daß irgend etwas von dem einzigartigen Charakter eines Individuums die Vernichtung des Körpers, von dem er abhängt, überleben könnte; aber wir haben noch nicht alle Tatsachen berücksichtigt.

Dean Matthews schlug eine praktische Definition des Weiterlebens nach dem Tode vor, die in biologischer Hinsicht sinnvoll zu sein scheint. Seine Hypothese besagt, daß »das Zentrum des Bewußtseins, das vor dem Tode existierte, nach dem Tode nicht zu existieren aufhört und daß die Erfahrung dieses Zentrums nach dem Tode die gleiche Kontinuität mit seiner Erfahrung vor

117

dem Tode hat, wie das eines Menschen, der eine Weile schläft und wieder aufwacht« (176). Das ist eine wertvolle Idee, denn sie führt das Problem der Kontinuität ein und erinnert uns daran, daß es auch zu Lebzeiten Unterbrechungen der Kontinuität gibt.

Wir stellten schon fest, daß Schlafen und Sterben wenig gemeinsam haben, aber es sei daran erinnert, daß wir, wenn die von außen auf einen Körper einwirkenden Reize auf ein Minimum reduziert werden, dazu neigen einzuschlafen – und daß dieser Schlaf meist traumlos ist, wenn die aus dem Körperinnern stammenden Reize reduziert werden. Nach dem klinischen Tod sind die von außen kommenden Reize auf ein Minimum reduziert. Wir können es beweisen, indem wir demonstrieren, daß die Sinnesorgane solche Reize nicht mehr durch elektrische Signale an das Gehirn weitermelden. Die internen Reize werden ebenfalls nach und nach reduziert, bis sie ganz aussetzen, so daß anzunehmen ist, daß das Bewußtsein im Tode noch weniger aktiv ist als im Schlaf. Nach allem, was wir wissen, befindet sich das Bewußtseinszentrum in der Gehirnrinde. Nathaniel Kleitman entfernte an der Universität Chicago durch einen chirurgischen Eingriff die Gehirnrinde von Hunden und stellte fest, daß die Tiere, wenn sie sich von der Operation erholt haben, den größten Teil ihrer Zeit in traumlosem Schlaf zubringen, aber sie wachen gelegentlich auch auf, um zu fressen, zu trinken und Kot und Harn auszuscheiden, bevor sie wieder einschlafen (148). Bewußtsein und Wachsein sind nicht dasselbe. Es ist möglich, ohne Bewußtsein wach zu sein, und wie die Träume zeigen, ist es sicherlich auch möglich, bei Bewußtsein, aber nicht wach zu sein.

Für mich als Biologen besteht bei der Vorstellung von einer körperlosen Persönlichkeit eines der Probleme darin, daß ich mir nur schwerlich vorzustellen vermag, wie dieses abstrakte Wesen irgendwelche Erlebnisse haben sollte. Ohne Sinnesorgane müßte es die Dinge durch Hellsehen wahrnehmen; ohne Gliedmaßen könnte es auf seine Umgebung nur durch Psychokinese einwirken, und ohne irgendwelche körperliche Gebilde zur Hervorbringung von akustischen, visuellen oder olfaktorischen Signalen könnte es sich anderen nur auf telepathischem Wege mitteilen. Nichts von all dem ist biologisch gesehen unmöglich, aber alles unterscheidet sich so grundsätzlich von unserem üblichen Ver-

118

kehr mit der Umwelt, daß sich alle etwaigen Erlebnisse nach dem klinischen Tod wahrscheinlich sehr von denen unterscheiden, die wir zu Lebzeiten hatten und daher auch nicht als eine Fortsetzung unserer üblichen Empfindungen angesehen werden können. Wenn eine Persönlichkeit weiterexistiert, besteht die Möglichkeit, daß sich ihr Charakter so sehr von dem der lebenden Person unterscheidet, daß wir ihn nicht wiedererkennen können. Der einzige biologische Vergleich, der uns derzeit zugänglich ist, sind die Erlebnisse, von denen wir wissen, daß sie im Traum auftreten.

In Träumen kommen Wahrnehmungen von Farben, Lauten und strukturellen Beschaffenheiten, von Temperatur, Geruch, Geschmack und Schmerz und im übrigen alle anderen Erlebnisse vor, die wir im Wachzustand mit unseren Sinnesorganen aufnehmen. Wir begegnen Bekannten oder völlig fremden Menschen und führen mit ihnen nur in unserer Vorstellung komplizierte und oft hochintelligente Gespräche. Es scheint, daß wir alle in uns selbst die nötigen Mechanismen besitzen, um genaue, zusammenhängende und dauerhafte Bilder ohne jene äußeren Reize zu produzieren, die die Grundlage unserer Wahrnehmungen im Wachzustand bilden. In diesen Traumsituationen scheinen wir unsere übliche, alltägliche Persönlichkeit auszudrücken. Wenn die Freudsche Deutung des Trauminhalts richtig ist, tun wir sogar mehr als das, nämlich insofern als wir auch unbewußten Persönlichkeitsanteilen, die tagsüber normalerweise verborgen sind, gestatten, sich auszudrücken. So besitzen wir im Traumstrom des Bewußtseins alles, was nötig ist, um es einer Persönlichkeit zu ermöglichen, weiterhin innerlich zusammenhängende Erlebnisse und Erfahrungen zu haben, ohne daß zugleich zusätzliche äußere Reize vorhanden sind. Dieser Mechanismus würde für sich allein ausreichen, um ein vollständiges Weiterleben der unversehrten menschlichen Persönlichkeit nach dem klinischen Tod zu erklären, wenn nachgewiesen werden könnte, daß sie nicht von der Physiologie des Körpers abhängig ist.

Nach einer der ältesten Theorien werden Träume durch die Reize ausgelöst, welche die inneren Organe auch im Schlaf an das Gehirn senden. Freud aß einmal spät abends noch Sardellen und berichtete, er habe daraufhin wiederholt geträumt, daß er

Wasser trank. Wenn man bei Traumversuchen im Labor einen summenden Ton erzeugt oder das Gesicht des Schlafenden mit Wasser besprengt, erhält man oft Traumschilderungen, in denen ein Flugzeug, beziehungsweise ein Wasserfall vorkommt, aber nichts weist darauf hin, daß die *meisten* Traumbilder auf diese physiologische Weise entstehen (169). Alle Träume werden von einer außerordentlich starken inneren Erregung begleitet. Im Jahre 1952 erkannte man, daß rasche Augenbewegungen den Beginn des Träumens anzeigen und den ersten zuverlässigen Hinweis auf den Übergang vom orthodoxen Schlaf zum Traumschlaf darstellen, aber sie sind keineswegs die einzigen physischen Veränderungen, die dabei stattfinden. Puls und Atmung werden unregelmäßig, der Blutdruck steigt über den Normalwert des Wachzustands, der Sauerstoffverbrauch nimmt zu, der Adrenalin- und der Kortison-Spiegel im Blut erhöhen sich sprunghaft, und die Temperatur im Gehirn erreicht eine besorgniserregende Höhe. Dieses heiße Gehirn zeigt eine beschleunigte Energieumwandlung an und kommt im Wachzustand nur in höchst kritischen Augenblicken oder bei Wutanfällen vor. Messungen an einzelnen Gehirnzellen zeigen, daß sie von den langsamen, regelmäßigen Entladungen des Wachzustands oder des normalen Schlafs zu einer explosionsartigen, unbeherrschten Aktivität übergehen, sobald ein Traum beginnt (239). Die bisherigen Beobachtungen legen den Schluß nahe, daß physiologische Veränderungen, die während des Traumschlafs gemessen werden können, auch durch den Traum verursacht werden.

Fünf- oder sechsmal pro Nacht erlebt jeder von uns diesen körperlichen Aufruhr. Wir brauchen ihn offenbar, denn wenn das Träumen verhindert wird, machen sich Neurosen und übermäßige Erregungen bemerkbar. William Dement und seine Mitarbeiter an der Stanford University arbeiteten mehrere Jahre mit Katzen und stellten fest, daß die Tiere, nachdem man sie zwanzig Tage lang am Träumen gehindert hatte, unter großer Ruhelosigkeit und starken Spannungen litten und alle Arten von übertriebenem Verhalten zeigten (60). Rein zufällig bekam eine dieser höchst erregbaren Katzen einen leichten elektrischen Schlag, während sie an ein Meßgerät angeschlossen wurde. Normalerweise würde dieser Reiz keine nennenswerte Reaktion ausgelöst

120

haben, aber bei dieser Katze führte er zu Krämpfen. Das am Träumen gehinderte Gehirn ist offenbar im höchsten Grade erregbar, und was gewöhnlich geschieht, wenn man es endlich wieder ohne Unterbrechung schlafen läßt, ist, daß es sich einer langen Traumorgie hingibt, um das Defizit wettzumachen. Als die Krämpfe vorüber waren, schlief die Katze in Stanford, aber die Meßgeräte zeigten, daß sie nicht mehr Zeit im Traumschlaf zubrachte als jede andere Katze unter normalen Bedingungen. Der elektrische Schlag hatte ihr offenbar die Entspannung gebracht, die ihr Körper normalerweise im Schlaf fand.

Nach dieser aufschlußreichen Entdeckung untersuchte Dement das Schlafverhalten von Menschen vor und nach einer Elektroschocktherapie (61) In allen Fällen war nach der Behandlung weniger Traumschlaf zu beobachten als vorher. Der Sturm, den der elektrische Schlag im Gehirn auslöste, scheint dem Sturm, der während des Träumens wütet, direkt vergleichbar zu sein. So erscheint uns nun der Traum als eine Art Therapie, eine Lockerung der psychologischen Kontrollen und ein Mittel der Entladung der nervösen Erregung, die sich jeden Tag im Körper ansammelt. Man fühlt sich versucht, seine Wirkungen mit den Zuckungen der Epilepsie zu vergleichen.

Die meisten Epileptiker schlafen nach einem Anfall ein. Viele erleiden ihre Anfälle im Schlaf, aber nur sehr selten während der Phasen der raschen Augenbewegung. Die Frequenz der Gehirnströme während eines epileptischen Anfalls ähnelt der, die man in einem aktiv träumenden Gehirn messen kann, und das Blinken, das im Experiment einen künstlichen Anfall auslöst, hat genau dieselbe Frequenz wie die Gehirnströme beim Beginn eines Traums. Es sieht so aus, als könnte der Epileptiker jemand sein, der aus irgendeinem Grunde auch ein Traumdefizit hat. Sowohl der epileptische als auch der Traumzustand ruft dramatische und notwendige Veränderungen in der Chemie des Gehirns hervor, aber niemand war bisher imstande, mit einiger Genauigkeit die Quelle dieser beiden Reize anzugeben. Bei den Anfällen des *Grand mal* und im Fieber wahnsinniger Traumvisionen werden die Körpersysteme gefährlich nahe an die Grenzen des Erträglichen herangetrieben. Es muß einen Grund dafür geben, daß wir uns tagtäglich fünfmal dieser Gefahr aussetzen.

Wir beginnen schon sehr früh zu träumen. Bereits in den dunklen Wassern des Schoßes brechen, wie das EEG zeigt, die schnelleren Schwingungen des Traumes immer wieder in die langen, langsamen Wellen der Entspannung ein. Nach der Geburt verbringt der Säugling die meiste Zeit im Schlaf, und zwar beinahe ganz im paradoxen Traumschlaf. Der orthodoxe Schlaf kommt kaum vor, solange das Nervensystem nicht eine gewisse Reife erreicht hat. Eine neugeborene Katze verbringt die Hälfte der Zeit im Wachzustand, wobei sie mit geschlossenen Augen umherkriecht und nach Nahrung verlangt, und die andere Hälfte im Traumschlaf (133). Sie geht direkt von einem Zustand in den anderen über, ohne die Zwischenperiode des orthodoxen Schlafs, der bei allen erwachsenen Lebewesen auftritt. Am Ende des ersten Monats ist die Zeit einer jungen Katze beinahe gleichmäßig auf Wachen, Schlafen und Träumen verteilt; danach werden die Perioden des Wachens und des orthodoxen Schlafes immer länger, und als erwachsenes Tier verträumt die Katze, wie der Mensch, etwa 20 Prozent ihres Lebens.

Ich zögere nicht, auch bei Tieren den Schlaf mit den schnellen Augenbewegungen dem Träumen gleichzusetzen. Die Besitzer von Hunden oder Katzen waren schon immer der Meinung, daß das Schnüffeln, Winseln, Umsichschlagen, Saugen und Schwanzwedeln, das man in manchen Phasen des Schlafs dieser Tiere beobachten kann, auf Träume hindeutet. Alles spricht dafür, daß sie recht haben. Es scheint unmöglich zu sein, ein Tier zu fragen, ob es geträumt habe, aber eben das tat Charles Vaughan an der Universität Pittsburgh (275). Wie die meisten der wichtigsten Entdeckungen ist auch diese dem Zufall zu verdanken. Sie wurde während eines Experiments gemacht, bei dem die Reaktion von Rhesusaffen auf den Entzug von Sinnesreizen getestet werden sollte. Die Affen wurden in einer umgebauten Telefonzelle in einen Sessel gesetzt und bekamen jedesmal einen elektrischen Schlag, wenn sie nicht schnell genug eine Taste niederdrückten, sobald auf einer Leinwand vor ihnen ein Bild erschien. Eine große Anzahl verschiedener Dias wurde projiziert, und die Affen erwiesen sich als sehr zuverlässig und drückten bis zu dreitausendmal in einer Stunde auf die Taste. Dann stellte Vaughan das monotone Geräusch eines Wasserfalls ein, setzte den Affen undurchsichtige Kontaktlinsen ein und verschloß die Zellen so, daß von außen keine Reize eindringen konnten. Er hoffte, daß die Affen unter diesen Bedingungen wie Menschen an Halluzinationen leiden und die Taste niederdrücken würden, sobald sie Visionen hatten. Unglücklicherweise reagierten die Affen auf die Monotonie wie Menschen: sie schliefen ein. Und dann kam als kostenlose Draufgabe die Entdeckung: Sobald sich ihre Augen im Schlaf rasch hin und her zu bewegen begannen, drückten die Affen auf die Taste. Sie sahen im Schlaf Bilder und alle atmeten mehrere Minuten lang tief, blähten die Nüstern, schnitten Grimassen und gaben Laute von sich, während sie immer wieder auf die Taste schlugen. Das gleiche Experiment wird nun mit Ratten, Katzen und Hunden wiederholt, und man arbeitet an der Entwicklung von Systemen mit mehreren Tasten, die beim Anblick verschiedener Dinge gedrückt werden müssen, so daß uns die Tiere sagen können, *wovon* sie träumen.

Den paradoxen Traumschlaf kennen nur die warmblütigen Wirbeltiere. Fische und Reptilien schlafen selbstverständlich, aber nur auf die leichte, orthodoxe Weise. Auf der Skala der Evolution erscheint der Traumschlaf zuerst bei den Vögeln. Bisher wurden nur Tauben und Hühner gründlicher getestet, und bei beiden Arten konnten sehr kurze Einschübe von paradoxem Schlaf beobachtet werden, die jeweils nicht länger als 15 Sekunden dauerten (134). Der Traumzustand nimmt weniger als ein Prozent ihres Lebens ein, aber wenn er eintritt, folgt er dem bei Säugetieren üblichen Schema. Jedes bisher getestete Säugetier verbrachte zumindest einen Teil seiner Schlafperioden im Traumzustand. Die Muskeln sind in dieser Phase stärker entspannt als während des orthodoxen Schlafs. Es ist daher nicht verwunderlich, daß Raubtiere es sich leisten können, häufiger zu träumen als ihre Beutetiere. Der Traumschlaf ist offenbar etwas, was in erster Linie mit dem Gehirn zu tun hat, und es kann kein Zufall sein, daß er längere Perioden bei Spezies wie Katzen, Waschbären, Affen und Menschen einnimmt, die ein höheres Bewußtsein – und Intelligenzniveau – haben als beispielsweise Schafe oder Kaninchen. Es kann als wahrscheinlich gelten, daß Träume sehr viel mit der Entwicklung und Integration des Bewußtseins zu tun haben.

Einer bestimmten Traumtheorie zufolge hilft der Traum, die Tagesereignisse zu assimilieren, indem er einige von ihnen noch einmal durchgeht und mit früheren Erlebnissen vergleicht, bevor er das Ganze in der Erinnerung ablegt. Die Entstehung einer Traumschuld wird durch diese Theorie sehr gut erklärt als eine Anhäufung von unsortierten Erlebnissen in der Gehirnrinde. Wir haben zweifellos zwei Arten von Gedächtnis: ein Kurzzeitgedächtnis, das es uns beispielsweise ermöglicht, eine Telefonnummer so lange zu behalten, bis wir sie gewählt haben, und ein Langzeitgedächtnis, das imstande ist, sie für die Dauer zu behalten. Man vermutet mehr und mehr, daß der Hippocampus, ein geweihartiger Vorsprung an der Unterseite des Gehirns, der Teil ist, der relevante Bestandteile jüngster Erlebnisse aus den Bereichen der kurzfristigen Speicherung dorthin überträgt, wo wir langfristig speichern. Dieses Gebilde funktioniert immer, aber es produziert besonders starke Rhythmen bei jungen Säugetieren und bei allen Individuen, während sie träumen.

Vor einigen Jahren wurde ein vollendetes kleines Experiment mit Hamstern durchgeführt, das zeigt, daß eine gewisse Zeit nötig ist, um Erinnerungen zu fixieren (89). Einige Hamster mußten täglich durch ein kompliziertes Labyrinth laufen und erhielten danach einen elektrischen Schlag. Wenn ihnen der Schlag vier Stunden nach dem Lauf oder noch später versetzt wurde, hatte er keinen Einfluß auf das Lernen. Ein Schlag eine Stunde nach dem Lauf beeinträchtigte es ein wenig, und ein Schlag eine Minute nach dem Test zerstörte das Lernen auf lange Frist vollständig. Hamster, die innerhalb einer zu kurzen Zeit nach ihrer Lektion einen elektrischen Schlag bekamen, mußten jeden Tag wieder bei Null beginnen und den Weg durch das Labyrinth neu erlernen. Das kurzfristige Erinnerungsmuster scheint ein elektrisches zu sein, das durch einen weiteren elektrischen Reiz zerstört werden kann, so daß es nie in die langfristige Form verwandelt wird; dagegen ist es beinahe unmöglich, die langfristige Erinnerung auf irgendeine Weise zu stören. Alkoholiker können sich oft nicht mehr erinnern, was sie vor zwei Stunden getan haben, aber sie sind stets bereit, eine Zuhörerschaft, die ihnen nicht entkommen kann, mit sehr detaillierten Schilderungen von Kindheitserlebnissen zu unterhalten. Wenn

Hamster, die den Weg durchs Labyrinth gelernt haben, unterkühlt werden, bis jede elektrische Aktivität in ihrem Gehirn aussetzt, erinnern sie sich, sobald sie sich erholt haben, an jede Kurve und Windung. Ebenso ist das Gedächtnis von Menschen, die vor einer Operation unterkühlt werden, unbeeinträchtigt, aber wenn der Hippocampus beschädigt wird, bilden sich keine langfristigen Erinnerungen mehr.

Epileptiker werden oft in der Weise behandelt, daß man den ganzen Schläfenlappen entfernt (212). Nach der Operation, die den Hippocampus zerstört, ist ihr Intelligenzquotient noch derselbe wir vorher, und sie erinnern sich an ihre Vergangenheit, ihren Beruf und ihre Verwandten, aber sie können neue Informationen nur kurze Zeit behalten. Zeitungsartikel können gelesen und verstanden werden, aber dann werden sie vollständig vergessen; der Tod eines Verwandten verursacht Kummer, aber eine Stunde später ist das Wissen davon schon verlorengegangen, und der Patient sagt, nach dem Betreffenden befragt, als er das letzte Mal von ihm gehört habe, sei es ihm gut gegangen. Ohne Hippocampus gibt es zwar keine Anfälle mehr, aber auch keine neuen Erinnerungen und keine Träume. Wieder finden wir eine Verbindung zwischen den Gehirnstürmen der Epilepsie und dem Traum, und diesmal scheint eine eindeutige funktionelle Verwandtschaft zu bestehen. Wir brauchen nun nur noch eines zu wissen: Wo wird die Erinnerung gespeichert?

Die Theorien über das Gedächtnis sind polarisiert wie die Frage des Philosophen über den Fluß: »Ist ein Fluß das Wasser, das in ihm fließt, oder das Bett, das sich das Wasser gegraben hat?« Die Tatsache, daß man das Gehirn stillegen kann, ohne das Gedächtnis zu beeinträchtigen, erinnert daran, daß ein Fluß austrocknen kann, ohne seine Identität zu verlieren, so daß diejenigen, die der Flußbett-Theorie den Vorzug geben, der Wahrheit näherzukommen scheinen.

Muskelfasern reagieren auf Anstrengung dadurch, daß sie sich dunkler färben, aber es gibt keine vergleichbaren Veränderungen an Nerven- oder Gehirnzellen nach deren Betätigung. Veränderungen in der Struktur und Verteilung von Nukleinsäuren in Nervenzellen nach einem Lernprozeß wurden bei Plattwürmern (194) und Ratten (126) beobachtet. Angeblich kann das Erlernte

125

sogar durch Injektion der veränderten Moleküle auf andere Tiere übertragen werden, aber die Gültigkeit dieser Experimente ist noch umstritten, und es ist unwahrscheinlich, daß Erinnerungen mit Hilfe solcher chemischer Veränderungen gespeichert werden können (6). Jede Theorie, die sich nur auf eine statische Veränderung in bestimmten Nervenzellen stützt, scheitert vor allem daran, daß es schwer zu erklären ist, warum dieses lokalisierte Gedächtnis durch schwere Hirnverletzungen nicht beeinträchtigt wird.

Wenn man dem freigelegten Gehirn eines Menschen, der unter Lokalanästhesie operiert wird, einen elektrischen Reiz zuleitet, geschehen mehrere bestimmte Dinge; die meisten beziehen sich aber auf unmittelbare Reaktionen und haben wenig mit vergangenen Erlebnissen oder Erinnerungen zu tun. Große Abschnitte des Gehirns können zerstört werden, ohne daß Erinnerungen verlorengehen. Es gibt Berichte über Gehirne, die durch mechanische Einwirkung, Tumore, Aussetzen der Blutzirkulation oder das Alter ausgedehnte Beschädigungen erlitten. Sie können die Fähigkeit verlieren, Urteile zu fällen oder Neues zu lernen, sie können die physische Empfindungsfähigkeit einbüßen oder psychologisch gesehen schwer gestört werden, aber die Erinnerung an vergangene Erlebnisse bleibt gewöhnlich intakt. Die Leukotomie, das heißt die Durchtrennung der vom Stirnhirn zu den anderen Hirnteilen führenden Nervenbahnen, hilft unter Zwangs- oder Wahnvorstellungen leidenden Patienten, sich zu entspannen, aber auf ihr Gedächtnis hat sie keinen Einfluß. Die Entfernung eines Teils der Gehirnrinde nimmt Neurotikern teilweise ihre Hemmungen, aber sie hat keinen Einfluß auf ihre Erinnerungen an die Vergangenheit. Es gibt offensichtlich keinerlei Beweise dafür, daß die Erinnerungen in irgendeinem bestimmten Teil des Gehirns – oder anderswo im Körper – gespeichert werden.

Damit befinden wir uns in der folgenden Lage: Wir wissen, daß die Persönlichkeit zwar auf einer biologischen Grundlage wächst, aber von der individuellen Erfahrung abhängt. Wir wissen, daß diese Erfahrung als Erinnerung gespeichert wird und daß sie im Traum verwertet werden kann, um der Persönlichkeit ihren vollen, unabhängigen Ausdruck zu verleihen. Wir wissen

126

ferner, daß alle Säugetiere diese Ausdrucksmöglichkeit besitzen, aber wir finden bei keinem von ihnen eine physische Spur einer solchen »Erinnerungsbank«. Daher gibt es im Augenblick keinen gültigen biologischen Einwand gegen die Vermutung, daß die Persönlichkeit in Form einer individuellen Sammlung von Erinnerungen über den Punkt des klinischen Todes hinaus weiterleben kann.

Diese Vermutung – und mehr ist es vorerst nicht – erfordert jedoch, daß wir eine Art von Dualismus akzeptieren. Die Idee des Weiterlebens nach dem Tode kann uns nur sinnvoll erscheinen, wenn wir voraussetzen, daß jeder des Weiterlebens fähige Organismus eine enge Verbindung von mindestens zwei Bestandteilen darstellt. Der eine ist der gewöhnliche, alltägliche Körper, und der andere (oder die anderen) etwas gänzlich anderes, normalerweise nicht der gewöhnlichen Beobachtung Zugängliches. Dieser Gedanke ist allerdings keineswegs neu. Im 4. Jahrhundert vor Christus vertrat Platon die Ansicht, daß alles Seiende seine Entsprechung in der Welt der Ideen habe (78). Zweitausend Jahre später kam René Descartes angesichts der Träume zu dem Schluß, daß »dasselbe vielleicht auch geschehen könnte, wenn ich gar keinen Körper hätte« (62). Nichtsdestoweniger fühlte er, daß es irgendeine Verbindung geben müsse, und er meinte, der Sitz der Seele sei die Zirbeldrüse, der winzige Hirnvorsprung, der sich aus einem dritten Auge entwickelte.

Die Annahme eines zweiten, mit dem normalen Körper eng assoziierten Systems liefert Erklärungen für eine ganze Reihe von Problemen, die wir bisher ungelöst lassen mußten. Der Organisator, der die Leitmuster des Lebens und des Todes produziert und diese vom *Goth*-Zustand trennt, könnte hier zu finden sein. Informationen, die vom physischen Körper oder somatischen System aufgenommen werden, könnten als integrale Bestandteile dieses Organisators gespeichert werden und eine Grundlage für die Erinnerung bilden. Wenn ein solcher Weggenosse existiert, so muß, glaube ich, angenommen werden, daß er eine gewisse physische Realität besitzt und nicht im Nirgendwo schwebt wie irgendein kosmischer Nebel. Um für die Lösung biologischer Probleme brauchbar zu sein, müßte er mit dem normalen somatischen System so eng zusammenhängen, daß jede

Veränderung in dem einen System mehr oder minder augenblicklich in dem anderen gespiegelt würde. Er brauchte sich der Körperform nicht in allen Einzelheiten anzupassen, könnte aber zu ihr etwa in demselben Verhältnis stehen wie ein elektromagnetisches Feld zu dem in seinem Zentrum befindlichen Leiter.

Die Vielschichtigkeit des Traumerlebens legt die Annahme nahe, daß das zweite System imstande ist, eine Persönlichkeit mit Spuren von Erfahrungen, Gewohnheiten und Fähigkeiten zu schaffen, die in einer für das betreffende Individuum typischen Weise organisiert ist; aber wir haben vorerst noch keinen Grund zu der Annahme, daß es das ohne einen Körper tun kann. Um eine andere Analogie anzuführen: Musik, die von einem Rundfunksender ausgestrahlt wurde, existiert in Form von Modulationsmustern in der Luft, aber diese können nur wieder hörbar gemacht werden, wenn ein Empfänger auf die richtige Wellenlänge eingestellt wird. Wird der Sender durch Sabotage zerstört, so existiert die Sendung noch für kurze Zeit im Raum weiter, bis sie schwächer wird und zuletzt völlig verschwindet. Unsere Spekulationen über das Weiterleben nach der physiologischen Sabotage in Form des klinischen Todes betrifft hauptsächlich die Dauer dieser Auflösungsperiode. Wenn es ein zweites System gibt und wenn dieses ohne das erste weiterleben kann, so glaube ich nicht, daß es dazu endlos imstande ist.

Ich habe das Traumerleben als Beispiel dafür angeführt, daß die Persönlichkeit eine gewisse Unabhängigkeit zu genießen scheint. Der Zustand des Körpers während des Traums ist so seltsam und so anders als alle normalen Erfahrungen, daß er auf irgendeine Weise mit dem zweiten System assoziiert werden könnte. Die Tatsache, daß das Träumen den größten Teil der Zeit des Säuglings ausfüllt und bei zu früh geborenen Kindern einen noch größeren Prozentsatz des Schlafs einnimmt, deutet darauf hin, daß Träumen die Hauptbeschäftigung des Kindes im Mutterschoß sein könnte, und diese aufgeregte Traumtätigkeit in den kritischsten Stadien der Entwicklung des Gehirns könnte der Mechanismus sein, der die Verbindung zwischen den beiden Systemen knüpft. Er könnte sogar das zweite System schaffen. Im späteren Leben könnte der Traum dann Ausdruck der Notwendigkeit sein, die Verbindung zwischen den beiden Systemen aufrechtzuerhalten. Wie stark diese Notwendigkeit ist, kann man daran ermessen, daß der Traumentzug zu Dissoziation und Erinnerungsverlust führt und sogar epileptische Zuckungen auslösen kann.

Dergleichen Vermutungen sind in diesem Stadium noch reine Spekulationen. Mit Sicherheit können wir bisher nur sagen: Es bestehen gute Gründe für die Annahme, daß eine Alternative oder Ergänzung zu unserem somatischen System sehr gut einem evolutionären Zweck dienen könnte und daß es in der Biologie nichts gibt, was darauf schließen läßt, daß ein solches System unmöglich sei oder nicht existiere.

5. Kapitel
Erleuchtung als biologischer Prozeß

Sie können die Schallmauer durchbrechen, ohne auch nur Ihre Füße zu bewegen, und das geht – in drei Phasen – folgendermaßen vor sich: Zuerst atmen Sie rasch ein, dann halten Sie einen Augenblick die Luft an, während Sie Ihre Zunge anheben, um den Mund zu blockieren, so daß der Druck in den Lungen steigt, bis er sich plötzlich explosionsartig entlädt in einem zweigeteilten Luftstrom, der zuerst die Barriere umgeht und durch den Nasenrachenraum fährt und dann die Zunge niederdrückt, um durch den Mund hinauszuschießen. Jede Phase hat ihr charakteristisches Geräusch, und das Ganze – das »ha«, das »tsch« und das »i« – ist natürlich ein Niesen. In der zweiten Phase werden Luft und schwebende Tröpfchen mit Überschallgeschwindigkeiten, die 400 m/sec erreichen können, durch die Nase ausgestoßen. Jeder Versuch, diesen heftigen Ausbruch zu verhindern, kann die Nasenschleimhäute so schwer verletzen, daß sie bluten, aber dieses Risiko nehmen wir täglich auf uns – offenbar aus reiner Höflichkeit.

Am Niesen ist jedoch mehr, als das Ohr wahrnimmt. Unser Brauch, eine Hand oder ein Taschentuch vors Gesicht zu halten, wenn wir niesen, hat offenbar Überlebenswert, denn er schränkt die Ausbreitung von Grippe, Masern und Schnupfen ein, aber warum folgt auf jedes Niesen ein ritueller Segen in Form eines automatisch im Chor gesprochenen »Gesundheit«? Dieser bedingte Reflex könnte zurückgehen auf die Zeit der großen Seuchen, in der ein Niesen oft das erste Anzeichen des nahen Todes war, aber der Brauch, zu jeder dieser kleinen persönlichen Explosionen einen Unheil abwehrenden Kommentar abzugeben, ist viel älter. Es gibt einen beinahe auf der ganzen Welt verbreiteten Glauben, wonach ein Niesen entweder die Seele entblößt oder sogar den Verlust eines Teils des Stoffes der Seele bedeutet.

130

Solche Besorgnisse können ebenso entstehen wie viele abergläubische Vorstellungen, nämlich durch das zufällige Zusammentreffen zweier Umstände, die nicht das geringste miteinander zu tun haben. Der Behaviorist B. F. Skinner schrieb einmal eine gelehrte Abhandlung über den Aberglauben bei Tauben (246). Er beschrieb darin ein Experiment, bei dem Tauben in einem Käfig gehalten und in bestimmten Zeitintervallen gefüttert wurden. Was die Tauben gerade taten, wenn sie ihr Futter bekamen, blieb ganz dem Zufall überlassen. Eine drehte im entscheidenden Augenblick gerade den Kopf nach links, eine andere pickte zufällig nach einem Fleck an der Wand. Diese Reaktionen wurden durch die Ankunft des Futters verstärkt und später öfter wiederholt als andere zufällige Reaktionen, wodurch sie natürlich auch öfter belohnt wurden. So entstand rasch eine Spirale von Assoziationen zwischen den verschiedenen Umständen, die zur Entwicklung eines rituellen Tanzes bei der einen und eines ebenso formalisierten Klopfens mit dem Schnabel bei der anderen Taube führte. Beide Vögel verhielten sich so, als bestände ein kausaler Zusammenhang zwischen ihrem Verhalten und der Verabreichung des Futters.

Zufällige Verbindungen dieser Art haben manchmal die sonderbarsten Vorstellungen zur Folge, wie etwa im Falle des Kindes, das in einer bestimmten Reihenfolge die Bäume im Park berührte, weil es eine Silbermünze fand, als es das zum erstenmal tat, aber solche Gewohnheiten sind selten von langer Dauer. Wenn keine weitere Bestätigung erfolgt, läßt die Häufigkeit der Reaktion nach, bis sie schließlich ganz erlischt. Die Assoziation von Niesen und Seele gehört in eine andere Kategorie. Das Niesen kann mit dem Verhalten der Tauben verglichen werden, aber was entspricht der Ankunft des Futters? Der Glaube, daß etwas anderes geschehen ist, ist keine hinlänglich starke Bestätigung, um ein so langes Überleben dieses Aberglaubens erklären zu können. Es muß ein anderer Umstand hinzukommen, etwas, was tatsächlich geschieht, wenn wir niesen.

Das Niesen tritt als Symptom einer Infektion auf oder wenn die Nasenschleimhäute durch Kälte oder Staub gereizt werden oder auf einen bestimmten Stoff allergisch reagieren, aber es gibt *eine* Situation, in der die Reaktion auf eine indirektere Weise ausgelöst wird. Sehr viele Menschen niesen heftig, wenn sie plötzlich hellem Licht ausgesetzt werden. Die Augen tränen im Licht, und die Tränen fließen in die Nasenhöhle und können so das Niesen verursachen, aber die Reaktion auf das Licht tritt viel zu schnell ein, als daß dies die Erklärung sein könnte. Die Azande in Afrika glauben, ein einzelnes Niesen bedeute, daß jemand etwas Gutes über den Betreffenden gesagt habe, ein zweimaliges Niesen dagegen sei ein Zeichen dafür, daß etwas Böses gesagt wurde (72). Seit Douglas Dean nachweisen konnte, daß im Körper eines Menschen, an den jemand – auch in großer Entfernung – denkt, meßbare physiologische Veränderungen vorgehen, erscheint uns der alte Volksglaube, daß einem in einem solchen Falle »die Ohren klingen«, nicht mehr gar so lächerlich (59). Es muß zwar nicht stimmen, daß das linke Ohr klingt, wenn der oder die Geliebte an einen denkt, und das rechte, wenn es die Mutter ist, aber es gibt genug Gründe für die Annahme, daß gewisse geistig-seelische Vorgänge direkte physische Begleiterscheinungen haben (110). Die Azande könnten durchaus recht haben, wenn sie meinen, daß stark aggressive Gedanken ein häufigeres Niesen auslösen als sanfte, gütige.

Die Verbindung zwischen dem Niesen einerseits und dem Licht und den Emotionen andererseits ist zwar nur sehr schwach, aber sie legt die Vermutung nahe, daß dieses Phänomen von jenem Teil des Gehirns beherrscht werden könnte, der für beides zuständig ist, nämlich der Zirbeldrüse.

Descartes war nicht der erste, der sie als den Sitz der Seele betrachtete. Vor dreieinhalbtausend Jahren, als die vedische Literatur entstand, wurde in ihr die Vermutung ausgesprochen, daß die größte Kraftquelle des menschlichen Körpers in dem Raum zwischen den Augenbrauen liege (4). Die alten Hindus gründeten diesen Glauben auf eine Tatsache, die die Anatomen des Westens erst 1886 entdeckten. In diesem Jahr erschienen unabhängig voneinander zwei Monographien, die eine in deutscher, die andere in englischer Sprache, und beide wiesen darauf hin, daß die Zirbeldrüse in Wirklichkeit ein drittes Auge ist und sich aus dem lichtempfindlichen Fleck auf der Stirnmitte entwickelte, der bei primitiven Reptilien wie der berühmten *Tuatara* Neuseelands noch zu sehen ist (270). Bei diesem echsenartigen

132

Tier besteht das der Zirbeldrüse entsprechende Organ aus einer kleinen Vertiefung. Deren äußere Schicht entwickelte sich zu einer Linse, während die innere Schicht eine Netzhaut ist, von der aus Nerven durch ein Loch im Schädel zum Gehirn führen. Die Haut, die diese Stelle bedeckt, ist dünn und durchscheinend. Bei der *Tuatara* und vielen Fischen, Vögeln und Säugetieren befindet sich die Zirbeldrüse auf dem Kopf, aber bei den höheren Primaten und beim Menschen hat sich das Großhirn den anderen Hirnteilen vorgelagert, und die Zirbeldrüse liegt nun halb verborgen in der Schädelmitte. Wenn wir noch die durchsichtige Hautschicht hätten, würde sie sich zwischen unseren Augen und ein wenig höher in der Stirn befinden, das heißt dort, wo die Hindukunst das »Auge der Erleuchtung« darstellt.

Bis vor ungefähr fünfzehn Jahren hielt man unsere Zirbeldrüse für ein nutzloses, verkümmertes Anhängsel, etwas aus reptilischer Zeit Zurückgebliebenes, aber 1959 entdeckte Aaron Lerner von der Yale University, daß sie ein Hormon absondert, das er Melotonin nannte, und die Zirbeldrüse verwandelte sich in unseren Augen von einem degenerierten Gebilde wieder in eine echte Drüse (160). Das Interesse an ihr erwachte von neuem, und ein Jahr später erkannte man, daß das Melotonin aus dem Serotonin gebildet wird, einer sehr merkwürdigen Substanz, die an den unwahrscheinlichsten Orten vorkommt (5). Man findet sie in Datteln, Bananen und Pflaumen, aber nirgends in solchen Mengen wie in einer wilden Feige, die in den Tropen an riesigen, weitausladenden Bäumen mit hängenden Wurzeln wächst, deren Äste schöne schattige Bogengänge bilden. In Afrika sind diese Banyan-Bäume vielen Menschen heilig, und sie werden sehr selten gefällt. In Indien kennt man sie unter dem Namen *Bo,* und der Überlieferung nach saß Prinz Siddhartha Gautama (Feigen essend?), unter einem Bo-Baum, als er plötzlich die Ursachen des menschlichen Leids erkannte. Dieser Erleuchtung wegen wurde er hernach der Buddha genannt.

Das Molekül des Serotonins weist eine bemerkenswerte Ähnlichkeit mit dem Molekül einer Substanz auf, die zuerst aus dem Mutterkorn *(Secale cornutum),* einem Roggenparasiten, gewonnen wurde und heute synthetisch hergestellt wird als Lysergsäure-Diäthylamid oder LSD. Trotz der umfangreichen Arbeiten über diese berühmte Substanz haben wir heute noch keine klare Vorstellung davon, wie sie auf das Gehirn einwirkt. Die wahrscheinlichste Hypothese ist die, daß LSD ein Gegenmittel gegen das Serotonin darstellt und dessen Konzentration in bestimmten Gehirnzellen ändert und daß dadurch die dramatischen Veränderungen der Wahrnehmung und Auffassung zustandekommen. Die Wirkung des LSD läßt sich oft nicht voraussagen, so daß es, wie Aldous Huxley ausführt, je nach den Umständen den Himmel oder die Hölle bedeuten kann. Die Droge scheint selbst nur wenige unmittelbare Wirkungen zu haben, aber sie löst eine geistige Explosion aus, und die Richtung, in der diese verläuft, hängt von anderen Faktoren ab. LSD kann zweifellos visionäre Zustände hervorrufen, die so echt und produktiv sind wie die der großen Mystiker. Huxley meinte, es wäre sinnlos »für einen ehrgeizigen Mystiker bei dem gegenwärtigen Stand des Wissens zu langem Fasten und heftiger Selbstkasteiung zurückzukehren«, wenn er sich »nur um technische Hilfe an die Fachleute zu wenden braucht« (125). Vielleicht hängt jegliche Art von Erleuchtung von der Wirkung des Serotonins und von der Zirbeldrüse ab, und vielleicht kann die Kombination von Faktoren, die den richtigen Stimulus für dieses System liefern, auf die verschiedensten Weisen entdeckt werden.

Das Wort »Erleuchtung« ist in diesem Zusammenhang interessant, denn das Licht scheint bei der Transzendenz eine große Rolle zu spielen. Visuelle Halluzinationen sind der charakteristischste Aspekt des LSD-Zustandes, und bei mehreren Untersuchungen wurde entdeckt, daß dabei die Zellen der Netzhaut ihre ganz eigenen Reaktionen haben (50). Ohne von Lichtwellen gereizt zu werden, signalisieren sie dem Gehirn eine ganze Galaxis von Wellenlängen und Frequenzen, die zu der betreffenden Zeit an dem betreffenden Ort gar nicht vorhanden sind. Das Gehirn »sieht« diese Lichter und Farben, wie es die Bilder in einem Traum sieht; es füttert sich selbst mit Information. Bei Erlebnissen, die durch den Glauben, durch Fasten oder durch irgendeine andere zur Erleuchtung führende Methode zustandekommen, sind die Wirkungen die gleichen (117). Man nennt sie *visionäre* Zustände, weil vor allem der Gesichtssinn beteiligt ist. Beinahe allen diesen Erlebnissen gemeinsam ist die Wahrnehmung eines plötzlichen hellen, blendenden Lichts, eines unirdischen Strahlens. Der Prophet Hesekiel sah es und Paulus auf dem Wege nach Damaskus, und es bildet die Grundlage des ekstatischen Zustandes des Kundalini-Joga, bei dem das Licht beschrieben wird als »strahlend wie zehn Millionen Sonnen« (21).

Die Jogis glauben, daß das Leben von einer Energiespirale gespeist wird, die sich längs einer von Lebenszentren oder *chakras* gekennzeichneten Linie durch den Körper windet. Die meisten dieser *chakras* werden mit bestimmten Organen assoziiert, aber eines der höchsten wird mit dem Geist in Verbindung gebracht, und es befindet sich in dem Raum zwischen den Augenbrauen. Offenbar handelt es sich um die Zirbeldrüse, und in ihrem evolutionären Ursprung als Auge haben wir eine biologische Basis für die Rolle, die das Licht in Transzendenzzuständen spielt (55). Die Meditation, sagen die Jogis, ist »liebliches Leuchten«. Die jüngsten Untersuchungen des Gehirns und seiner Hormone lehren uns, daß diese lichtempfindliche Zirbeldrüse auch eine Substanz produziert, die die Funktion des Geistes radikal verändert (253). Sie produziert Ekstase. In visionären Zuständen, in der *Fugue* der Schizophrenie oder wenn der Geist unter der Einwirkung halluzinogener Drogen steht, könnte die Zirbeldrüse direkt beteiligt sein. Gemeinsam haben alle diese Zustände ein Gefühl des Losgelöstseins, bei dem sich das Bewußtsein an einen Ort außerhalb der persönlichen Erfahrung verlagert, wo die Trennung zwischen Ich und Nicht-Ich zu existieren aufhört und die Welt aus einem Stück besteht. Das Wort Ekstase kommt aus dem Griechischen und bedeutet »Heraustreten«, und es kann als wahrscheinlich gelten, daß – wenn es irgendeine biologische Möglichkeit gibt, daß die Persönlichkeit oder der Geist oder die Seele oder das »zweite System« vom Körper getrennt werden kann – die Zirbeldrüse der Punkt der Loslösung ist. Im Licht des bereits vorliegenden Materials wird es immer schwieriger zu bestreiten, daß eine solche Lostrennung stattfinden kann.

Wir begannen diese phantasievolle Abschweifung mit einem Niesen, und wenn wir der Kette noch ein weiteres Glied hinzufügen, enden wir dort, wo wir angefangen haben.

Die Lebensenergie, die die Moleküle eines lebenden Organismus koordiniert und zu einem gestalteten und funktionellen Ganzen verknüpft, wird in den Schriften der Hindus *prana* genannt. Sie wird als etwas beschrieben, was weder ein Produkt des Lebens noch etwas so Einfaches wie Sauerstoff oder ein in der Natur vorhandenes anorganisches Element ist – und doch wird es durch Atmen und Essen in den Körper aufgenommen. Als beste Methode, das *prana* wiederaufzufüllen, gilt die Übung des *pranayama,* das ist die willentliche Beherrschung der drei Phasen des Atmens: Einatmen, Atemanhalten und Ausatmen in einem besonderen Rhythmus. Der »Atem des Lebens« hat den Rhythmus 1 : 4 : 2, während das zerstörerische Niesen nach allem, was ich in meiner Umgebung beobachten kann, eher den Werten 18 : 1 : 2 nahekommt.

Diese Vorstellung von einer universellen Lebensatem-Substanz ist sehr schön, und sie liefert eine theoretische Basis für die Annahme, daß das Leben seine Gestalt von einem biologischen Organisator erhält, aber sie stützt sich auf eine mystische Überlieferung, die sich der wissenschaftlichen Analyse entzieht. Es gibt jedoch in der reinen Technologie eine neue Entwicklung, die eindeutige Beweise für die Existenz von so etwas Ähnlichem wie *prana* liefert. Dennis Milner an der Universität Birmingham baute einen Apparat für die Fotografie ohne Licht (183). Er verwendet Filme, die nicht für Licht, sondern für elektrische Entladungen empfindlich sind, und schickt einen Gleichstromstoß durch das zu fotografierende Objekt, das sich im Dunkeln zwischen zwei Glasplatten befindet. Während Milner seinen Apparat noch entwickelte, probierte er ihn aus und stellte fest, daß er auch Bilder erhielt, wenn sich kein Gegenstand in der Testkammer befand. Mit nichts anderem vor der Kamera als reiner, trockener Luft gelangen ihm Bilder von pulsierenden Energiekügelchen inmitten eines feinen Maßwerks von glühenden Fäden, die aussahen wie ein Muster, das tanzende Glühwürmchen bei einer Zeitaufnahme auf den Film zeichnen.

Diese Ergebnisse wurden mit der Begründung kritisiert, daß sie möglicherweise nur auf das sogenannte »Fahnenphänomen der Korona« (einer bestimmten Form der Gasentladung) zurückgehen (167), denn solche Muster entstehen auch, wenn Luft durch einen Stromdurchgang ionisiert wird (24). Milner war

136

überzeugt, daß er sich gegen eine solche Möglichkeit abgesichert hatte, und um zu beweisen, daß Ionenprozesse nichts mit der Entstehung seiner Bilder zu tun hatten, baute er seinen Apparat so um, daß er im Vakuum arbeitete. Auch ohne Luft in der Testkammer erschienen auf den Platten die gleichen charakteristischen Muster.

Bei stärkeren Vergrößerungen sind Milners Bilder noch interessanter. Die Muster scheinen in zwei Grundformen aufzutreten. Das eine ist eine leuchtende Struktur von Kraftlinien, die kleine glühende Kerne als Zentrum haben und von diesen speichenartig ausstrahlen, sich mit benachbarten Kernen verbinden und ein regelmäßiges, beinahe geometrisches Muster bilden, etwa wie die Skelettstege einer Sternkoralle.

Die andere Grundform besteht aus Kugeln und Zusammenballungen von Kugeln in kreisrunden Mustern wie eine Wiese voller Blumen mit runden Blütenblättern, die einander beinahe berühren. Aus diesen einfachen Grundformen könnte man so gut wie jede in der Natur vorkommende Form kombinieren und ableiten, und es wäre denkbar, daß es Milner zum erstenmal gelungen ist, die Feldkraft aufzuzeichnen, die auf elementarer Ebene allen Formen und Funktionen zugrunde liegt.

Manche Mystiker haben schon immer behauptet, daß in der Natur ständig unsichtbare Kräfte am Werk sind und all die vielen Formen hervorbringen, die wir beobachten, und daß diese Kräfte den Körper als *prana* durchströmen und erhalten. Man stellt sich vor, daß diese Energie beim Durchgang durch den Körper an Kraftlinien entlanggeleitet wird, die durch die Brennpunkte der *chakras* gekennzeichnet sind.

Für Menschen, die mit einer besonderen Wahrnehmungsfähigkeit begabt sind, sehen die *chakras* angeblich wie leuchtende Räder aus, die sich rasch gegen den Uhrzeigersinn drehen. Bei einem Neugeborenen haben sie einen Durchmesser von nur einem Zentimeter, aber bei einem erleuchteten Erwachsenen können sie bis zu fünfzehn Zentimeter große Scheiben sein. Bei Menschen aller Altersstufen sollen diese Lichtwirbel an der Körperoberfläche liegen, und die Stellen, an denen sie sich befinden, werden von allen – auch naiven – Beobachtern mit bemerkenswerter Übereinstimmung beschrieben. Ich befragte ein kleines Mädchen auf einer entlegenen indonesischen Insel, das angeblich besondere Kräfte besaß, aber in einer Gemeinde lebte, in der niemand etwas von den klassischen Jogatheorien wußte. Das Mädchen erklärte mir, wie es die Menschen sah, und nannte mir genau die der Überlieferung entsprechenden Stellen der *chakras,* die es als »Feuer« bezeichnete. Das tiefste liegt am unteren Ende des Rückgrats, die anderen befinden sich in der Gegend des Nabels, zwischen der Milz und den Nieren, über dem Herzen und am Hals, und das höchstgelegene sitzt zwischen den Augenbrauen.

Wir sprachen schon von dem Zusammenhang zwischen diesem höchstgelegenen *chakra* und der Zirbeldrüse, und es verdient festgehalten zu werden, daß die anderen Zentren ebenfalls wichtigen Hormonproduzenten zugeordnet sind. Eierstöcke und Hoden befinden sich in der Nähe des unteren Endes des Rückgrats und des Nabels und die Nebennieren über den Nieren; die Thymusdrüse liegt über dem Herzen und die Schilddrüse im Hals. Alle diese Drüsen steuern und regulieren physiologische Vorgänge, aber es gibt nichts, was diese Punkte direkt miteinander verbindet: kein Kreislaufsystem, kein Nervennetz, keine Lymphbahnen. Aus diesem Grunde neigt die westliche Medizin dazu, die Möglichkeit auszuschließen, daß den *chakras* irgendeine physiologische Realität zukommen könnte, aber in der orientalischen Medizin gibt es ein Heilverfahren, das dem *prana*-Schema vollkommen entspricht.

Die Akupunktur setzt die Existenz von zwölf Hauptkanälen oder Meridianen im Körper voraus, durch die Energie fließt. In fünftausendjähriger Praxis haben die Akupunkteure in mühsamer Arbeit den Verlauf dieser Kraftlinien erforscht und mehr als siebenhundert Stellen an der Körperoberfläche ermittelt, wo diese Kanäle nahe genug an die Haut herankommen, um beeinflußt zu werden. Die Meridiane folgen keinem bekannten physiologischen Schema, scheinen aber dennoch etwas durchaus Wirkliches zu sein. Yoshio Nagahama von der Universität Chiba in Japan hatte einen Patienten, der vom Blitz getroffen worden war und seither eine ungewöhnliche Sensibilität besaß.

Der Mann war ein Bauer aus den Bergen, der keine reguläre Schulbildung genossen hatte und von der Akupunktur nicht das

Geringste verstand. Wenn er aber an einem der wichtigen Punkte eines Meridians mit einer Nadel gestochen wurde, konnte er mit dem Finger auf seinem Körper eine Linie ziehen, an der entlang er ein »Echo« des Nadelstichs spürte (200). Diese Linien entsprachen in allen Fällen genau den klassischen Meridianen.

Im 19. Jahrhundert entdeckte ein deutsche Arzt, der von der Akupunktur nichts wußte, ein System von Hautpunkten, von denen er glaubte, daß sie in einem Zusammenhang mit homöopathischen Mitteln ständen (127). Als seine Punkte später mit denen einer Akupunkturkarte verglichen wurden, stimmten die meisten überein. In Korea entwickelte Kim Bong Han ein Gerät, das imstande ist, kleine Unterschiede im Hautwiderstand zu messen (227). Stellen, an denen starke Gefälle auftraten, erwiesen sich wiederum als Akupunktur-Punkte. An einem Institut für Elektrotechnik in Leningrad wurde ein »Tobiskop« genanntes Gerät vervollkommnet, das plasmaartige Lichterscheinungen auf der Haut registriert und imstande ist, Akupunktur-Punkte mit einer Genauigkeit von weniger als einem Zehntelmillimeter zu bestimmen (208). Diese Entwicklungen bezeugen die tatsächliche Existenz der klassischen Meridiane und ermöglichen es beinahe jedem, diese schwer auffindbaren Punkte zu bestimmen, ohne die lange, ermüdende Ausbildung des Akupunkteurs der alten Schule durchzumachen.

Hiroshi Motoyama am Institut für Religionspsychologie in Tokio schloß unlängst ein Projekt ab, an dem er mit hundert aktiven Mitgliedern einer Joga-Gruppe gearbeitet hatte (190). Er stellte fest, daß sie alle ungewöhnliche fluktuierende Rhythmen in einem Blutdrucksensor hervorbringen konnten, die mit dem normalen Pulsrhythmus nichts zu tun hatten. Als er die Pfade dieser neuen Rhythmen mit den Sensoren maß und aufzeichnete, während seine Joga-Adepten absichtlich die verschiedenen traditionellen *chakras* stimulierten, entdeckte Motoyama, daß alle diese Zentren auf Akupunkturmeridianen lagen. Einige der Meridiane liefen sogar durch vier *chakras,* und alle Linien, die die Joga-Brennpunkte verbanden, waren genau die gleichen, die sowohl von den Erforschern der Akupunktur als auch von den neuen Geräten, die ihre Anschauungen bestätigen, festgelegt werden.

Es scheint, daß die Lebenskraft, die im Joga *prana* genannt wird, genau dasselbe ist wie das, was in der Akupunktur *ki* heißt. Es gibt im Westen Randgebiete der Medizin wie die Homöopathie und die Naturheilkunde, die schon seit langem ähnliche Ansichten vertreten, nämlich daß die Gesundheit von der Aufrechterhaltung eines Gleichgewichts im Körper abhänge, das es der Lebenskraft gestatte, ihre eigene Heilwirkung auszuüben. Nur die ganz unentwegten Allopathen, die Ärzte des großen Rudels, die glauben, daß alle Krankheiten mit Medikamenten behandelt oder vielmehr bekämpft werden müssen, leugnen noch, daß der Körper sehr viel tun kann, um sich selbst zu behandeln, wenn man ihm die richtige Hilfe leistet. Sie beschäftigen sich nur mit den Teilen und ihrer Funktion und gleichen dadurch immer mehr einem Radiomechaniker, der das Gerät, das er repariert, nie spielen hörte. Musik und Leben brauchen zwei weitere Stimulanzien: Kraft, die durch Nahrung und Luft, und Information, die durch die entsprechenden Radiowellen geliefert wird. *Prana* ist unser Äquivalent für die durch die Luft getragenen Wellenmuster, die es ermöglichen, daß eine körperlos gewordene Musik aus einer fernen Quelle an einer Million anderen Orten neu geschaffen werden kann. Die durch diese Theorie angedeutete Lebenskraft ist so substanzlos wie der Äther und dennoch wesentlich für die geordnete Gruppierung der Materie, die einen funktionellen lebenden Organismus bildet.

Es ist nun schon sehr schwer zu leugnen, daß jeder von uns ein verborgenes zweites System mit sich herumträgt, einen Doppelgänger, der unsere bekannten somatischen Systeme ergänzt. Die Hinweise auf seine Existenz häufen sich, aber wir müssen erst noch beweisen, daß dieses ätherische Double, diese elektrische Geistererscheinung, die Auflösung der Körpermaterie überleben und nach dem klinischen Tod weiterexistieren kann.

Menschen, denen ein Glied amputiert wurde, haben oft das Gefühl, daß der fehlende Körperteil nicht nur noch vorhanden ist, sondern sogar schmerzt. Der Schmerz in einem verlorenen Arm kann etwas sehr Wirkliches sein, und man bezeichnet ihn als übertragenen Schmerz. In gewisser Weise kennen wir das alle: Ein Stoß gegen die Innenseite des Ellbogens verursacht oft

Schmerzen im kleinen Finger, dem selbst nichts geschehen ist. Das kommt daher, daß der Schmerz tatsächlich weder im Ellbogen noch im Finger vorhanden ist. Er ist vielmehr eine Erkenntnis im Gehirn, in diesem Falle die Registrierung eines Signals, das auf einer bestimmten Nervenbahn eintraf. Der Weg geht vom Ellbogen über den Ellennerv, der vom kleinen Finger aus an der Innenseite des Arms entlangläuft und über das Rückgrat zum Hirn führt. Alles, was das Gehirn weiß, ist, daß der Impuls irgendwo auf diesem Wege entstand, und aus reiner Gewohnheit deutet es dieses Signal stets als Verletzung des kleinen Fingers. Es würde das auch noch tun, wenn man den kleinen Finger amputierte.

Nicht alle Phantomglieder lassen sich so leicht wegerklären. Der Schmerz kann jedoch in manchen Fällen durch direkte Suggestion unter Hypnose gebannt werden. Sagt ein Hypnotiseur einer Versuchsperson mit unversehrten Armen, ihre eine Hand sei betäubt worden, so zeigen Versuche mit einer Nadel immer, daß das obere Ende der tauben Zone einen unnatürlich geraden Rand hat, der etwa dem eines Handschuhs gleicht (20). Wenn die Gefühllosigkeit der anatomischen Verteilung der Hautnerven entspräche, würde der Rand dieser Zone sehr ungleichmäßig verlaufen, was aber nie der Fall ist. Die Gefühllosigkeit erstreckt sich somit nicht auf eine natürliche, von den Nervenenden im Gehirn bestimmte Zone, sondern auf eine ganz und gar künstliche, die vom Gehirn als »die Hand« bezeichnet wird. Wenn der Schmerz in einer fehlenden Hand nur ein übertragener wäre, könnte die Hypnose keinerlei Wirkung haben, da der Theorie nach das Gehirn nicht weiß, daß der Schmerz von einer anderen Stelle als der fehlenden Hand kommt. Sie wirkt jedoch, und Messungen zeigen, daß der anästhetische »Handschuh« vorhanden ist und sich manchmal bis in den Unterarm hinauf erstreckt, so als wäre das Glied noch unversehrt. In einem gewissen Sinne ist es das vielleicht auch.

An der staatlichen Kirow-Universität in Kasachstan werden mit einem Apparat, der Hochfrequenzfelder zwischen zwei Elektroden erzeugt, fotografische Aufnahmen gemacht (208). Legt man ein Baumblatt in die Testkammer, so zeigt das Bild den Umriß des ganzen Blattes, der mit strahlenden Punkten wie eine

Aufnahme der Milchstraße ausgefüllt ist. Diese Muster ändern sich im lebenden Blatt unaufhörlich; sie werden allmählich schwächer, wenn das Blatt abstirbt, und verschwinden zuletzt vollständig. Viktor Adamenko stellte fest, daß, wenn man aus einem frischen Blatt unmittelbar vor der Aufnahme ein Stück herausschneidet, das *ganze* Blatt abgebildet wird, wobei Rippen, Adern und Rand des fehlenden Stücks weniger hell leuchtend in zarten Umrissen wie ein botanisches Gespenst erscheinen. Die russischen Wissenschaftler glauben, daß dieses »Phantomglied« des Blattes dank einem beständigen Energiefeld sichtbar bleibt, das sie Bioplasma nennen, und das scheint mir ein recht passendes wissenschaftliches Pseudonym für *prana* zu sein.

Ich muß hinzufügen, daß im Westen bisher nur ein Wissenschaftler (der Brasilianer H. G. Andrade) imstande war, diesen Blattgeisteffekt hervorzubringen. Adamenko selbst, der wegen seines Experiments in der Fachwelt verspottet wurde, erklärt nun unter Druck, es müsse sich um irgendeine Unregelmäßigkeit oder ein Versehen gehandelt haben, vielleicht um eine Doppelbelichtung, aber ich habe den Eindruck, daß er das selbst nicht glaubt. Ich habe das Gefühl, daß man den Apparat in den nächsten Jahren vervollkommnen wird und daß es dann möglich sein wird, das Phänomen regelmäßig und an vielen anderen Lebensformen zu demonstrieren. Es stimmt so gut mit anderen Entdeckungen überein, daß wir es uns, wie ich glaube, nicht leisten können, es einfach als unerheblich abzutun.

Medial veranlagte und besonders sensible Menschen behaupten oft, sie sähen noch die Umrisse eines amputierten Gliedes, und manchmal sehen sie sie deutlich genug, um seine Besonderheiten im einzelnen zu beschreiben (130). Wenn sie dazu imstande sind, und wenn die Russen recht haben, scheint es sich tatsächlich so zu verhalten, daß die Lebenskraft, die so eng an einen lebenden Organismus gebunden ist, zumindest noch eine Weile in ihrer ursprünglichen Form überleben kann, obwohl sie einige ihrer Teile verloren hat.

Unser letztes Ziel in diesem Teil unserer Darlegung ist es, die biologische Möglichkeit einer völligen zeitlichen Trennung zwischen dem somatischen, d. h. körperlichen, und dem »zweiten« System zu untersuchen. Aber wir könnten vielleicht zu einer realistischeren Betrachtung dieser Frage gelangen, wenn wir zunächst die Möglichkeit ihrer räumlichen Trennung prüfen. Wenn die beiden Systeme gleichzeitig unabhängig voneinander existieren können, ist die Chance, daß sie es auch zu verschiedenen Zeiten können, erheblich größer.

Das *Institute of Psychophysical Research* in Oxford sammelt seit einiger Zeit Berichte über – wie man es dort nennt – luzide und präluzide Träume (196). Ein luzider Traum ist einer, in dem der Träumende weiß, daß er träumt. Im präluziden Traum fragt man sich, *ob* man träumt, und kommt dabei zu dem richtigen oder zu dem falschen Schluß. Der folgende Traum stammt aus der Sammlung des Instituts:

»Ich befand mich mit X. (einem befreundeten Geistlichen) in einem Zimmer am anderen Ende des Korridors. Ich erzählte ihm von den luziden Träumen, die ich gerade gehabt hatte, und plötzlich – es fiel mir eben so ein – sagte ich: ›Und natürlich ist das jetzt ein Traum.‹ X. sagte mit einem Lächeln, dem ich nichts entnehmen konnte: ›Ja, das mag sein. Woher wissen Sie das?‹ Ich antwortete: ›Natürlich ist es einer‹, und ging zum Fenster hinüber. ›Ich werde jetzt fliegen‹, sagte ich. ›Es wäre peinlich, wenn das nun kein Traum wäre, nicht wahr?‹ sagte X., der noch immer unbeteiligt dastand und belustigt dreinsah.«

Logisch gesehen, ist es möglich, buchstäblich alles zu träumen – auch das Erwachen aus einem Traum. Viele Menschen träumen das auch: sie scheinen aufzuwachen, stellen fest, daß sie im Bett liegen, stehen auf und beginnen sich anzuziehen, dann erkennen sie plötzlich, daß alles nur ein Traum ist und daß sie noch schlafen. Aber auch die Erkenntnis, daß dies ein falsches Erwachen war, macht das nächste noch nicht zu einem wirklichen. Bertrand Russell sagte, er habe »ungefähr hundertmal« ein falsches Erwachen erlebt, als er nach einer Narkose wieder zu sich kam (228). Das Problem der Unterscheidung zwischen Wachen und Träumen ist offenbar, zumindest während man noch träumt, ein sehr schwieriges. Wer einen präluziden Traum hat, kann sich auf seine Empfindungen nicht verlassen, denn Tastgefühl, Geschmack und Geruch können auch im Traum überzeugend echt sein. Jedes Gefühl, das man im Wachzustand hat, kann man auch im Traum haben. Die Erlebnisse können zusammenhängend und sinnvoll miteinander verbunden sein und sich auf frühere Erlebnisse beziehen. Ein Träumender kann träumen, daß er aufwacht, aufsteht, aus dem Haus geht und eine ganze Reihe alltäglicher Dinge tut, die völlig normal sind, bis der Punkt erreicht wird, an dem die Wirklichkeit des ganzen Erlebnisses in Frage gestellt wird. In diesem Augenblick kann sich der Träumende sogar der Probleme erinnern, die andere in einem ähnlichen Dilemma hatten; er kann ihr Erlebnis mit dem seinen vergleichen – und dennoch hinsichtlich seines Zustandes im ungewissen sein.

Man kann im Traum sogar ein Buch lesen und es für wirklich halten. Sind Sie jetzt wach? Oder ist alles, was heute mit Ihnen geschehen ist, Teil eines komplexen Traums? Einen Augenblick lang können Fragen dieser Art einen leisen Zweifel aufkommen lassen, aber bald schieben sie diese Phantasievorstellung beiseite, denn Sie *wissen* ja, daß Sie wach sind. Diese Gewißheit ist etwas, was wir auf einer so elementaren biologischen Ebene empfinden, daß es mit dem Verstand nichts zu tun hat. Eine der Versuchspersonen des Oxforder Instituts drückte dieses Gefühl sehr gut aus: »Ich fragte mich, woher ich wissen soll, wann ich wirklich wach bin. Das hat mich oft verwirrt. Ich habe das bestimmte Gefühl, daß man sich anders fühlt, wenn man wirklich wach ist. Es ist mir noch nicht gelungen, den Unterschied genau festzuhalten. Irgendwie scheint eines der Gefühle zu fehlen, wenn man träumt – möglicherweise ein ›Verantwortungsgefühl‹« (196). Wenn Sie daran zweifeln, daß Sie wirklich wach sind, können Sie mit Gewißheit annehmen, daß Sie schlafen.

Diese Gewißheit verwandelt den präluziden Traum in einen luziden und bringt eine andere Art von Gewißheit mit sich. Im luziden Traumzustand hat der Träumende keinerlei Zweifel daran, daß er träumt. Der Traum scheint eine Eigenschaft zu besitzen, die ebenso spezifisch und ebenso schwer zu erfassen ist wie die Wirklichkeit des Wachseins. Trotz der Ähnlichkeit der Sinneserlebnisse und intellektuellen Prozesse im Wachzustand und im Traum besteht ein hinlänglicher Grund zu der Annahme, daß die beiden Zustände grundsätzlich verschieden sind und daß sich die Persönlichkeit in jedem von beiden mit der gleichen Leichtigkeit auszudrücken vermag. Wenn man wach ist, kann

144

man sich daran erinnern, was für ein wundervolles Gefühl es war, sich im Traum aus dem Fenster zu schwingen und mühelos über den Dächern des Dorfes dahinzuschweben. Und im luziden Traum kann man sich daran erinnern, was für ein gräßliches Gefühl es war, sich mit einer Rasierklinge in den Finger zu schneiden . . . und vielleicht sogar das Experiment versuchen, es im Traum absichtlich zu tun, um die beiden Gefühle miteinander zu vergleichen. Die Entwicklung der Persönlichkeit hängt wahrscheinlich von beiden Arten von Erfahrungen ab. Im wachen Leben sind wir Kräften ausgesetzt, die unseren Körper und den Geist, den er einschließt, formen. Im Traumleben haben wir, wie im Spiel, die Möglichkeit, die Wirkung dieser Kräfte unter den verschiedensten Umständen zu agieren, sie zu unseren Erlebnissen in Beziehung zu sehen und eine umfassende und funktionelle Einstellung zum Leben aufzubauen.

Die Tatsache, daß Säuglinge 80 Prozent ihrer Schlafzeit mit Träumen zubringen und daß dieser Anteil bei alten Menschen auf weniger als 15 Prozent sinkt, bestätigt die Annahme, daß der Traumzustand für die Verarbeitung von Erlebnissen wichtig ist. Es scheint, daß beinahe der gesamte Trauminhalt Empfindungen entspringt, die im Wachzustand gesammelt wurden. Helen Keller, die kurz nach der Geburt durch Scharlach das Augenlicht, das Gehör und den Geruchssinn verlor, träumte sehr viel. Anfangs handelte es sich um rein körperliche und unentwickelte Erlebnisse – so träumte sie, zum Beispiel, daß etwas Schweres auf sie fiel –, aber später, als sie eine geschickte Lehrerin hatte, die ihr die Welt in vielen Einzelheiten zu beschreiben begann, träumte sie in neuen Dimensionen, die sich jedoch alle auf ihr einziges Gefühl, nämlich das Tastgefühl gründeten. »Einmal hielt ich im Traum eine Perle in der Hand. Ich habe keine Erinnerung an das Aussehen einer wirklichen Perle. Die, die ich in meinem Traum sah, muß daher eine Schöpfung meiner Phantasie gewesen sein. Sie war ein glatter, köstlich geformter Kristall . . . Tau und Feuer, das samtige Grün von Moos, die sanfte Weiße von Lilien« (144).

Von Geburt Blinde träumen ohne Seherlebnisse und ohne die raschen Augenbewegungen, die bei Sehenden so charakteristisch für den Traumzustand sind (19). Ein blinder und tauber Patient kannte, als er von einem Dolmetscher befragt wurde, den Begriff Traum noch nicht, aber er erinnerte sich, daß er einmal untröstlich erwacht war, weil er im Traum einen Schock erlebt hatte. Er hatte in den Käfig seines Vogels gegriffen und dessen leblosen Körper ertastet (207). Diese Beziehung zwischen wacher Empfindung und Traumerlebnis wird überzeugend demonstriert durch eine Beobachtung, die man an einem schlafenden Taubstummen machte, der sich normalerweise durch Zeichensprache mit den Händen ausdrückte (178). Als er davon träumte, daß er sich normal mit anderen Menschen unterhielt, zeigte ein an seinen schlafenden Körper angeschlossener Elektromyograph, daß starke Aktionsströme nicht in seinem Kehlkopf, sondern in seinen Fingern auftraten.

Die Abhängigkeit der Träume von Informationen, die während des Wachseins gesammelt wurden, ist zwar sehr groß, aber nicht total. Im Jahre 1965 zeigte eine Studie in Australien, daß es Menschen, die nach Einnahme starker Beruhigungsmittel schlafen, möglich ist, zwischen zwei Tönen unterscheiden zu lernen, deren einer von einem elektrischen Schlag begleitet wird (16). Wenn die beiden Töne den Versuchspersonen nach dem Erwachen vorgespielt wurden, zeigte das EEG, daß ihre Gehirne auf den im Schlaf vom elektrischen Schlag begleiteten Ton reagierten und auf den andern nicht. Diese Konditionierung ist natürlich noch weit entfernt von dem, was über das Lernen im Schlaf behauptet wird – von Leuten, die die dazu nötigen Geräte verkaufen. Die meisten Untersuchungen zeigen, daß sich das Lernen weitgehend auf die Perioden beschränkt, in denen der Lernwillige schläfrig und knapp vor dem tatsächlichen Einschlafen ist, aber es scheint zwischen den verschiedenen Arten des Schlafs wirklich einen Unterschied in bezug auf die Ansprechbarkeit zu geben (247).

Wenn wir einschlafen, gehen wir durch vier erkennbare Stadien des orthodoxen Schlafs, in denen wir immer schwerer zu wecken sind. Wenn dann die raschen Augenbewegungen beginnen und wir das Stadium des paradoxen Traumschlafs erreichen, tritt eine plötzliche quantitative Veränderung ein. Der Muskeltonus läßt rasch nach und der Körper wird schlaff; die spinalen Reflexe setzen aus, und sogar das Schnarchen hört auf. In dem

Maße, in dem die Hirntätigkeit zunimmt, verringert sich die Aufnahmefähigkeit (49). Am vollständigsten ist die physische Zurückgezogenheit in luziden Träumen. Es ist beinahe unmöglich, den luziden Träumer zu wecken, und es gibt nicht einen einzigen Bericht über einen luziden Traum, in dem äußere Reize eine Rolle spielen, wie es in den nichtluziden Träumen so oft der Fall ist. Es scheint so zu sein, daß man, wenn man weiß, daß man träumt, eine beinahe vollständige Loslösung von den Begrenzungen des Körpers erreicht hat.

Es gibt zahllose Berichte von Träumen, in denen Menschen offenbar imstande waren, Informationen zu erhalten, die ihnen auf andere Weise nicht zugänglich waren. Im Maimonides-Traumlabor in New York versuchen Montague Ullman und Stanley Krippner diese Möglichkeit objektiv zu analysieren (96). Sie schließen ihre Versuchspersonen an die übliche EEG-Apparatur an und wecken sie nach jeder Periode der raschen Augenbewegungen, um sie zu fragen, was sie gerade geträumt haben. Währenddessen konzentriert sich eine dritte Person in einem Raum am anderen Ende des Gebäudes die ganze Nacht auf ein Gemälde, das willkürlich aus einer größeren Anzahl ausgewählt wurde. Am Morgen zeigt man dem Träumer eine Auswahl von Bildern und fragt ihn, welches seinen Träumen am nächsten kommt. Dabei gab es schon viele auffällige Übereinstimmungen. In einer Nacht war das betreffende Gemälde die »Zapatistas« von Orozco, das eine Gruppe mexikanischer Revolutionäre vor einem dunklen Hintergrund von Bergen und wirbelnden Wolken darstellt. Die Versuchsperson träumte von »Neumexiko«, »schweren Wolken und Bergen« und »einer Mammutfilmproduktion«. Selbst wenn die Beziehung zwischen Traum und Gemälde weniger offenkundig ist, fällt es unabhängigen Beobachtern nur selten schwer, aus einer ganzen Serie von Bildern allein auf Grund der aufgezeichneten Traumberichte das richtige auszusuchen.

Dieser Erfolg könnte eher als ein Beweis für Telepathie ausgelegt werden denn als Beweis für eine Loslösung des Träumenden von dem Ort, an dem er schläft, aber jüngere Arbeiten in demselben Labor werfen ein neues Licht auf dieses Problem. Im Jahre 1969 schloß sich Malcolm Bessent, ein medial veranlagter junger Brite, der Gruppe an, und Bessent träumte von »einer Schale mit Früchten«, als das Ziel, das heißt das Bild, dem der Traum entsprechen sollte, Cokovskys Stilleben »Früchte und Blumen« war, und von »seichten Tümpeln« und »eine Collage machen«, als das Zielbild eine Collage mit dem Titel »Volk-Suppe« war (96). Was diese »Treffer« so aufregend machte, war, daß sich in dem dritten Raum niemand befand, der an die Bilder dachte und daß das Gemälde bei mehreren Gelegenheiten erst am nächsten Morgen ausgesucht wurde. Bessent scheint somit im Traum imstande zu sein, sich nicht nur an einen anderen Ort als den zu begeben, an dem sein schlafender Körper ruht, sondern auch eine zeitliche Trennung zu vollziehen. Es wäre sehr interessant zu erfahren, wie viele seiner Träume luzid waren, denn diese Spaltung kann offenbar nach Belieben vorgenommen werden, wenn man weiß, daß man träumt. Eine der Versuchspersonen am *Oxford Institute of Psychophysical Research* berichtet, im luziden Traum sei es möglich, sich in jede Umgebung zu versetzen, indem man »einfach die Augen schließt und sich schöpferisch konzentriert« (196).

Es gibt einen altbekannten, gut belegten Fall, der alle sich aus dieser Situation ergebenden Möglichkeiten veranschaulicht (245). Am 3. Oktober 1863 lief der Dampfer »City of Limerick« aus Liverpool aus. An Bord befand sich ein gewisser S. R. Wilmot, ein Fabrikant aus Connecticut, der zu seiner Familie in den Vereinigten Staaten zurückkehrte. In der Nacht des 13. Oktober träumte Wilmot, daß seine Frau, nur mit einem Nachthemd bekleidet, zu seiner Kabine kam, in der Tür stehenblieb, als sie bemerkte, daß sich noch ein zweiter Passagier darin befand, dann aber doch an seine Seite trat, sich über ihn beugte und ihn küßte und kurz darauf wieder ging. Am Morgen war der andere Passagier, der als »ein gesetzter und sehr frommer Mann« beschrieben wird, aus keinem erkennbaren Grunde wütend auf Wilmot. Als er nachdrücklich um eine Erklärung gebeten wurde, rief William Tait: »Sie sind mir der Rechte – sich auf solche Weise von einer Dame besuchen zu lassen!« Es stellte sich heraus, daß er wach in seiner Koje gelegen und eine Szene gesehen hatte, die genau dem entsprach, was Wilmot geträumt hatte. Als das Schiff am 23. Oktober in New York ankam, war eine der ersten Fragen, die Frau Wilmot ihrem Mann stellte, ob er vor zehn Tagen ihren Besuch erhalten habe. Sie war an jenem Abend sehr besorgt um die Sicherheit ihres Mannes zu Bett gegangen, denn sie wußte, daß es auf dem Atlantik stürmte, und hatte Berichte von dem Untergang eines anderen Schiffes gehört, das Liverpool zur gleichen Zeit verlassen hatte. Im Laufe der Nacht hatte sie das Gefühl, ein stürmisches Meer zu überqueren; sie fand einen niedrigen schwarzen Dampfer; sie ging durch das Schiff, bis sie zu der Kabine ihres Mannes kam; sie sah einen Mann in der anderen Koje, der sie anstarrte, und fürchtete sich einen Augenblick davor einzutreten; dann betrat sie jedoch die Kabine und küßte ihren Mann auf die Stirn, bevor sie wieder ging. Auf Befragen war sie imstande, die ungewöhnliche Anordnung und Einrichtung der Kabine genau zu beschreiben.

Der Fall wurde von der *American Society for Psychical Research* untersucht, und es besteht offensichtlich kein Grund, an den Aussagen der beteiligten Personen zu zweifeln, aber es ist natürlich unmöglich, ein Jahrhundert später ein Urteil zu fällen. Der Wert der Geschichte liegt für uns heute in den Möglichkeiten, die sie andeutet. Wenn sich alles so zutrug, wie es berichtet wurde, hatten Wilmot und seine Frau ein gemeinsames Traumerlebnis, aber jeder behielt dabei seine eigene Identität, und er sah und fühlte, was er gesehen und gefühlt haben würde, wenn er seine Handlungen im normalen Wachzustand ausgeführt hätte. Das Faszinierende dabei ist jedoch, daß Tait, der hellwach war, an dem Vorfall auf seine eigene Weise beteiligt war. Die Tatsache, daß er Wilmots Frau gesehen zu haben schien und auch beschreiben konnte, legt die Annahme nahe, daß der von uns postulierte Energiekörper eine typische und erkennbare Gestalt beibehält, wenn er sich von seinem physischen Gegenstück loslöst.

Und mit einemmal stecken wir tief drinnen in jener dunklen Welt der Phantasmen, in der es der Wissenschaft so schwerfällt, den Kopf über dem trüben Dunst und der Verwirrung hochzuhalten. Ich bedaure das. Nach allem, was ich von diesen Bereichen gesehen habe, glaube ich, daß Erlebnisse außerhalb des Körpers eine objektive Realität und der Analyse zugänglich sind, aber die Suche nach Information wird durch die Natur des

Beweismaterials selbst verwirrt, das zwangsläufig aus Indizienbeweisen besteht.

Ich kann sogar selbst noch zur Verwirrung beitragen. Während ich mit einer Safari-Gruppe in Kenya unterwegs war, geriet mein Fahrzeug auf einem staubigen Buschpfad ins Schleudern und kippte um. Es überschlug sich zweimal, bevor es hart am Rande der Böschung einer ausgetrockneten Wasserrinne liegen blieb. Ich sah mich neben dem kleinen Bus stehen, und ich sah den Kopf und die Schultern eines Jungen unserer Gesellschaft, der beim letzten Überschlag durch das Leinwanddach des Wagens gestoßen worden war und Gefahr lief, erdrückt zu werden, wenn der Wagen weiterrollte – was er offenbar jeden Augenblick tun konnte. Dann kam ich unmittelbar darauf auf dem Fahrersitz des Busses wieder zu mir, rieb mir den roten Staub aus den Augen, stieg durch das Fenster und half dem Jungen, sich zu befreien, bevor das zerbeulte Fahrzeug über die Böschung hinunterkippte und endgültig zur Ruhe kam. Meine Erinnerung an die Einzelheiten, die ich »sah«, während ich noch bewußtlos war, ist sehr lebendig, und ich zweifle nicht daran, daß sich mein Beobachtungspunkt in diesem Augenblick außerhalb meines Körpers befand. Doch selbst ein persönliches Erlebnis dieser Art bleibt jeder greifbaren wissenschaftlichen Erklärung verschlossen.

Das Problem muß erst noch gelöst werden, und ich glaube, die einzige Hoffnung auf eine Lösung besteht darin, die Situation auf ihre elementarsten biologischen Komponenten zu reduzieren. Das hilft zwar, aber Sie werden sehen: ein wenig ist es immer noch so, als versuchte man, das Puzzle eines unbekannten Bildes zusammenzusetzen, während die Hälfte der Stücke fehlt und die Stücke, die man hat, entweder nicht zueinander passen wollen oder ständig ihre Form verändern.

6. Kapitel
Die Trennung von Körper und Geist

Nehmen Sie ein befruchtetes Salamander-Ei. Lassen Sie es sich entwickeln, bis es anfängt, wie eine junge Amphibie auszusehen. Schneiden Sie dann die gelatineartige Schicht auf, nehmen Sie den Embryo heraus und legen Sie ihn in eine Kochsalzlösung. Innerhalb von fünf Minuten wird sich der komplexe, integrierte Organismus in ein Häufchen getrennter Zellen aufgelöst haben.

Ein alkalisches Medium zerstört die Kohäsion zwischen den Zellen verschiedener Gestalt und verwandelt sie in runde, gleich aussehende Individuen ohne Zukunft. Werden einige dieser verlorenen Zellen wieder in eine Umgebung von normalem Säuregehalt zurückversetzt, so schließen sie sich rasch zu einem Haufen zusammen, und alle drängen sich so fest aneinander, daß sie eine Kugel bilden. Nachdem sie eine Weile in diesem Zustand wahlloser Adhäsion verharrt haben, gewinnen die Zellen einen Teil ihrer früheren Identität zurück. Sie gruppieren sich neu, wobei sich immer diejenigen zusammenschließen, die der gleichen Art von Gewebe angehören. Der Erfolg dieser Umgruppierung und weiteren Entwicklung hängt direkt von der Anzahl der Zellen ab, die der Anhäufung in der Salzlösung entnommen wurden. Sind zu wenige vorhanden oder fehlen einige Arten völlig, so geht in der Kultur das Baumuster verloren, sie büßt alle ihre ursprünglichen Eigenschaften ein und versinkt zuletzt in Anonymität. Nur wenn alle Embryoteile entsprechend vertreten sind, gelingt es den Zellen, wieder die richtigen Formen zu bilden, und sie erfüllen ihr kollektives Schicksal und werden ein Salamander.

Theoretisch besitzt jede einzelne Zelle die genetische Information, die nötig ist, um ein funktionelles erwachsenes Lebewesen zu bilden. Man hat schon Karotten und Tabakpflanzen aus einzelnen Zellen gezogen, aber bei den höher entwickelten Lebewesen scheint diese Blaupause nutzlos zu sein ohne einen zusätzlichen Faktor, der durch das Vorhandensein einer bestimmten Anzahl ähnlich ausgestatteter Zellen gegeben ist. Das Ganze ist mehr als die Summe seiner Teile, und der wesentliche Zusatz, das Mehr, das im gemeinschaftlichen Zusammenschluß besteht, könnte sich sehr wohl als das so schwer faßbare »zweite System« entpuppen.

Der verstorbene Harold Burr von der Yale University glaubte, daß dieser unsichtbare Organisator ein elektrodynamisches Feld sei (34). Er griff auf das Beispiel des Magneten zurück, um zu erklären, wie es vielleicht funktioniert: »Wenn man Eisenfeilspäne auf ein Blatt Papier streut und dieses über einen Magneten hält, so ordnen sich die Späne nach dem Muster der ›Kraftlinien‹ des magnetischen Feldes. Wirft man sie weg und streut man neue auf das Papier, so bilden sie das gleiche Muster wie die alten.« Es wäre durchaus möglich, daß etwas ähnliches auch im Körper eines Salamanders oder eines Menschen vor sich geht. Die Bestandteile auch des komplexesten Organismus werden ständig aufgegeben und durch neue, aus der Umwelt gewonnene, ersetzt. Die Existenz eines Feldes würde erheblich dazu beitragen, eines der ältesten Probleme der Biologie zu lösen, insofern nämlich als sie erklären würde, wie es kommt, daß die neuen Zellen imstande sind, dieselben Funktionen zu übernehmen und sich nach demselben Schema zu organisieren wie die alten. Ein Lebensfeld würde uns außerdem helfen zu erklären, warum wir bisher noch keine zuverlässige Methode gefunden haben, zwischen Leben und Tod zu unterscheiden. Möglicherweise verhält es sich so, daß, solange ein solches Feld existiert – wie schwach es auch sein mag –, der klinische Tod noch umkehrbar ist und *Goth* erst die Stelle des Lebens einnimmt, wenn das Feld völlig verschwunden ist.

Burr meinte ferner, daß die »traditionelle moderne Lehre, daß die chemischen Elemente die Struktur und Organisation des Organismus bestimmen, nicht zu erklären vermag, warum trotz ununterbrochenen Stoffwechsels und ständiger chemischer Veränderungen eine bestimmte strukturelle Unveränderlichkeit erhalten bleiben kann« (34). Das Fehlen einer ausreichenden Erklärung für die Stabilität und Kontinuität des Lebens ließ ihm keine Ruhe und führte ihn schließlich dazu, seine Theorie eines elektrodynamischen Feldes aufzustellen. Es wurde 1935 erstmals beschrieben als ein Feld, »das zum Teil bestimmt wird durch seine atomaren physikalisch-chemischen Komponenten und das zum andern Teil das Verhalten und die Orientierung ebendieser Komponenten bestimmt« (36). Bis zu seinem Tode beinahe vierzig Jahre später sah Burr keine Veranlassung, diese Definition zu ändern, aber ich glaube, er wäre sowohl mit der traditionellen Lehre als auch mit seiner Theorie glücklicher gewesen, wenn er die Arbeit kennengelernt hätte, die soeben über das Verhalten von Enzymen veröffentlicht wurde.

Die Enzyme sind von entscheidender Bedeutung für Burrs Theorie (von einem Organisator, der die Anordnung von Aufbauschemata in belebter Materie orchestriert, ohne dabei selbst verändert zu werden), denn sie sind Katalysatoren. Ein Molekül eines Enzyms kann in einer einzigen Sekunde mit bis zu 50 000 Molekülen eines Mediums reagieren und sie verändern und unversehrt aus diesem biologischen Strudel hervorgehen, um wieder von vorn zu beginnen (128). Enzym-Moleküle sind zudem höchst spezifisch und so komplex geformt, daß nur wenige andere zu ihnen passen. Eines der Probleme bei der Aufdeckung ihrer zweifellos vielseitigen Rolle war, daß man nicht verstehen konnte, wie dermaßen starre Gebilde sich anpassen und mit den wechselnden Umweltbedingungen Schritt halten. Die Frage beschäftigte zweifellos auch Burr, aber nun ist diese Schwierigkeit beseitigt. Daniel Koshland hat nachgewiesen, daß das Molekül eines Enzyms keineswegs starr ist, sondern dazu gebracht werden kann, sich einer ganzen Reihe von chemischen Formen anzupassen, wie sich ein Gummihandschuh unterschiedlich geformten Händen anschmiegt.

Das ist allerdings eine grobe Vereinfachung der Vorgänge, denn die Form der Protein-Moleküle ist viel komplizierter. Ein Spinnennetz, das über ein Gewirr von kleinen Zweigen gespannt und mit Tautropfen benetzt ist, wäre ein Vergleich, der die tatsächliche Form vielleicht besser wiedergibt, aber im wesentlichen gilt das gleiche Prinzip, und der ganze Prozeß wird durch elektrische Wechselwirkungen gesteuert. Die miteinander reagierenden Moleküle geraten jedes in das Feld des andern und

153

ziehen einander durch entgegengesetzte elektrische Ladungen an bestimmten Teilen ihrer Struktur an. Dann wird das Enzym-Molekül, das gleichsam das Schloß darstellt, in die Form gebracht, in die der »Schlüssel« des anderen Moleküls paßt, und zwar geschieht dies durch die Verteilung der entsprechenden Ladungen der beiden Moleküle. Hier, auf dieser wichtigsten Ebene der Organisation des Lebens, erkennen wir ein Feld mit einer Steuerfunktion, das einerseits starr genug ist, um ein Schema beizubehalten und zu wiederholen, und doch andererseits wieder flexibel genug, um mit den Veränderungen eines lebendigen Systems Schritt zu halten. Burr hatte recht, als er es ein elektrodynamisches Feld nannte.

Sobald er einen Apparat vervollkommnet hatte, der empfindlich genug war, um die elektrischen Potentiale auch sehr kleiner Organismen zu messen, nahm Burr ein Forschungsprogramm in Angriff um festzustellen, ob diese Felder allgemein vorhanden waren und ob man nachweisen konnte, daß sie einem erkennbaren Schema folgten. In den vierzig Jahren, die seit dem Beginn dieser Untersuchungen vergingen, haben Burr und seine Mitarbeiter über jeden berechtigten Zweifel hinaus bewiesen, daß der Mensch und jedes andere bisher getestete Lebewesen, gleich ob Tier oder Pflanze, ein elektrisches Feld besitzt, das auch in einem gewissen Abstand vom Körper noch gemessen werden kann und Veränderungen im Körper widerspiegelt, wenn nicht vielleicht sogar steuert (229).

Eines seiner ersten Versuchsobjekte war der Salamander. Bei jedem dieser erwachsenen Amphibien ist ein Feld nachweisbar, das nach der Längsachse des Körpers ausgerichtet ist und einen positiven und einen negativen Pol hat (32). Aber auch ein junger Salamander und sogar ein Embryo weisen diese Polarität auf, die im Wasser in kurzer Entfernung vom Körper des Tieres gemessen werden kann. An sich ist das nicht überraschend. Von einem zweiseitig symmetrischen Organismus erwarten wir, daß er ein ebensolches Schema produziert, eines, das einen deutlich erkennbaren Kopf und Schwanz hat. Burr verfolgte die Entwicklung des Feldes durch das Wachstum des Embryos zurück und stellte erstaunt fest, daß es sogar schon im unbefruchteten Ei existiert. Das ist die eigentliche Überraschung. Als Messungen an

154

den einfachen, frischgelegten Gelatinekügelchen vorgenommen wurden, war die Polarität bereits vorhanden. Burr markierte den Pol, an dem er einen merklichen Spannungsabfall maß, mit blauer Farbe und stellte fest, daß sich, nachdem die Eier befruchtet worden waren und zu wachsen begannen, der Kopf immer auf der diesem Pol gegenüberliegenden Seite bildete. Mit anderen Worten, die Embryozellen ordneten sich nach dem Muster eines elektrischen Feldes, das bereits vorhanden war, bevor das Individuum entstand.

Ein unbefruchtetes Ei ist eine einzige Zelle, die sich erst noch auf irgendeine Weise differenzieren muß und sich von einer allgemeinen Gewebezelle des Tieres, das es legte, allein dadurch unterscheidet, daß es nur die Hälfte der üblichen Chromosomenzahl besitzt. Wie alle Zellen besteht es zum großen Teil aus Proteinen und einer ungeheuren Anzahl lebenswichtiger Enzyme. Wir wissen, daß das Enzym ein elektrischer »Apparat« ist und ein Feld bildet; daher erscheint es vernünftig anzunehmen, daß das Feld des Eis entweder von den Enzymen selbst oder durch ihre Einwirkung auf die anderen Proteine in der Zelle gebildet wird. Doch wie immer das Feld entsteht, eines ist klar: Wenn dies der Organisator ist, der während des ganzen Lebens das Schema der Entwicklung bestimmt, so wird er ganz vom Weibchen produziert. Wir mögen zwar von jedem Elternteil die Hälfte des genetischen Materials erhalten, aber es scheint, daß der Befehl, die versiegelten Instruktionen auszuführen, nur von unseren Müttern kommen kann.

Möglicherweise verhält es sich so, daß, während ein Embryo sich teilt und wächst, jede neue Zelle ihren Teil des Feldschemas aufnimmt und reproduziert, so daß sie alle zusammen ein getreues und vergrößertes Abbild des Originals formen. Dies könnte erklären, woher es kommt, daß einzelne Embryozellen für sich allein nicht imstande sind, sich weiterzuentwickeln und ein vollständiges Individuum zu bilden; aber es bleibt uns das Problem der Tabakpflanze, die aus einer einzigen Zelle gezogen wurde. Vielleicht gelingt das bei allen Organismen, die der vegetativen, ungeschlechtlichen Fortpflanzung fähig sind, und vielleicht hat jede ihrer Zellen ihr eigenes vollständiges Feld wie die ersten primitiven Protozoen. All das muß freilich Spekulation bleiben, solange nicht jemand ein Instrument herstellt, das empfindlich genug ist, um partielle von vollständigen Lebensfeldern unterscheiden zu können.

Der Einfluß von Lebensfeldern auf die Interpretation von Chromosomen-Daten ist keine Einbahnstraße. Ein anderes Experiment Burrs zeigt, daß die Chromosomen das Feld verwenden können, um dem Protoplasma Gestalt oder Gestaltveränderungen zu verleihen (33). Burr untersuchte mehrere reinrassige und hybride Maisarten. Er nahm Messungen an einzelnen Körnern vor und stellte beträchtliche Potentialunterschiede fest. Eine hybride Art unterschied sich von der Elterngeneration nur durch ein einziges Gen, aber das genügte bereits, um einen deutlichen Unterschied in der elektrischen Spannung hervorzubringen. Burr war daher imstande, zwei Maissorten voneinander zu trennen, lange bevor ihre Unterschiede sichtbar wurden.

Bei ihren späteren Arbeiten wandten sich Burr und seine Kollegen der Untersuchung der Veränderungen zu, die an Lebensfeldern beobachtet werden können, wenn die Organismen, die sie hervorbringen, Veränderungen durchmachen (34). Sie waren imstande, die Felder als Wegweiser zu benutzen und Schwankungen des körperlichen Wohlbefindens aufzuzeichnen, Krankheit vorauszusagen, den Heilungsprozeß einer Wunde zu verfolgen, den Augenblick der Ovulation zu bestimmen, psychische Traumata zu diagnostizieren und sogar die Tiefe einer Hypnose zu messen. Überraschenderweise wurde kein Versuch unternommen, mit Hilfe des Lebensfeldes zu bestimmen, wann das Leben selbst erloschen war. Bei einem Versuch mit dem Salzwasserpolypen *Obelia geniculata* stellte Burr fest, daß die Spannungsgefälle während des ersten Lebensdrittels stiegen, daß sie sich während des zweiten Drittels ausglichen und ein Plateau bildeten, und daß im letzten Drittel Anzeichen einer Regression auftraten (35). Es wird impliziert, daß der Organismus tot ist, wenn das Feld endgültig verschwindet, aber unglücklicherweise wurden keine Messungen an Menschen oder Tieren im Augenblick des klinischen Todes vorgenommen. Was wir über das Lebensfeld und über die einfachen physikalischen Felder wissen, sagt uns einiges über die Möglichkeit der Trennung des Feldes von seiner Quelle – zumindest während letztere noch lebt.

156

Die Erde hat ein magnetisches Feld. Dieses Feld verändert sich unter dem Einfluß lunarer, solarer und kosmischer Ereignisse. Michael Faraday, der englische Experimentalphysiker, entdeckte, daß ein sich veränderndes Magnetfeld von einem elektrischen Feld begleitet ist, und sein schottischer Kollege James Maxwell zeigte, daß das auch umgekehrt gilt und daß die Wechselwirkung zwischen diesen beiden Arten von Feldern elektromagnetische Wellen erzeugt – das heißt Felder, die sehr große Entfernungen zurückzulegen vermögen. Burr bewies nun, daß lebende Organismen ein elektrisches Feld besitzen, und wir wissen, daß sich dieses Feld, auf innere und äußere Faktoren reagierend, ändert: daher besteht Grund genug zu der Annahme, daß auch wir Feldwirkungen in einer gewissen Entfernung vom Körper hervorbringen können. An der Universität Saskatchewan wurde ein Detektor entwickelt, der empfindlich genug ist, um aus einer Entfernung von sechs Metern noch Veränderungen im Kraftfeld zu messen, die mit wechselnden Empfindungen des Menschen zusammenhängen, der dieses Feld hervorbringt (267). Nicht alle Ausstrahlungen lebender Organismen sind notwendigerweise elektromagnetischer Natur, aber es scheint, daß sie den gleichen elementaren Gesetzen gehorchen und daß diese nichts enthalten, was die räumliche Trennung zwischen einem Körper und seinem Feld verbieten könnte.

Die meisten Informationen, die wir empfangen, treffen auf elektromagnetischen Lichtwellen und den höheren Frequenzen, die Rundfunk und Fernsehen verwenden, bei uns ein, aber nicht jede Kommunikation ist so passiv. In den schlammigen Flüssen Afrikas informieren sich die langen, dünnen Tapirfische über ihre Umgebung, indem sie um ihren Körper herum ein symmetrisches elektrisches Feld in den Raum projizieren (165). Sobald etwas in dieses Feld gerät, ruft es eine Veränderung hervor, die der Fisch als Änderung des elektrischen Potentials auf seiner Haut spürt. Die Sinnesorgane des Tapirfischs mit seinen winzigen Augen und seiner rüsselartigen Schnauze erstrecken sich somit unsichtbar ein Stück über seinen Körper hinaus. Die Schlußfolgerung drängt sich einem auf: Jedesmal, wenn er sich dieses Systems bedient, hat dieser Fisch ein außerkörperliches Erlebnis. Er ist aber vielleicht nicht der Einzige.

Ein Arzt des *Royal Flying Corps* stürzte unmittelbar nach dem Start seiner Maschine auf einem kleinen, auf dem Lande gelegenen Flugplatz ab (261). Er wurde aus dem Cockpit geschleudert, fiel auf den Rücken und blieb mit allen Anzeichen der Bewußtlosigkeit liegen. Von der Mulde aus, in die er gestürzt war, war keines der Gebäude des Flugplatzes zu sehen, aber der Arzt sah jede Phase der Rettungsaktion. Er erinnert sich, daß er aus einer Höhe von etwa 60 Metern auf das abgestürzte Flugzeug hinunterblickte und daneben seinen eigenen Körper liegen sah. Er sah, wie sein Brigadier und der unverletzte Pilot auf seinen Körper zuliefen, fragte sich, warum sie sich für ihn interessierten, und wünschte sich, sie würden ihn in Ruhe lassen ... Er sah den Ambulanzwagen aus dem Hangar kommen, der ihm als Garage diente, und beinahe augenblicklich wieder stehenbleiben. Er sah, wie der Fahrer ausstieg, den Motor ankurbelte, zu seinem Sitz zurücklief, losfuhr und wieder hielt, während ein Sanitäter hinten in den Wagen sprang. Dann beobachtete er, wie der Ambulanzwagen vor der Lazarettbaracke stehenblieb, wo der Sanitäter etwas holte, und dann zur Absturzstelle weiterfuhr. Der immer noch bewußtlose Arzt hatte das Gefühl, daß er sich vom Flugplatz entfernte, über eine nahegelegene Stadt und dann weiter westwärts über Cornwall und mit großer Geschwindigkeit über den Atlantik hinaus schwebte. Die Reise endete plötzlich damit, daß er wieder zu sich kam und merkte, wie ihm der Sanitäter Hirschhornsalz in den Mund schüttete. Spätere Erkundigungen über die Umstände des Unfalls und der Hilfeleistung ergaben, daß das, was der Arzt von den Vorgängen auf dem Flugplatz gesehen hatte, in allen Einzelheiten stimmte.

Dieser Arzt ist keineswegs der Einzige, der ein solches Erlebnis hatte (192, 52, 95, 251). William Wordsworth, Emily Brontë, George Eliot, George Meredith, Lord Tennyson, Arnold Bennett, D. H. Lawrence, Virginia Woolf, Bernard Berenson, John Buchan, Arthur Koestler und Ernest Hemingway schrieben alle über ähnliche Erlebnisse, die meisten in autobiographischer Form. Eine Befragung von Studenten in Oxford durch Celia Green ergab, daß 34 Prozent von ihnen irgendwann einmal ihren Körper von einem außerhalb des Körpers gelegenen Beobachtungspunkt aus betrachtet hatten (94). Ich habe aus den Tausenden von Berichten über offensichtliche außerkörperliche Erlebnisse den des fliegenden Arztes ausgewählt, weil er so viele überprüfbare Einzelheiten aus einer Umgebung enthält, die der Betroffene auf keine normale Weise oder mit den Augen eines anderen gesehen haben konnte. Hunderte von Meilen über Cornwall dahinzufliegen, ist zwar quantitativ etwas ganz anderes als das vorsichtige Ertasten von 60 cm schlammigen Wassers, aber der Mechanismus könnte im wesentlichen ein ähnlicher sein. Wir verwenden zweifellos unsere Lebensfelder, um Dinge in unserer unmittelbaren Umgebung zu »erfühlen«. Unsere Beurteilung des Charakters und der Absichten anderer Menschen beruht wahrscheinlich zum großen Teil auf Informationen, die wir uns auf diese Weise verschaffen. Eine Projektion über größere Entfernungen hinweg scheint unter Umständen zustandezukommen, von denen wir annehmen können, daß sie eine dissoziierende Wirkung haben. Die überwiegende Mehrheit der außerkörperlichen Erlebnisse findet bei Unfällen und Krankheiten, unter dem Einfluß von Drogen oder Anästhetika und während des Schlafs oder der Schlafmüdigkeit statt. Die wenigen belegten Fälle, in denen Menschen absichtlich und willentlich eine Projektion vornahmen, trugen sich unter Hypnose zu, oder sie setzten Entspannungszustände voraus, wie man sie in der Meditation oder bei Jogaübungen findet.

Die Analyse einer gewissen Anzahl von Fällen zeigt, daß sie ungeachtet ihrer unterschiedlichen Voraussetzungen sehr viel Gemeinsames haben. Die meisten Menschen können genau sagen, wo sich ihr neuer Beobachtungspunkt befand: er liegt gewöhnlich über dem Körper und in geschlossenen Räumen vorwiegend in einer Ecke knapp unter der Zimmerdecke. Beinahe alle Personen finden sich ganz plötzlich außerhalb ihres Körpers wieder – ohne Übergang zwischen den beiden Zuständen, aber wo immer man den Vorgang beobachten konnte, scheint er einer progressiven Paralyse wie der beim Träumen auftretenden zu folgen. Die meisten körperlosen Personen sehen ihren eigenen Körper und erkennen – wenn es ihr erstes Erlebnis dieser Art ist – oft erst in diesem Augenblick, was geschehen ist. Die allgemeine Reaktion auf das Heraustreten aus dem Körper ist eine seltsame Gleichgültigkeit. Die meisten Berichte erwähnen ein

Gefühl des Wohlbefindens und ein Widerstreben zurückzukehren (54). Einigen Menschen, die sich von ihrem Körper befreit sahen, gelang es offenbar, sich vorsätzlich fortzubegeben, um Freunde zu besuchen oder sich Informationen zu verschaffen, ähnlich wie man im luziden Traum – wenn man weiß, daß man träumt – imstande ist, den Lauf des Erlebnisses zu beeinflussen (280).

Es fällt mir nicht schwer zu glauben, daß wir unsere Umgebung auf eine Weise erfühlen können, die nichts mit den üblichen fünf Systemen zu tun hat, aber es überrascht mich, daß das Bild der Welt, das man außerhalb des Körpers erhält, so sehr dem normalen gleicht, daß man die beiden nur schwer zu unterscheiden vermag. Vielleicht hat unser Gehirn die Fähigkeit, alle eintreffenden Informationen zu dechiffrieren und in Formen zu übertragen, die uns am meisten vertraut sind – etwa wie ein Radarschirm elektrische Signale für uns in visuelle verwandelt, so daß wir durch den Nebel »sehen«. Ein großer Teil dessen, was wir normalerweise mit unseren Augen sehen, wird ohnehin in der Vorstellung konstruiert, denn die optische Qualität des menschlichen Auges ist außerordentlich schlecht. Das auf die Retina projizierte Bild ist an den Rändern verschwommen, und es löst sich in schillernde »Lichthöfe« auf, aber alle diese Defekte werden im Gehirn ausgeglichen. An der Universität Innsbruck hat man Studenten dazu verdammt, wochenlang Brillen mit prismatischen Linsen zu tragen, die nicht nur eine Gummiwelt ohne gerade Linien wiedergaben, sondern auch einen Schaukelstuhleffekt hervorriefen, indem sie das Bild jedesmal, wenn man den Kopf oder die Augen bewegte, dehnten oder schrumpfen ließen (102). Zuerst war das alles sehr störend, aber nach wenigen Tagen paßte sich das Gehirn den neuen Schemata an und produzierte wieder ein geistiges Bild mit festen und geraden Linien, obwohl es zu dieser Zeit nichts dergleichen in der Umgebung der Versuchspersonen gab.

Klapperschlangen und alle Grubenottern, die Gruben wie versteckte Scheinwerfer zwischen Nasenloch und Augen haben, können ihre Beute in völliger Dunkelheit aufspüren. Jede dieser Gruben enthält 150 000 wärmeempfindliche Zellen, die auf infrarote Strahlen vom Körper beispielsweise einer Maus reagieren und ein Bild von der Größe, der Gestalt und dem Aufenthaltsort der Maus aufbauen, so daß die Schlange niemals den Irrtum begeht, etwa einen Mungo anzugreifen (28). Eine Schlange, die das Aussehen ihrer Beute kennt und sie manchmal mit dem Auge jagt, könnte durchaus imstande sein, ein visuelles Bild des Beutetiers heraufzubeschwören, wenn sie sich nachts ganz auf ihr wärmeempfindliches System verläßt.

Eines gibt es allerdings, das keine Entsprechung in unserer normalen visuellen Welt hat und mit großer Regelmäßigkeit in den Berichten von außerkörperlichen Erlebnissen aufscheint. Es wird abwechselnd beschrieben als »elastisches Band«, »silberne Schnur«, »Lichtspirale«, »dünner, leuchtender Streifen« und »Rauchfaden« (53). Beeindruckend ist, daß dieses Gebilde mit im wesentlichen den gleichen Ausdrücken beschrieben wird von Ärzten, Klempnern, Musikern, Landarbeitern und Fischern, gleich ob sie in Florida oder Litauen leben und ungeachtet der Tatsache, daß viele von ihnen nie zuvor von einer astralen Projektion gehört haben. Ein südafrikanischer Psychiater zeichnet außerkörperliche Erlebnisse auf, die ihm in Basutoland von Menschen berichtet werden, die nicht Englisch sprechen oder schreiben können und sicherlich noch nie von der »silbernen Schnur« gehört hatten, die sie ihm beschrieben (157). Die Möglichkeit, daß in diesen Berichten kulturelle Artefakte eine Rolle spielen, scheint sehr gering zu sein. In den wenigen Berichten, die die Schnur erwähnen, wird gesagt, sie sei wie eine Nabelschnur zwischen der Stirn des somatischen Systems und dem Nacken oder den Schultern des außerkörperlichen Wesens ausgespannt. Nach mystischer Überlieferung muß diese Schnur unversehrt bleiben; reißt sie, so sind die beiden Systeme für immer getrennt, und der Körper stirbt. Interessant ist, daß diese Schnur in der Gegend der Zirbeldrüse beginnt, und so substanzlos der Faden auch sein mag: es ist für einen erdgebundenen Wissenschaftler wie mich beruhigend festzustellen, daß überhaupt eine Verbindung zwischen den beiden Systemen besteht. Vielleicht ist dies der beste Ausgangspunkt für den Versuch, das körperlose Wesen mit physikalischen Begriffen zu indentifizieren.

Soviel ich weiß, wurde der erste vorsätzliche Versuch, den Geist eines lebenden Körpers im Labor zu beschwören, um die

161

Jahrhundertwende von dem Franzosen Hector Durville, einem Pionier auf diesem Gebiet, unternommen (68). Durville fand eine Versuchsperson, die behauptete, ihren Astralleib nach Belieben projizieren zu können, und überredete den Mann zu versuchen, einen physikalischen Beweis für seine Lostrennung vom Körper zu liefern. Er war offenbar imstande, ein Klopfgeräusch auf einem Tisch am anderen Ende des Raumes hervorzubringen, Schleierbildungen auf fotografischen Platten zu bewirken und Kalziumsulfidschirme heller leuchten zu lassen. Diese Poltergeistphänomene hätten auch durch Psychokinese zustandekommen können, und sie wären darum nicht weniger aufregend, aber sie beweisen nicht notwendigerweise, daß sich eine Persönlichkeit von ihrer körperlichen Basis lösen kann. Sie lassen jedoch die Möglichkeit erkennen, daß alle jene besonders veranlagten Menschen, die psychokinetische Phänomene hervorbringen, das heißt, die offenbar allein durch geistige Anstrengung Gegenstände aus der Ferne beeinflussen können, jeweils außerhalb ihres Körpers befindlich handeln. Es ist schwer zu entscheiden, welches der beiden Phänomene das unwahrscheinlichere ist.

Beide lassen sich jedoch untersuchen. Es gibt nun mehrere anerkannte Psychokinetiker, die ihr Talent auf Wunsch vorführen können. Der junge Israeli Uri Geller tut es täglich mehrere Male, und ich kenne mindestens zwei medial veranlagte Personen, die behaupten, ihren Körper nach Belieben verlassen zu können. Es wäre interessant festzustellen, ob infrarotes und ultraviolettes Licht, fluoreszierende Substanzen und Hochspannungsentladungen irgendeine Aktivität in der Umgebung ihres Körpers registrieren würden, während sie ihn verlassen. Möglicherweise gibt es für ihre Fähigkeiten keine Erklärung im Sinne normaler elektromagnetischer Vorgänge, aber Burrs so einfache Demonstration eines bis dahin unentdeckten Lebensfeldes mit durchaus gewöhnlichen elektrischen Eigenschaften läßt mich die Frage stellen, ob wir nicht einige ebenso einfache Lösungen übersehen haben.

Menschen, die sich selbst nach Belieben aus dem Körper hinausprojizieren können, geben sehr genaue Anweisungen, wie dies zu geschehen hat. Sie raten, es nicht zu versuchen, solange die Temperatur nicht hoch genug ist und mindestens 20° C

162

beträgt und solange die Luft nicht sauber und trocken ist. Berggipfel sind bevorzugte Orte, aber nur bei gutem Wetter. Gewitterstürme beeinträchtigen angeblich die Ergebnisse, und ein Adept versichert, es helfe immer, sich zu »verankern«, indem man eine Hand in eine Schüssel mit Wasser taucht. Diese Bedingungen erscheinen sinnvoll, wenn man davon ausgeht, daß das Phänomen selbst elektrischer oder elektromagnetischer Natur ist.

Die kritischsten Vorbedingungen sind diejenigen, die die Vorbereitung des Körpers betreffen. Es wird geraten, nur wenig zu sich zu nehmen; manche sagen sogar, es sei nötig zu fasten, aber alle stimmen darin überein, daß eine stark eiweißhaltige Nahrung schädlich ist und daß man am Tag des Versuchs nur Obst und Gemüse genießen solle.

Wir wissen, daß eine Gemüsediät den Säuregehalt des Blutes reduziert und daß zum Ausgleich dafür der Kohlendioxyddruck in den Lungen steigt und weniger Sauerstoff zum Gehirn gelangt. Das kommt in seiner Wirkung einem Aufenthalt in größerer Höhe gleich und erklärt, warum Berge als besonders günstige Orte vorgezogen werden.

Eine ähnliche Wirkung haben bestimmte Atemübungen. Beinahe alle Adepten versichern, es sei vorteilhaft, den Atem anzuhalten, aber nach dem Einatmen, nicht nach dem Ausatmen. Emanuel Swedenborg gab dieser Übung einen inzestuösen Beigeschmack mit seiner Bemerkung: »Das Zurückhalten des Atems kommt einem Verkehr mit der Seele gleich.« Es kommt zweifellos einem Ersticken gleich, und wenn der Atem lange genug angehalten wird, so hat das wiederum eine Drosselung der Sauerstoffzufuhr zum Hirn zur Folge. Es sieht so aus, als läge hinter all diesen Praktiken die unbewußte Absicht, eine Krise zu simulieren und damit zu versuchen, die Seele aus dem Körper zu scheuchen – oder jedenfalls das Band zwischen den beiden Systemen zu lockern.

Ein anderer Punkt, in dem alle übereinstimmen, ist, daß es schlecht ist, die Arme oder Beine zu kreuzen. Dieser Glaube ist so weit verbreitet, daß er näher untersucht zu werden verdient. Er tritt überall dort auf, wo Geistermedien am Werk sind und wurde vielleicht durch sie in Umlauf gebracht. Man findet ihn wieder in dem Brauch, die Finger zu kreuzen, um sich das Glück zu erhalten oder sich das Recht vorzubehalten, einen Eid oder einen Pakt zu brechen. Ich habe jedoch das Gefühl, daß er noch weiter zurückgeht. Als irgendwann in der mittleren Altsteinzeit eine Veränderung im Denken des Menschen eintrat und er Gräber anzulegen begann, bettete er seine Toten von Anfang an in bestimmten Stellungen zur Ruhe. Viele lagen mit gekreuzten Armen in ihren Gräbern – lange bevor dieser Brauch bei den Christen aufkam. Wo immer die Arme oder Beine rituell gekreuzt werden, hat man es mit einer schützenden Gebärde zu tun, die die Absicht verfolgt, etwas zurückzuhalten und zu bewahren. Die Gebärde, die in der Körpersprache den Wunsch ausdrückt, angesichts einer angedeuteten Drohung unversehrt zu bleiben, besteht immer darin, die Arme über der Brust zu kreuzen oder die Beine über den Knien übereinanderzuschlagen. Die Erzeugung der Energie, die nötig ist, um ein Gebet »abzusenden«, erfordert eine Haltung, bei der die Hände fest zusammengeschlossen sind. Rodins entrückter »Denker« bildet einen vollkommenen, produktiven Kreis, indem er sein Kinn auf eine Hand und den Ellbogen des betreffenden Arms auf ein Knie stützt. Immer wird ein Kreis, ein Stromkreis gebildet. Das scheint wichtig zu sein. Versuchen Sie nur einmal, ein kompliziertes Problem zu lösen, während sie mit gegrätschten Beinen und erhobenen Händen dastehen!

Es gibt einen guten physikalischen Grund für die Bildung von Kreisen. Die Elektronen eines elektrisch geladenen Körpers werden durch eine lineare Verbindung in den Boden abgeleitet, weil alles darauf abzielt, ein Gleichgewicht wiederherzustellen, und alle Potentialdifferenzen verschwinden, wenn man ihnen die Möglichkeit dazu gibt; instabile Unterschiede können jedoch erhalten werden, wenn der Stromkreis geschlossen wird und der Strom im Kreis fließen muß. Alle lebenden Organismen sind instabil geladene Körper. Burr stellte fest, daß er die Stärke ihrer Felder nur messen konnte, wenn er einen eigenen Stromkreis herstellte, indem er zwei empfindliche Elektroden verwendete, die an verschiedenen Punkten an den Körper angelegt und durch seinen Apparat und den Körper kurzgeschlossen waren. Das Leben produziert ständig Ladungen und verliert einen großen

Teil davon durch unvermeidliche und natürliche Erschöpfung, aber es kann wahrscheinlich ungewöhnlich hohe Potentialdifferenzen aufrechterhalten, indem es bei besonderem Bedarf Kreise herstellt; umgekehrt muß es aber auch imstande sein, ungewöhnlich niedrige Potentiale zu schaffen, indem es diese Kreise absichtlich unterbricht. Vielleicht kann es nur unter solchen abgeschwächten elektrischen Bedingungen geschehen, daß sich das zweite System vom ersten loslöst. Die Empfehlung einer Schale mit Wasser als Erdung würde sehr gut zu dieser Annahme passen.

Was die geistige Vorbereitung betrifft, so haben die empfohlenen Techniken viel mit denen gemein, die angewandt werden, um den Zustand der transzendentalen Meditation zu erreichen. Angeblich helfen Vorstellungen wie die, daß man eine Leiter hinaufsteigt, sich in Dampf auflöst, von einem Strudel verschlungen wird, durch eine Sanduhr rinnt oder sich von innen nach außen stülpt. Die ausführlichsten Anweisungen in dieser Hinsicht gibt Robert Monroe, ein erfolgreicher amerikanischer Geschäftsmann, der vor etwa fünfzehn Jahren zum erstenmal außerkörperliche Erlebnisse hatte und sie heute willentlich beherrscht und seinen Körper, wie es scheint, nach Belieben verlassen kann. Monroe schlägt vor, sich zunächst im Geiste nach irgendeinem Gegenstand zu strecken, von dem man weiß, daß er sich außerhalb der normalen Reichweite befindet. »Wenn Sie auf diese Weise ausgreifen und nichts fühlen, strecken Sie Ihre Hand noch ein Stück weiter vor. Schieben Sie sanft nach, so als streckten Sie Ihren ganzen Arm aus, bis Ihre Hand irgendeinen materiellen Gegenstand berührt . . . Wenn das geschehen ist, prüfen Sie mit Ihrem Tastsinn die physikalischen Einzelheiten des Gegenstandes. Tasten Sie nach Rissen, Kerben oder irgendwelchen anderen ungewöhnlichen Einzelheiten, die Sie später wiedererkennen können.« Wiederholte kurze Streifzüge dieser Art, die allmählich immer weiter ausgedehnt werden, sollen zuletzt zur vollständigen Verlagerung des ganzen zweiten Systems an einen Ort in einiger Entfernung vom reglosen Körper führen.

Charles Tart von der University of California beendete unlängst den Versuch einer physiologischen Studie Robert Monroes. Sie ist eine der wenigen, die je an einem Menschen vorgenommen wurden, der behauptete, seinen Körper nach Belieben verlassen zu können (184). Elektroenzephalographische Aufzeichnungen, die in diesem Zustand vorgenommen wurden, zeigen, daß Monroe weder träumte noch im eigentlichen Sinne wach war, daß er aber langsame Alphawellen produzierte, während sein Körper halb gelähmt war. Bei der Lektüre dieses Berichts erinnerte ich mich daran, daß russischen Forschungen zufolge eine synchronisierte Produktion von Alphawellen bei beiden Partnern eine notwendige Voraussetzung für den telepathischen Kontakt zwischen zwei Menschen ist (208). Die Projektion würde sicherlich eine Erklärung für viele der beobachteten Phänomene der Telepathie liefern. Tart hat nun begonnen, mit einer jungen Frau zu arbeiten, die ein etwas anderes Gehirnstrombild zeigt und sich nicht so leicht projizieren kann wie Monroe, immerhin aber schon imstande war, eine willkürlich gewählte, fünfstellige Zahl richtig zu lesen, die in einem angrenzenden Zimmer auf einem Regal oberhalb ihrer Augenhöhe angebracht war (264). Die Schwierigkeit zu entscheiden, ob es sich dabei um Telepathie, Hellsehen oder ein außerkörperliches Erlebnis handelt, läßt erkennen, wie nah verwandt alle diese Phänomene sind.

Die Anweisungen für die Projektion sind so ausführlich, daß es unmöglich ist, sie nicht praktisch zu erproben. Ich selbst habe eine Zeitlang versucht, alle obenerwähnten Vorschläge zu befolgen, und es ist mir auch gelungen, einige sehr angenehme und tief entspannte Kontemplationszustände zu erreichen, aber irgendeine Art von wirklicher Loslösung vom Körper konnte ich bisher nicht erleben. Das hat nichts zu sagen. Ich gebe bereitwillig zu, daß es mir an der nötigen Geschicklichkeit und Geduld fehlt. Wenn ich es das nächste Mal versuche, gelingt es mir vielleicht. Ich hoffe es, denn es ist etwas sehr Verlockendes an der Lehre von der astralen Projektion – nicht nur die Vorstellung von freier, ungehinderter Fortbewegung, sondern auch die wissenschaftliche Befriedigung, einen Schlüssel zu finden, der so viele bisher nur unklar beschriebene Türen öffnen könnte. Wenn Telepathie, Hellsehen, Psychokinese und Geistererscheinungen alle eine Erklärung finden könnten, die sich auf eine einzige Annahme stützt, so muß sich diese jedem Wissenschaftler empfehlen. Der Glaube an außerkörperliche Erlebnisse setzt nur einen einzigen Glaubensartikel voraus. Nämlich daß es in jedem von uns *zwei* gibt – ein körperliches System und ein anderes, und ferner, daß das zweite System gewöhnlich an den Körper gebunden ist, diesen aber unter bestimmten Umständen verlassen kann, so daß wir manchmal wirklich zur gleichen Zeit an zwei verschiedenen Orten sein können. Läßt man diese Annahme gelten, so findet man Erklärungen für eine große Anzahl anderer übersinnlicher Phänomene. Menschen mit der nötigen Übung in der Projektion behaupten, daß die Wirklichkeit des Körpers, den sie den astralen nennen, erwiesen sei, und daß sie jeder für sich demonstrieren könne. Meine einzige spontane Erfahrung damit macht mich geneigt anzunehmen, daß das stimmt, aber ich konnte die Wirklichkeit des zweiten Systems unter kontrollierten Versuchsbedingungen und über jeden berechtigten Zweifel hinaus nicht beweisen (und finde keine Hinweise darauf, daß ein anderer dazu imstande gewesen wäre). Das Beste, was wir gegenwärtig sagen können, ist, daß es in der Biologie nichts gibt, was eine Alternative zu unserem Körper ausschließen würde. Tatsächlich gibt es in den Naturwissenschaften vieles, was diese Hypothese sehr kräftig unterstützt. Das Lebensfeld erfüllt nicht alle Bedingungen des traditionellen Astralleibes, da es mit dem absoluten Tod erlischt, während Astralleiber der Definition nach für völlig unabhängig vom körperlichen System gehalten werden. Was das Lebensfeld jedoch bieten kann, ist eine faßbare Einführung in dieses schwierige, unstoffliche Gebiet.

Der bedenklichste Aspekt der Astralkörperlehre ist gerade dieser Glaube, daß das zweite System nach dem Tode und sogar nach der Verwesung des Körpers fortbesteht. Die einzigen bisher erhältlichen empirischen Beweise sind einer Reihe von Tests zu entnehmen, die vor Jahren von drei unabhängig voneinander arbeitenden Medizinern in England und Holland durchgeführt wurden. Dr. R. A. Watters versuchte, die im Augenblick des Todes austretenden Astralkörper von Mäusen, Hühnern und Fröschen zu fotografieren (42). Er baute besondere Vakuumkammern und andere, die mit Wasserdampf und Öl gefüllt waren, und es gelang ihm, Bilder von wolkenähnlichen Massen zu bekommen, die über den Körpern der Tiere schwebten, aber alle diese Formen hätten ebenso leicht auch mit normalen physikalischen Mitteln hervorgebracht werden können. In Den Haag wog Dr. Zaalberg van Zelst sterbende Patienten und behauptete, im Augenblick des klinischen Todes trete ein plötzlicher Gewichtsverlust von genau 69,5 Gramm ein (191). Ähnliche Tests, die Dr. Duncan McDougall in England vornahm, ergaben das genaue Äquivalent von 23/7 *ounces,* aber wenn man weiß, wie groß die Meinungsverschiedenheiten in bezug auf die Bestimmung des präzisen Augenblicks des klinischen Todes sind, fällt es einem schwer, die Ergebnisse dieser Experimente für bare Münze zu nehmen. Sie sollten unter sorgfältiger überwachten Bedingungen wiederholt werden, denn eine Korrelation zwischen einem eindeutigen Gewichtsverlust und einem klar erkennbaren Ereignis wie dem Verlöschen der Gehirnströme wäre faszinierend.

Viele in Anekdotenform berichtete Beobachtungen wurden an Sterbebetten gemacht, und niemand wird überrascht sein, wenn er erfährt, daß dabei von geisterhaften Wolken und Gestalten die Rede ist, die über dem Verstorbenen schweben, aber man findet in vielen Berichten eine erstaunliche Übereinstimmung der Einzelheiten. Der Nebel verläßt den Körper immer am Kopfende, sehr oft in Form einer fließenden Spirale, und nimmt dann eine erkennbare Körpergestalt an, die in einer Höhe von etwa 60 cm über dem Leichnam schwebt, bevor sie sich auflöst (53). Berufsmäßige Hellseher sprechen ebenfalls von »Energiespiralen«, die den Körper eines soeben Verstorbenen verlassen. In einem militärischen Laboratorium für physiologische Forschungen in Leningrad wurde ein Instrument ähnlich denen, mit deren Hilfe man magnetische Felder im Weltraum entdeckt, für die Messung der Burrschen Lebensfelder umgebaut (236). Es kann das Feld noch in einer Entfernung von vier Metern vom lebenden Körper messen und nimmt noch Ausstrahlungen von einem klinisch toten menschlichen Körper auf, dessen Gehirnströme und Herzschläge bereits ausgesetzt haben. In einem Falle war die Ausstrahlung nach dem klinischen Tod stärker als alle an normalen lebenden Körpern gemessenen mit Ausnahme der eines Menschen, der gerade Psychokinese demonstrierte.

Im biologischen Sinne ist ein klinisch toter Körper allerdings auch noch sehr lebendig. Er würde sonst nicht verwesen. Der

Körper hat noch einen Stoffwechsel und gibt Wärme ab; es ist daher nicht einzusehen, warum er nicht ein meßbares Feld beibehalten sollte, solange noch irgendwelche biochemische Vorgänge in ihm stattfinden, obwohl anzunehmen ist, daß dieses Feld seine Natur ändern wird. Besteht die Möglichkeit, daß ein zusammenhängendes Feld weiterexistieren kann, nachdem sich die Ansammlung von Materie, die es hervorbrachte, aufgelöst hat? Es könnte der Fall sein.

Burr kam zu dem Schluß, daß das Lebensfeld den Organismus, zu dem es gehört, bestimmt und zugleich von ihm bestimmt wird. Diese Wechselwirkung läßt sich gut mit der neuen Quantenmechanik vereinen. Solange man nur wußte, daß Vorgänge in der Materie Wellen erzeugen und ein Feld schaffen, war es unmöglich, sich ein Wellensystem vorzustellen, das weiterexistieren könnte, wenn die Materie, die es bildete, verschwunden ist. Jetzt wissen wir, daß die Materie, die es bildete, verschwunden ist. Jetzt wissen wir, daß die Materie selbst wellenähnlich sein kann, und damit existiert das Problem nicht mehr. Mein Verständnis der Materietheorie ist rudimentär, aber zumindest scheint mir klar zu sein, daß die Physiker keine theoretischen Einwände gegen die Existenz von Materiewellen im freien Raum haben. Wir haben absolut keine Beweise dafür, daß dies die Art und Weise ist, in der ein Energiekörper oder eine Persönlichkeit in Abwesenheit des physischen Gegenstücks nach dem Tode weiterlebt, aber es ist wichtig festzuhalten, daß es möglich wäre.

Das ungreifbare zweite System hat eine Parallele in der »Königinsubstanz« der Honigbiene. Wenn sie in einem Stock zirkuliert, geht die ganze komplexe Gemeinschaft ihrer kollektiven Beschäftigung nach, aber innerhalb weniger Minuten nach ihrem Verschwinden verliert der integrierte Organismus seine Führung und wird zu einem desorganisierten Idioten. Er hört auf, als Organismus zu existieren, aber die Substanz, die die Einheit bewirkte, kann in einer Flasche weggetragen und unversehrt erhalten werden. Zuletzt wird auch sie zerfallen, so wie meiner Ansicht nach auch der Energiekörper mit der Zeit zerfällt. Das ist eine reine Mutmaßung meinerseits, aber es erscheint mir biologisch gesehen sinnvoll anzunehmen, daß die Zeit des zweiten Systems ebenso begrenzt ist wie die des ersten. Es bleibt nach dem klinischen und dem absoluten Tod noch eine Weile beim somatischen System, aber schließlich verläßt es dieses, und in diesem Augenblick verliert die Materie das Leben und wird *goth*. Es wäre möglich, daß das zweite System auch dann noch eine Weile relativ unversehrt weiterbesteht, aber ich vermute, daß es langsam auch schwächer wird und schließlich seine einzigartige Struktur verliert. Physikalisch und biologisch sehe ich keinen Grund, warum, und keine Möglichkeit, wie das alternative System unbegrenzt weiterleben könnte. Ich führe das nicht als Argument gegen die Unsterblichkeit an; es kann noch andere Systeme geben, die als Träger des Geistes weiterleben, lange nachdem die beiden, die ich hier betrachtet habe, vergangen sind. Ich glaube aber, daß das zweite System oder die ätherische Substanz oder der Astralleib, das Energie-Double, das Fluidum oder wie immer man es nennen will, zuletzt ebenfalls den Weg allen Fleisches gehen muß.

Es scheint, daß die Persönlichkeit, ungeachtet der Tatsache, daß sie weitgehend durch biologische Vorgänge determiniert wird, eine gewisse Unabhängigkeit besitzt. Das zeigt sich hauptsächlich in den Träumen, die offenbar als Kanäle für die Organisation von Erinnerungen in einem Bereich dienen, dessen genaue Lage erst noch festgestellt werden muß und der ebensowohl auch außerhalb des Körpers liegen kann.

Die Natur der transzendentalen Erfahrung und der Erfolg von Praktiken wie der Akupunktur bestätigen die mystische Überlieferung von einem Dualismus im Körper. Es gibt keine unwiderlegbaren wissenschaftlichen Beweise für ein Alternativsystem zu dem bekannten körperlichen, aber die Entdeckung von Lebensfeldern zeigt, daß wir noch lange nicht alle Möglichkeiten erforscht haben.

Das allgemeine Auftreten und die Übereinstimmung außerkörperlicher Erlebnisse legen die Annahme nahe, daß die räumliche Trennung sehr gut möglich sein könnte. Es gibt in der Biologie nichts, was diese Möglichkeit ausschließt, und vieles, was durch die Existenz eines verhältnismäßig unabhängigen zweiten Systems einfach und logisch erklärt werden könnte.

Wir wissen, daß die Dissoziation zwischen Körper und Gehirn

170

häufig vorkommt, und es scheint keinen gültigen Grund dafür zu geben, diesem Vorgang zeitliche oder räumliche Grenzen zu setzen. Die Techniken, die zur Loslösung durch bewußte Beherrschung führen, schaffen Bedingungen, die sehr stark denen ähneln, die in der Narkose, in der Bewußtlosigkeit und beim Sterben spontan auftreten. Wenn die Trennung beim lebenden Organismus vollzogen werden kann – und vieles weist darauf hin, daß dies der Fall ist –, können wir nicht leugnen, daß sie auch bei einem Organismus möglich ist, der sich in dem auf den klinischen Tod folgenden ambivalenten Zustand befindet.

Biologisch gesehen hat das Individuum die Möglichkeit, in irgendeiner Form und wenigstens für eine kleine Weile den Tod zu überleben.

Teil III

Die Seele

Im zweiten Band seiner Autobiographie berichtet Arthur Koestler von seiner Gefangenschaft in Spanien, nachdem er von Francotruppen zum Tode verurteilt worden war (150). Während der Einzelhaft hatte er ein visionäres Erlebnis, bei dem er das Gefühl hatte, daß »das Ich zu existieren aufgehört hatte«. Und er fährt fort, es sei »außerordentlich peinlich, einen solchen Satz niederzuschreiben, wenn man *The Meaning of Meaning* gelesen und am logischen Positivismus geknabbert hat und nach dem präzisen Ausdruck strebt und nebulöse Schwärmereien verabscheut«. Wie alle anderen, die Erlebnisse dieser Art hatten, findet er es unmöglich, mit Worten auszudrücken, was geschehen ist, ohne es dadurch zu entwerten. Rosalind Heywood meint, daß alle Versuche, »das Nichtmitteilbare mitzuteilen«, zum Scheitern verurteilt seien, »weil unsere Sinne mit vollkommen neuen Arten von Information nicht fertig werden« (115). Als Darwins »Beagle« in den Kanälen zwischen ihren Inseln erschien, bemerkten die Feuerländer sie nicht einmal, weil ihre Vorstellungskraft ein so großes Schiff einfach nicht zu fassen vermochte.

Der Anthropologe Edmund Carpenter glaubt, daß wir in einer sensoriellen Umgebung leben, die eine völlig andere ist als die des Menschen, der noch nicht lesen und schreiben konnte, und zwar allein aus dem Grunde, weil wir lesen gelernt haben (41). Er sagt, »bei dem Wechsel vom Sprechen zum Schreiben gab der Mensch ein Ohr für ein Auge auf und verlagerte sein Interesse vom Geistigen zum Räumlichen, von der Verehrung zum Nachschlagen«. Alle inneren Zustände werden heute als äußere Wahrnehmung beschrieben. Wir sagen »danach« (räumlich: danach) und nicht, was logischer wäre, »dann-nach«, und wir sagen »vor« (an sich ein räumlicher Hinweis), wenn wir »früher als« meinen.

Die Vielfalt unserer Sinne wurde einem einzigen, dem Gesichtssinn, untergeordnet. Ihm allein trauen wir heute, und von jeder Wahrheit erwarten wir, daß sie dem entspricht, was wir sehen, beobachten können. »Ich komme aus Missouri«, sagte Harry Truman. »Mir müssen Sie das *zeigen*.« Wir sagen: »Sehen heißt glauben« und: »Ich würde es nicht glauben, wenn ich es nicht mit eigenen Augen gesehen hätte.« Aber es scheint unserer Aufmerksamkeit entgangen zu sein, daß diese Überbetonung einer einzigen Sinneserfahrung ebensogut auch bedeuten kann: »Ich würde es nicht gesehen haben, wenn ich es nicht geglaubt hätte.«

Das Auge ist ein ungewöhnliches Organ. Es isoliert besondere Dinge und löst sie aus einer Gesamtsituation heraus. Kindern, die ohne Arme und Beine geboren werden, fällt es außerordentlich schwer, räumlich zu sehen, das heißt die Tiefe des Raumes wahrzunehmen. Wir entdecken Tiefe und Perspektive durch Berührung und Erfahrung und verbinden dann diese Empfindungen mit dem Sehen. Die Dinge sind in unsere geistigen Computer so einprogrammiert, daß sie in Zukunft für uns sinnvoll sind, und zwar allein auf Grund unserer Erfahrungen mit diesen Dingen in der Vergangenheit. Ein Pygmäe aus den dichten Wäldern des Ituri, wo man nie sehr weit sehen kann, wundert sich über die winzige Antilope, die er in der Ferne sieht, wenn er zum erstenmal in die offene Ebene gebracht wird. In dem ewigen Dämmerlicht des Waldes ist Hören wichtiger als Sehen, und die Erfahrung des Pygmäen wird von einem anderen Sinnesleben als dem unseren bestimmt. Er hat eine eigene Wirklichkeit für sich. Das Sehen hat eine natürliche Neigung dazu, die Dinge loszulösen und ihren genauen Ort festzustellen. Wir visuellen Geschöpfe hören sogar mit unseren Augen. Wir horchen *auf* die Musik, während der alle Sinne gebrauchende Pygmäe *mit* ihr verschmilzt. Das Ohr nimmt aus allen Richtungen zugleich Information auf, daher können sich Menschen, die sich besser auf das Hören verstehen als wir, leichter in ihre Umwelt einhüllen.

Wir haben allein dadurch, daß wir viel lesen – was die Inanspruchnahme eines einzigen Sinnes auf eine noch dazu sehr eng begrenzte Weise bedeutet – die harmonische Orchestrierung unserer Sinne zerstört. Wir haben uns auf eine Weise programmiert, die es uns unmöglich macht, auf irgend etwas zu reagieren, was nicht entsprechend beschaffen ist. Ein Astronaut, der sich einer völlig neuen, sehr sonderbaren Lebensform gegenübersähe, wäre vielleicht gar nicht imstande, sie zu erkennen. Wir lösen alle unsere die Wahrnehmung betreffenden Probleme in einem geistigen Computer, der sowohl durch evolutionäre Konditionierung als auch durch unsere eigene Welterfahrung programmiert wurde. Dieses alte Programm könnte sich als unzulänglich herausstellen, wenn es darum ginge, ein neues, durch eine völlig andere Art von Sinneserfahrung gestelltes Problem zu lösen.

Unter der Diktatur des Auges wird die gesamte Information in einen visuellen Code übersetzt. Von inneren Erlebnissen wird erwartet, daß sie äußeren Wahrnehmungen entsprechen. Tun sie das nicht, so werden sie als Halluzinationen abgewiesen. Was nicht deutlich gesehen werden kann, ist nicht sinnlich erfaßt worden und daher Un-sinn. Die Wissenschaft besteht darauf zu *sehen*, wie etwas funktioniert, sie verlangt »Beobachtungen« – visuelle Erlebnisse, die in den Code verbaler Berichte übertragen wurden. Aber was fangen wir mit Erlebnissen und Empfindungen an, die nicht ohne weiteres visuell beschrieben und nicht verbal klassifiziert werden können?

Man stelle sich einen Jungen vor, der im Morgengrauen aufsteht und aus dem Haus geht, um im taufeuchten Gras Kaninchen aufzustöbern. Er riecht die feuchte Ausdünstung frischer, knochenweißer Champignons, er schmeckt den Flaum kühler, vom Weinstock gepflückter Trauben, er trifft zwei seiner besten Freunde und läuft mit ihnen schreiend einen Hügel hinunter, um in einem Fluß zu schwimmen, dessen Wasser noch milchig ist von dem geschmolzenen Schnee aus den Bergen, er liegt, um sich zu trocknen, auf der rauhen Rinde eines alten Baumstamms in der Sonne und horcht auf das Geläut einer fernen Glocke. Dann kommt er nach Hause, und seine Mutter möchte wissen, wo er war. »Draußen«, lautet die Antwort. Und was hat er getan? »Nichts.« Zu einer befriedigenden Antwort gezwungen, sagt er vielleicht, er sei »schwimmen« gewesen, aber diese Antwort kann nur die Mutter gelten lassen. Er selbst weiß, wie unzulänglich Worte sind, um ein totales, alle Sinne betreffendes Erlebnis zu beschreiben.

Bei unseren Versuchen, ungewöhnliche Erlebnisse zu bewältigen, stoßen wir auf die gleiche Schwierigkeit. Wir nennen sie »visionär« und betonen damit wieder den Gesichtssinn, obwohl das betreffende Erlebnis möglicherweise überhaupt nichts mit dem Sehen zu tun hatte. Wir brauchen eine neue Methode, neue Einstellungen und ein völlig neues Vokabular, aber wir haben nichts von alledem.

Das bedrückt mich. Ich habe lange genug innerhalb der wissenschaftlichen Disziplin gearbeitet, um ihre Grenzen zu kennen, aber ich glaube immer noch, daß ihre Methode einen gewissen Wert hat. Ich meine, daß bedeutungsvolle Antworten durch die völlig unwissenschaftliche Behandlung von Problemen wie Leben und Tod gefunden werden können, aber ich glaube, daß jede brauchbare Lösung, die einer großen Anzahl von Mitgliedern unserer Gesellschaft etwas bedeuten kann, mehr oder weniger fest in der geltenden wissenschaftlichen Tradition wurzeln muß. Die strenge Wissenschaft der Physik hat die Barriere der Maße und Gewichte durchbrochen und ist in die magische Welt der »Schwarzen Körper« und der Antimaterie eingedrungen. Ich glaube, daß die Biologie den gleichen Weg eingeschlagen hat.

Ich will in diesem dritten und letzten Teil mit den neuen Entdeckungen beginnen, die, wie ich glaube, auf diesem Wege weiterführen, und mit der Schilderung eines Phänomens enden, das uns, obwohl es uns noch schwindeln macht, meiner Ansicht nach die erste klare Anschauung von einigen der verborgenen Wirklichkeiten von Leben und Tod vermittelt.

178

7. *Kapitel*
Weiterleben ohne Körper

Am Morgen des 21. September 1774 bereitete sich Alfonso de Liguori darauf vor, im Gefängnis von Arezzo die Messe zu lesen, als er plötzlich in einen tiefen Schlaf versank (192). Zwei Stunden später erwachte er wieder und verkündete, er sei soeben aus Rom zurückgekehrt, wo er gesehen habe, wie Papst Clemens XIV. starb. Man hielt das zuerst für einen Traum und dann, als vier Tage später die Nachricht vom Tode des Papstes eintraf, für Zufall. Dann entdeckte man jedoch, daß alle, die um das Bett des sterbenden Papstes versammelt gewesen waren, Alfonso, der die Sterbegebete geleitet hatte, nicht nur gesehen, sondern daß sie sogar mit ihm gesprochen hatten.

Im Jahre 1921 starb in North Carolina ein gewisser James Chaffin. Er hinterließ seinen gesamten Besitz einem seiner vier Söhne, der ein Jahr später seinerseits – ohne Testament – starb (233). Im Jahre 1925 wurde der zweite Sohn von seinem toten Vater besucht, der einen schwarzen Überzieher trug und zu ihm sagte: »Du findest mein Testament in der Tasche meines Überziehers.« Als man den echten Überzieher des Verstorbenen durchsuchte, fand man in das Futter eingenäht ein Papierröllchen, das die Anweisung enthielt, in der Familienbibel das 27. Kapitel der Genesis zu lesen. In die betreffenden Seiten eingelegt war ein Testament, das nach dem ersten gemacht worden war und den Besitz gleichmäßig auf alle vier Söhne aufteilte.

Die erste dieser beiden Geschichten handelt von einem Mann, der sich offenbar nicht nur an einen fernen Ort zu projizieren vermochte, sondern dort sogar von anderen gesehen wurde. Die zweite erzählt von einem Mann, der ebenfalls in einiger Entfernung von seinem Körper gesehen wurde, in diesem Falle aber vier Jahre nach seinem Tode. Der Bericht von einer Begegnung mit einem Mann, von dem man wußte, daß er tot war, stellt an

179

sich noch keinen Beweis für das Weiterleben nach dem Tode dar, aber wenn umherwandelnde und sprechende Erscheinungen der Lebenden auf eine bewußte Projektion seitens der betreffenden Person zurückgeführt werden können, besteht die Möglichkeit, daß Erscheinungen von Toten auf die gleiche Weise zustande-kommen. Mit anderen Worten: Hinter jedem Geist steht viel-leicht jemand, der ihn bewußt projiziert. Das wäre ein echtes Weiterleben, aber Dinge dieser Art scheinen sich unmöglich beweisen zu lassen.

Das Beweismaterial zugunsten des Weiterlebens nach dem Tode ist nicht eben überwältigend. Selbst wenn wir annehmen, daß es aus biologischen Gründen nur träumenden Organismen (das heißt praktisch nur den Säugetieren) möglich ist, so bleibt uns immer noch ein ungeheures Reservoir von potentiell Weiter-lebenden, das mehr als 150 Millionen Jahre in die Vergangenheit zurückreicht. Es ist aber wohl gewiß, daß die überwiegende Mehrheit der toten Mäuse und Menschen keine Geschichten mehr erzählt und verschwunden ist, ohne Spuren zu hinterlassen.

Wir können diesen relativ großen Mangel an Information mit vier hauptsächlichen philosophischen Gründen erklären (26). Entweder hatten diese Organismen nie zweite Systeme, oder diese sind immer schwächer geworden, bis sie schließlich zu existieren aufhörten; oder sie haben sich anderswohin begeben; oder sie sind hier auf unserer Erde in lebenden Organismen wiederverkörpert. All das sind vernünftige Erklärungen, und sie bilden auch die Grundlage der wichtigsten Glaubenslehren der Welt, aber es gibt mindestens noch eine weitere Möglichkeit. Die körperlosen Toten könnten in großer Zahl um uns her versam-melt sein – in irgendeiner Form, die zu erkennen wir außerstande sind.

Es ist nicht leicht, das Unbekannte, das Namenlose zu erleben. Manche Menschen behaupten, die Toten sehen zu können; daher sagen wir, sie hätten eine übersinnliche Veranlagung, und wir betrachten sie ein wenig mißtrauisch, aber vielleicht können sie die Toten wirklich sehen. Jede sinnliche Erfahrung ist zum Teil Geschicklichkeit, und Geschicklichkeit kann erlernt werden. Wilfred Thesiger erzählt in einem seiner großartigen Bücher über die Wüste von einem alten weißbärtigen Beduinen, der vom

Kamel stieg, um eine verwischte Spur im Sand zu untersuchen. Er zerrieb ein wenig Kameldung zwischen den Fingern und sagte: »Es waren Awamir. Sechs waren es. Sie haben die Junuba an der Südküste überfallen und ihnen drei Kamele weggenommen. Sie sind aus Sahma gekommen und haben die Tiere in Maghshin getränkt. Sie sind vor zehn Tagen hier durchgekommen« (265).

Geschickte Fährtensucher sind darin geübt, Dinge zu sehen, die andere nicht bemerken. Die Unzulänglichkeit liegt hier nicht an den Sinnesorganen, sondern am Computerprogramm. Die menschlichen Sinnesempfindungen umfassen einen weiteren Bereich, als es manchmal den Anschein hat. Es gibt Menschen mit besonderen Begabungen, die Töne hören, die für andere bereits Ultraschall sind, oder Wellen sehen, die normalerweise unsichtbar sind, und wir alle können diese Sensibilität üben. Infrarote Lichtwellen, zum Beispiel, übersteigen die Kapazität der zapfenförmigen Zellen unserer Netzhaut, aber sie liegen vielleicht eben noch im Bereich der stäbchenförmigen Zellen, die sich an den Rändern der Retina drängen. Im Volksglauben heißt es seit jeher, man dürfe Feen und andere Naturgeister niemals gerade anblicken, da sie sonst erschrocken fliehen. Vielleicht gehen um uns her ständig Dinge vor, die wir zu sehen lernen könnten, indem wir sie einfach nur aus den Augenwinkeln beobachten.

Eine der ältesten und zählebigsten okkulten Vorstellungen ist die, daß alle Körper von einer Energiehülle oder »Aura« umgeben seien. Sie wird als eine farbige Ausstrahlung beschrieben, die ungefähr die gleiche Form annimmt wie der Körper und sich normalerweise einen Zentimeter bis einen Meter über ihn hinaus erstreckt. Die Aura des Buddha soll eine ganze Stadt eingehüllt haben. Manche Menschen sehen diesen Dunst ohne Schwierigkeiten und waren dazu schon als Kinder imstande. Andere können möglicherweise geschult werden, ihn zu sehen, und zwar durch einen »Sensibilisierungsprozeß«, bei dem sie zuerst durch Glasbehälter schauen, die mit der Lösung einer Kohlenteerfarbe gefüllt sind, aber die meisten von uns brauchen eine mehr mechanische Hilfe (9).

Gegen Ende des 19. Jahrhunderts erfand der geniale Kroate Nikola Tesla eine Transformatorspule, mit der nicht nur hochfrequente Wechselströme mit hoher Spannung erzeugt werden konnten, sondern die auch Funken aus allen Teilen des menschlichen Körpers zog. Im Jahre 1909 verwendete ein französischer Physiologe ein ähnliches Gerät, um eine elektrische Aura aufzuzeichnen und ein Bild herzustellen, auf dem seine Hand im Dunkeln glühte, als wäre sie mit leuchtenden Eisenfeilspänen bedeckt. Dreißig Jahre später veröffentlichten zwei tschechische Wissenschaftler die ersten »Elektrographien«, die Blätter mit einer leuchtenden Korona aus einer nicht identifizierten elektromagnetischen Ausstrahlung zeigten. In demselben Jahr 1939 machten unabhängig davon ein russischer Elektriker und seine Frau eine ähnliche Entdeckung. Semjon und Valentina Kirlian bauten ein Gerät, das im wesentlichen aus zwei wie ein Sandwich zusammengesetzten Kondensatoren besteht und ein Hochfrequenzfeld erzeugt (147). Der Untertitel ihrer ersten größeren Veröffentlichung über das Gerät beschreibt genau, was sie damit machten: »Eine Methode zur Umwandlung nichtelektrischer Eigenschaften des zu fotografierenden Gegenstandes in elektrische ... mit direkter Übertragung der Ladungen vom Gegenstand auf die fotografische Platte.«

In den letzten dreißig Jahren fotografierten die Kirlians eine ganze Galaxis von Mustern, die von Blättern, Früchten, ganzen Pflanzen, kleinen Tieren und allen Teilen des menschlichen Körpers ausgestrahlt wurden. Diese leuchtenden Hieroglyphen sind Schäfte, Strahlen, flackernde Lichter, Streifen, Kronen oder Kugeln, himmelblau, lila oder gelb, hell oder verblaßt; sie glühen stetig, blinken oder flammen von Zeit zu Zeit auf, sie bleiben an einer Stelle oder bewegen sich. Die letzten Filme aus Rußland zeigen deutlich, daß sich diese Bilder ständig verändern, offenbar in Übereinstimmung mit dem Gesundheitszustand und der Gemütsverfassung des fotografierten Lebewesens – und daß alle Veränderungen der Aura um den Körper herum von der Art sind, wie sie schon seit langem von sensiblen Menschen beschrieben wird, die sie mit eigenen Augen sehen können (268).

Diese Muster ähneln in mancher Hinsicht dem Plasma, das bei Beobachtungen der Sonne gesehen werden kann. Daher sind die sowjetischen Wissenschaftler dazu übergegangen, die Aura einen biologischen Plasmakörper oder Bioplasma zu nennen (129). Ein Plasma ist ein Gas, in dem alle Elektronen von den Atomkernen getrennt wurden. Das geschieht normalerweise nur bei sehr hohen Temperaturen in thermonuklearen Reaktionen, aber es gibt Berichte, wonach Elektronen auf ähnliche Weise von einem Körper bei der üblichen Temperatur belebter Materie abgestrahlt werden können (1).

Thelma Moss und Ken Johnson an der University of California bauten einen eigenen Hochspannungs- und Hochfrequenzapparat, mit dem sie ähnliche Aufnahmen machten wie die Russen (187). Sie ziehen es vor, ihr Verfahren »Strahlungsfeldfotografie« zu nennen, und betonen, daß Änderungen der Frequenz, der Spannung und der Belichtungszeit auffällig unterschiedliche Ergebnisse zur Folge haben. Wird aber stets unter den gleichen Bedingungen fotografiert, so können alle sichtbaren Unterschiede nur von der fotografierten Person verursacht werden. Sie haben nun über 500 Menschen fotografiert und festgestellt, daß jeder ein einzigartiges und wiedererkennbares Grundmuster hat, das sich von Tag zu Tag und von Stimmung zu Stimmung leicht verändert. Manche Speisen und Getränke rufen rasche Veränderungen hervor. Auf zwei Bildern, die im Abstand von wenigen Minuten aufgenommen wurden, erscheint eine Fingerspitze zuerst als ein schwarzer Fleck, der von einem schmalen leuchtenden Ring umgeben ist, so daß man an eine Aufnahme von einer totalen Sonnenfinsternis erinnert wird, aber nachdem die Versuchsperson ein wenig Alkohol getrunken hat, ist sie plötzlich »erleuchtet«, und das zweite Foto zeigt einen breiten, strahlend weißen Hof um eine Fingerbeere herum, auf der alle Rillen hell hervortreten. Moss erklärt dazu, daß dies ein echter Strahlungseffekt ist, der nichts mit steigender Körpertemperatur zu tun hat und in keiner Beziehung zur Verengung oder Erweiterung der Blutgefäße steht.

Moss und Johnson zeigten, daß Marihuana beinahe immer eine Zunahme der Helligkeit der Korona bewirkt, wie sie sonst nach körperlicher Anstrengung auftritt. Sie fotografierten auch Menschen in entspannter Verfassung und stellten fest, daß sie eine Veränderung der Helligkeit hervorrufen konnten, wenn sie Joga-Atemübungen machten oder sich in transzendentale Meditation versenkten. Auffällige Veränderungen der Korona waren auch vor und nach einer Akupunkturbehandlung festzustellen, aber es konnte keinerlei Reaktion beobachtet werden, wenn die Nadeln rein willkürlich gesteckt wurden. Bei der Verwendung eines optischen Gerätes, das es den Versuchspersonen ermöglichte, ihre eigene Korona zu sehen, zeigte es sich, daß dieses Feedbacktraining sie in die Lage versetzte, das Leuchten unter bewußte Kontrolle zu bringen. Die Tatsache, daß Emotionen viel mit der Ausstrahlung zu tun haben, wurde sehr schön demonstriert durch die rein zufällige Entdeckung, daß eine attraktive Fotografin bei allen männlichen Versuchspersonen hellere Koronas als üblich erhielt.

Vielleicht die interessantesten Entdeckungen dieser einfallsreichen Testreihe waren diejenigen, die zeigten, daß die bei der Hervorbringung der Bilder beteiligte Energie unter bestimmten Umständen von einer Person auf eine andere übertragen werden konnte. Als eine Versuchsperson in Hypnose versetzt wurde, nahm die Helligkeit ihrer Korona zu, während eine gleichzeitig hergestellte Serie von Aufnahmen des Hypnotiseurs zeigte, daß seine Korona schwächer wurde. Damit wurde zum allererstenmal demonstriert, daß Hypnose nicht nur etwas ist, was in einem selbst geschieht, sondern daß der Hypnotiseur einen sichtbaren Beitrag leistet.

Douglas Dean am Newark College of Engineering baute einen Fotoapparat mit einer großen Kupferplatte, die pulsierende Rechteckwellen von 40 000 Volt entwickelt. Mit diesem machte er die beiden aufregendsten Aufnahmen, die bisher auf diesem Gebiet entstanden (180). Als Ethel DeLoach ihre Fingerspitze auf diese Platte drückte, wurde ein lilafarbenes Netz aus feinen Fäden sichtbar, die etwa einen Zentimeter weit von der Fingerspitze ausstrahlten, und zwar in einem Muster, das denen ähnelte, die auch alle anderen bisher auf diese Weise getesteten Personen hervorbrachten, aber Mrs. DeLoach ist kein Durchschnittsmensch. Sie genießt großes Ansehen als Heilerin; daher wurde sie vor der nächsten Aufnahme gebeten, ihre freie Hand auf den Arm einer Freundin zu legen und zu versuchen, eine Talggeschwulst zu heilen, die als Klumpen unter der Haut lag. Sie konzentrierte sich auf diese Aufgabe des Heilens, und genau zweieinhalb Minuten später wurde eine zweite Aufnahme von ihrem Finger gemacht, der noch an derselben Stelle auf der

Kupferplatte lag. Dieses Bild ist erstaunlich. Es zeigt die schwarze Fingerbeere umgeben von der gleichen Masse feiner lila Fäden, die diesmal zweimal so weit und in gerader Linie ausstrahlen, aber um die Fingerspitze herum ist eine neue Erscheinung zu sehen: eine leuchtende orangefarbene Flammenkrone wie die Gasstrahlen in einem Hochofen. Hier haben wir einen großartigen Beweis für etwas, was offenbar eine bewußte Energieübertragung vom Heiler auf den Patienten ist, und um das Bild zu vervollständigen, berichtet Dean noch, daß die lästige Geschwulst am nächsten Tag völlig verschwunden war.

Als die Arbeit der Kirlians zum erstenmal Wissenschaftlern im Westen bekannt wurde, verursachte sie beträchtliches Aufsehen. Sie rief aber auch eine große Anzahl von Skeptikern auf den Plan, denn den Apparat selbst umgab ein Geheimnis. In den letzten Jahren gelang es Moss, Dean und einigen anderen, ähnliche Resultate zu erzielen, aber die Skeptiker müssen erst noch davon überzeugt werden, daß die Beobachtungen direkt Energieveränderungen im lebenden System betreffen und nicht nur zufällige Schwankungen sind, die auf eine unzulängliche Versuchstechnik zurückgehen. Es gibt noch eine dritte Erklärung, die vielleicht beiden Parteien annehmbar erscheinen wird. Es wäre möglich, daß die Bilder der »Kirlian-Aura« durch einfache Korona-Entladungsphänomene zustandekommen, wobei diese aber direkt beeinflußt werden von Veränderungen in der Chemie, dem elektrostatischen Potential, den Charakteristika der Elektronenemission oder den diëlektrischen Eigenschaften der Haut. Wie immer die Debatte ausgehen wird: es scheint nunmehr bereits unvernünftig zu sein, daran zu zweifeln, daß der lebende Körper eine Energie produziert oder jedenfalls mit einer Energie assoziiert ist, die durch hochfrequente elektrische Entladungen sichtbar gemacht werden kann.

Um was für eine Energie es sich dabei handelt, ist noch nicht klar. Wir wissen, daß der Körper Wärmeenergie produziert, was durch thermographische Techniken anschaulich demonstriert werden kann, aber diese Energie ist nicht die Quelle der Aura. Jedesmal wenn sich eine Nervenzelle entlädt, während Impulse zum und vom Gehirn weitergeleitet werden, tritt ein meßbarer Unterschied im Potential auf, aber diesen Vorgang verstehen wir sehr gut, und auch um ihn handelt es sich allem Anschein nach nicht. Wenn diese Quellen kombiniert werden mit der in den Muskeln, den Blutgefäßen und dem Gehirn entstehenden Energie, rufen sie ein Strahlungsbild des Fingerabdrucks hervor, das für jede Spezies typisch ist; aber es gibt noch eine andere, bisher unbekannte Quelle, die der Korona die besonderen Charakteristika hinzufügt und innerhalb der Spezies für jedes Individuum ein typisches Muster ergibt.

William Tiller von der Stanford University glaubt, daß das bisher gesammelte Material bereits ausreicht, um zu beweisen, daß das körperliche System durch mindestens *ein* anderes ergänzt wird (269). Er nennt die Kombination das »menschliche Ensemble« und ist der Ansicht, daß die bisher vernünftigste Annäherung an eine Deutung dieses Komplexes die Jogaphilosophie der Sieben Prinzipien darstelle. Im Westen ist dieses Denksystem am besten durch die Theosophie bekannt geworden, eine Bewegung, die 1875 von der außergewöhnlichen Madame Blavatsky ins Leben gerufen wurde, deren esoterische Kenntnis der vedischen, buddhistischen und brahmanischen Literatur durch Annie Besant in populärwissenschaftlicher Form verbreitet wurde (215, 216).

Die erste Substanzebene ist die des bekannten körperlichen Systems, das sich im Einsteinschen Raum-Zeit-Rahmen bewegt, von dem wir bereits sehr viel wissen. Wenn wir den neuen Entdeckungen ihren richtigen Platz zuweisen wollen, so gehört hierher Burrs Lebensfeld mit allen seinen elektrischen Wirkungen. Die zweite Ebene ist die ätherische; sie wird angeblich von dem »ätherischen Double« bewohnt, das den Körper nicht verlassen kann und primär mit der Gesundheit und der Aufnahme und Verteilung des *prana* zu tun hat. Die *chakras* liegen offenbar ebenfalls auf dieser Ebene, und wenn auf ihr die Akupunktur wirkt, so gehört hierher auch der neue bioplasmische oder Energiekörper. Diese Ebene bildet eine Brücke zwischen der ersten oder physischen und der dritten oder astralen Ebene. Das ätherische Double verfällt und verschwindet der Überlieferung nach nicht lange nach der Auflösung des Körpers, was sich gut mit meiner Ansicht verträgt, daß wir einen biologischen Zustand zwischen dem klinischen Tod und dem, was ich *Goth* genannt

habe, postulieren müssen. Bei diesem Lebensmodell würden der
»Organisator« und das »zweite System«, von denen wir früher
sprachen, auf die erste und die zweite Ebene aufgeteilt werden,
da sie teils aus dem Lebensfeld und teils aus Bioplasma bestehen.
Der absolute Tod stellt das Ende der ersten Ebene und die
Zerstörung des Feldes dar, aber etwas von dem Grundmuster
und vielleicht auch etwas von der Erinnerung und der Persönlichkeit lebt als Bioplasma im ätherischen Double weiter, bis auch
dieses einige Zeit nach dem Eintritt des *Goth*-Zustandes verschwindet.

Auf der dritten Ebene befindet sich der »Astralleib«, der
angeblich nicht viel mehr ist als der Träger des Geistes (den wir
auf den nächsten drei Ebenen finden) und der Geistseele (die auf
der siebenten Ebene existiert). Die Ebenen vier bis sieben brauchen uns hier nicht zu interessieren, denn es wird noch sehr lange
dauern, bis die Wissenschaft beginnen kann, sie in der Weise zu
erforschen, in der sie nun auf den Ebenen zwei und drei Fuß zu
fassen scheint. Der Astralbereich auf der dritten Ebene ist ebenfalls schwer zu erfassen, aber es ist erregend, ihn zu erforschen,
denn in ihm muß das Leben in irgendeiner Form Zuflucht
suchen, wenn es den Tod und *Goth* längere Zeit überdauern will.
Das Beweismaterial, das wir bis jetzt über die Loslösung vom
Körper und die sogenannten Astralreisen besitzen, deutet darauf
hin, daß dieser Bereich eine objektive Wirklichkeit darstellt und
wahrscheinlich auch erforscht werden kann. Die zweite Ebene ist
der Erforschung weit leichter zugänglich, und ich sehe nichts
Wesentliches, was uns daran hindern könnte, physikalische Gesetze zu formulieren, die genau beschreiben, was im ätherischen
Bereich vorgeht. Möglicherweise sind dort neue und andere
Arten von Energie am Werk, aber ich vermute, man wird feststellen, daß sie den gleichen Verhaltensregeln gehorchen wie die
Materie auf der ersten Ebene.

Tiller meint, daß die Materie der zweiten oder ätherischen
Ebene die Charakteristika eines Hologramms haben könnte. Das
Hologramm ist eine Art von Fotografie, die Gabor 1947 erfand.
Man hat es dabei im wesentlichen mit einem Stück Film zu tun,
der tatsächlich aber alles andere als ein gewöhnliches Negativ ist.
Unter normalen Umständen sieht man ein unverständliches Mu-

ster von hellen und dunklen Flecken; betrachtet man die Aufnahme aber unter den gleichen optischen Bedingungen, unter denen sie gemacht wurde, so wird aus dem Muster ein dreidimensionales Bild. Wenn sie Tante Emma vor dem Parthenon zeigt, kann man sie so drehen, daß man um die Tante herum das Bauwerk sieht, ja man könnte, wenn man will, sogar den Nacken der Tante betrachten und dieses einzigartige Vergnügen mit der ganzen Familie teilen, ohne von dem Bild Abzüge anzufertigen. Man zerschneidet es einfach in kleine Stücke, denn jedes Bruchstück eines Hologramms kann dazu verwendet werden, das ganze Bild zu rekonstruieren, so wie jede lebende Zelle die nötige Information enthält, um einen vollständigen Organismus aufzubauen.

Das ist eine faszinierende Vorstellung, die mich jedesmal erregt, wenn ich darüber nachdenke. Wir haben hier ein anerkanntes physikalisches Prinzip, das nicht nur die Phänomene der Psychokinese und Telepathie erklären könnte, sondern auch alle kosmischen und mystischen Erlebnisse, bei denen wir das Gefühl des »Einsseins« mit allem haben. Diese Nahtlosigkeit oder Einheit ist der eine gemeinsame Nenner aller visionären Zustände, gleich ob sie durch Einsamkeit, Übung, Schock, Schönheit, Musik oder Sex hervorgerufen werden. Bei allen Erlebnissen, die Höhepunkte darstellen, hört das »Ich« zu existieren auf und scheint Teil des »Alls« zu werden. Wenn jeder von uns nur ein winziges Bruchstück des kosmischen Hologramms enthält, das sich irgendwo auf einer der sieben möglichen Ebenen befindet, so gibt es absolut keinen Grund dafür, daß sich das nicht so verhalten sollte. Und das Beste an all dem ist, daß diese Idee nicht als Gespinst einer müßigen, halbwissenschaftlichen Phantasie abgetan werden kann, denn wir haben bereits einige Beweise dafür, daß ein solches Hologramm existiert und von der ätherischen auf unsere körperliche Ebene durchsickern kann.

Man erinnere sich an das »Gespenst« des Blattes. Als ein Teil des Blattes abgeschnitten und völlig entfernt worden war, konnte man ihn noch in zarten Umrissen an seinem alten Platz sehen. Und wenn man einem Menschen ein Glied amputiert, bestehen viele seiner Empfindungen darauf, daß es noch da sei. Das Bild bleibt unversehrt erhalten, weil die ganze Struktur in jedem Teil verkörpert ist. Das sind zwar gewiß nur schwache Beweise, zu schwache, um eindeutig genannt zu werden, aber ich sehe in ihnen starke Hinweise darauf, daß dies die Forschungsrichtung sein könnte, der noch am ehesten der Durchbruch zu jenen anderen, mystischen Ebenen gelingen müßte.

Ein weiterer, ebenfalls von Tiller stammender Hinweis auf die zweite Ebene ist der, daß sie vielleicht nicht auf einer elektrischen, sondern auf einer magnetischen Basis wirksam ist. Medial veranlagte Personen behaupten, daß die Aura aus zwei Schichten besteht und daß die schmälere, dichtere, die dem Körper unmittelbar anliegt, durch einen Magneten verzerrt werden kann. Dennis Milner von der Birmingham University besitzt Fotografien von Koronas, die durch die Annäherung magnetisierter Kompaßnadeln aus dem Gleichgewicht gebracht wurden (180). Die Neuropsychiaterin Shafica Karagulla arbeitet seit fünfzehn Jahren mit ungewöhnlich sensiblen Patienten und berichtet, daß eine Frau an nicht gekennzeichneten Magneten den Nord- und Südpol bestimmen kann, indem sie nur die Farbe der Felder betrachtet, von denen sie die Pole umgeben sieht (139). Der Nordpol ist immer von einem bläulichen Dunst umgeben, der Südpol von einem rötlichen. Als Karagulla einen Magneten gegen ihre Hand hielt, beschrieb die Frau einen roten Dunstschleier, der gegen ihre Handfläche gerichtet war und die Felder der Hand abstieß. Es zeigte sich, daß das der Südpol des Magneten war. Wenn der Nordpol ihrer Hand zugekehrt war, zog ein blauer Dunst die Energie der Hand an und schien harmonisch mit ihr zu verschmelzen. Bertha Harris, die sich darauf spezialisiert hat, die Aura zu deuten, sagt, dies gelinge ihr am besten, wenn sie sich so setze, daß ihr Gesicht nach Süden gewandt sei, während sie sich auf der Südhalbkugel der Erde umdrehen und nach Norden blicken müsse (180).

Als Messungen der elektrischen Feldstärken um lebende Körper herum vorgenommen wurden, stellte man bedeutsame Unterschiede fest. Am Metrologischen Institut in Leningrad entdeckte man, daß das Feld, das den Körper einer Einwohnerin der Stadt, Nelja Michailowa, umgibt, nur zehnmal schwächer ist als das der Erde selbst (209). Dieser ungewöhnlich hohe Wert könnte etwas damit zu tun haben, daß die Michailowa überragende Leistungen auf dem Gebiet der Psychokinese vollbringt. Sie bewies wiederholt unter streng überwachten Laborbedingungen, daß sie entfernte Gegenstände bewegen kann, offenbar durch bewußte Willenseinwirkung auf das Feld, das ihr Körper erzeugt. Bei ihrer überzeugendsten Demonstration gelang es ihr, das Weiße vom Dotter eines Eies zu trennen, das sich zwei Meter von dem Platz entfernt befand, an dem sie, an Meßinstrumente angeschlossen, saß. Während des Experiments zeigten die Instrumente, daß ihr Puls, ihre Gehirnströme und das ihren Körper umgebende Feld der elektrostatischen und magnetischen Energie mit der gleichen Frequenz von vier Schwingungen pro Sekunde oszillierten.

Es ist unwahrscheinlich, daß diese Synchronizität reiner Zufall sein sollte, und es könnte von Bedeutung sein, daß ein Wutanfall von ähnlichen Erscheinungsbildern begleitet wird. Ich sagte schon an anderer Stelle, daß vielleicht alle Poltergeistphänomene unbewußt von einer in der Nähe befindlichen Person verursacht werden, die an einer ähnlichen Frustrierung aufgestauter Aggressivität leidet (286). Man weiß, daß sinnlose Vorgänge wie, zum Beispiel, das Umstürzen von Möbeln, am häufigsten in der Nähe von jemandem stattfinden, der eine Periode schwieriger emotioneller Anpassung durchmacht (224). In solchen Zeiten würden diese Menschen eine ungeheure Erleichterung empfinden, wenn sie sich gehen lassen und um sich schlagen dürften, aber gewöhnlich haben sie schon ein Alter erreicht, in dem es gesellschaftlich nicht mehr annehmbar ist, die Möbel zu zertrümmern. Anstatt also bewußt gegen einen Stuhl zu treten, lassen sie das unbewußt ihre Kraftfelder für sie besorgen.

Wenn diese Theorie wenigstens bis zu einem gewissen Grade brauchbar ist, dann ist die Michailowa ein »bewußter Poltergeist«. Jedenfalls scheint sie vorsätzlich Zorn anzusammeln, um mit seiner Hilfe Fernbewegungen zu bewirken, aber das trifft nicht notwendigerweise auf alle zu, die Psychokinese praktizieren. Ich habe mehrere Male mit dem sehr begabten Uri Geller aus Israel zusammengearbeitet, und er scheint immer sehr kühl und gefaßt zu sein. Unlängst, in einer Live-Sendung des britischen Fernsehens in London, nahm Geller eine gewöhnliche Gabel, die direkt aus der Kantine der BBC geholt worden war, kurz in die Hand und legte sie dann auf einen 60 cm entfernten Tisch, und zusammen mit einer Million Zuschauern vor den Bildschirmen sah ich, wie die Gabel sich bog, bis die Zinken im rechten Winkel zum Griff standen. Einige Minuten später bog er den großen Zeiger einer Armbanduhr um beinahe 180 Grad, obwohl dieser sich unter dem unversehrten Uhrglas befand und ich die Uhr nicht einen Augenblick aus der Hand gab. Bei der gleichen Gelegenheit hatte die Telefonzentrale des Studios, während die Sendung noch lief, Hochbetrieb, denn aus ganz Großbritannien riefen Dutzende von Zuschauern an, deren Bestecke, Ringe, Armbänder und Armbanduhren während der Vorführungen Gellers auf die eine oder andere Weise verbogen worden waren. Man kann nur vermuten, daß seine Begabung elektromagnetisch genug ist, um in einer Direktsendung übertragen zu werden, denn dergleichen Dinge geschehen nur selten, wenn frühere Aufzeichnungen gesendet werden.

Unbewußte Poltergeisttätigkeiten sind gewöhnlich auf ein verhältnismäßig kleines Gebiet beschränkt. Die einzige wirklich gute quantitative Untersuchung wurde an Phänomenen vorgenommen, die einen jungen Expedienten in Miami umgaben. Er wurde in einem großen Lagerhaus getestet, und die Bewegungen von neunzehn Gegenständen in seiner Umgebung wurden sowohl beobachtet als auch gemessen. Sie folgten einem deutlich erkennbaren Schema: Gegenstände in seiner Nähe bewegten sich ein kurzes Stück im Uhrzeigersinn und ein wenig von ihm weg, während sich weiter entfernte Gegenstände ein längeres Stück gegen den Uhrzeigersinn und ein wenig auf ihn zu bewegten. Das Vorhandensein dieses Schemas zusammen mit der Tatsache, daß die meisten Bewegungen links hinter dem jungen Mann begannen, berechtigt zu der Annahme, daß den Vorgängen ungeachtet ihres zufälligen Auftretens ein bestimmtes System zugrunde liegt, das mit der Existenz eines physikalischen Kraftfeldes vereinbar wäre.

Es ist merkwürdig, wie oft man Schemata finden kann, die dem Auftreten sonst unerklärlicher Phänomene entsprechen, und es ist interessant zu sehen, wie oft diese Schemata auf Magnetfeldern beruhen. Die Navigation wird erschwert durch die Tatsache, daß das Magnetfeld der Erde mit lokalen Abweichungen und

Unregelmäßigkeiten übersät ist. Diese Stellen wurden sehr sorgfältig ermittelt und aufgezeichnet, und die beständigsten unter ihnen sind berühmt-berüchtigt geworden. Eine liegt auf der Höhe der Bahama-Inseln, eine andere in der englischen Grafschaft Sussex, eine dritte bei Prescott in Arizona (143). In gewissen Abständen bricht an dem einen oder anderen dieser Orte die Hölle los. Poltergeister werfen mit Gegenständen um sich, Geister und »unidentifizierte Flugobjekte« erscheinen, Menschen und manchmal auch Fahrzeuge verschwinden auf unerklärliche Weise, rätselhafte Brände entstehen, und es kommt zu Fällen von Hysterie oder Massenwahn (210). Es gibt Tausende solcher »schwacher« Stellen auf der ganzen Erde, und alle haben einen genauen geographischen Ort, um den sich beinahe immer alte Geschichten von Dämonen, Ungeheuern und Gewalttaten ranken. Für die Okkultisten sind diese Stellen »Tore in der ätherischen Hülle der Erde, durch die Wesen aus anderen Wirklichkeiten in unser Leben eindringen«. Für Anhänger des UFO-Kults sind sie »Fenster am Himmel, durch die Schiffe aus anderen Raum-Zeit-Kontinua einfliegen«. Für etwas ratlose Biologen wie mich stellen sie eine Möglichkeit dar, einen Finger auf sonst ungreifbare Phänomene zu legen.

Geologen, Physiker und Psychiater erforschen nun diese anomalen Gebiete und stellen in den meisten Fällen fest, daß ihnen die Archäologen schon zuvorgekommen sind. Stonehenge, Delphi und Baalbek liegen alle genau in der Mitte eines »Fenster«-Gebietes. Ebenso Lourdes und Bethlehem. Der Vatikan befahl im Mittelalter den Priestern, neue Kirchen wo immer möglich an der Stelle alter Tempel zu errichten, da die Tradition heiliger Stätten tief wurzelt und sich meist auf Beobachtungen anomaler Erscheinungen gründet, die Jahrtausende zurückliegen können. Die sorgfältige Untersuchung lokaler Überlieferungen zeigt, daß sie nicht nur einen bestimmten Ort bezeichnen, sondern auch eine Zeit, die vorausgesagt werden kann. Die *Bell Telephone Laboratories* führten unlängst eine Computer-Studie über einige der ungewöhnlichen Ereignisse durch, die von dem boshaften Charles Fort gesammelt wurden, und stellten dabei fest, daß Frösche meist am Mittwoch vom Himmel fielen, gewöhnlich aber in einem Zyklus von 9,6 Jahren. Vergleicht man Zyklen dieser

Art mit kosmischen Ereignissen, so findet man, daß sie genau den Wechselwirkungen von Sonnen- und Mondeinflüssen entsprechen, die ungewöhnlich große Schwankungen im Magnetfeld der Erde verursachen und die schon bestehenden Unregelmäßigkeiten der von unerklärlichen Erscheinungen heimgesuchten Orte noch verstärken.

Im Dezember 1945 starteten in Florida fünf TBM-3-Avenger Torpedobomber der US-Marine, die irgendwo in der Nähe der Bahamas spurlos verschwanden. Ein Martin-Mariner PBM-Flugboot mit einer Rettungsausrüstung an Bord wurde nach ihnen ausgeschickt und verschwand ebenfalls, als hätte es sich in Nichts aufgelöst. In den letzten siebzig Jahren wurden in diesem berüchtigten Gebiet mehr als hundert Schiffe und Flugzeuge und über 1000 Menschen buchstäblich »verschlungen« (254). Mehrere Versuche wurden unternommen, dieses Loch im Himmel festzustellen und zu anderen »schwarzen Stellen« in Beziehung zu setzten. Die umfassendste Untersuchung ist die von Bruce Cathie, einem Flugkapitän der neuseeländischen *National Airways* (45). Cathie glaubt, daß alle diese Punkte auf den Linien eines Netzwerks von Rechtecken liegen, die je 45 Seemeilen im Quadrat groß sind und mit Hilfe von mathematischen Koordinaten entworfen wurden, die sich auf die harmonischen Beziehungen der Schwerkraft, der Erdmasse und der Lichtgeschwindigkeit stützen. Seine Mathematik wirkt erkünstelt wie die Berechnungen eines Numerologen, der irgend etwas um jeden Preis beweisen will; aber die Muster, die er zustandebringt, scheinen sich tatsächlich mit den geographischen Orten von Dingen wie Erdbeben und Vulkantätigkeit zu decken. Nachdem ich seine Darstellung sehr gründlich durchgearbeitet habe, weiß ich zwar noch immer nicht, was für eine Beziehung zwischen der Schwerkraft und de Gaulle bestehen soll, aber Cathie war mit Hilfe seines Systems imstande, den Tag und die Stunde der Explosion der ersten französischen Atombombe über dem Muroroa-Atoll (25. September 1968) öffentlich vorauszusagen.

Der anziehendste Aspekt dieses von Cathie entworfenen Gitters ist die Behauptung, daß es all die vielen scheinbar zusammenhanglosen Sichtungen von UFOs sinnvoll erscheinen läßt. Das geht heute nicht mehr nur die vielverspotteten Phantasten an, denn eine Gallup-Umfrage im November 1973 zeigte, daß die Mehrheit der Amerikaner, nämlich 51 Prozent, an die Existenz sogenannter »fliegender Untertassen« glaubt (300). Und 11 Prozent, also etwa 25 Millionen Menschen, behaupten, tatsächlich irgendeine Art von UFO gesehen zu haben. Sumpfgase, Autoscheinwerfer, die Venus und Augenflimmern sind keine befriedigenden Erklärungen für ein Phänomen dieser Größenordnung. Es mag etwas an der sich immer mehr durchsetzenden Theorie sein, daß der Mensch von einem anderen Planeten auf der Erde einwanderte oder von einer höheren Rasse hier »ausgesät« wurde oder aus der Verbindung einer solchen Rasse mit Tieren unserer Erde entstand. Die Entdeckung alter Karten in den Grundmauern von Bibliotheken, Metallröhrchen in Kohleblöcken und vollkommen geschliffene Glaslinsen in alten Steinbrüchen bilden ein Beweismaterial, das umfangreich genug ist, um eine brauchbare Alternative zu dem kleinen Häufchen fossiler Fragmente darzustellen, auf das sich die Evolutionstheorie stützt.

Ich glaube nicht, daß man auf alle diese Fragen eine einfache Antwort finden wird. Keine Theorie, die sich allein auf den Berg Ararat oder Atlantis oder einen Zusammenstoß mit der Venus stützt, kann alle Fakten erklären. Ich bin beeindruckt von den historischen und archäologischen Beweisstücken für eine sehr alte und hoch entwickelte Kultur, die vielleicht sogar schon zur Zeit des Neandertalers existierte, aber als Biologe kann ich nicht glauben, daß uns evolutionsmäßig nichts mit den anderen Tieren unserer Umwelt verbinden sollte. Deshalb finde ich so etwas wie Cathies »Gitter« so reizvoll. Es stellt einen Mechanismus dar, der sich ausschließlich auf die natürlichen Rhythmen der Erde stützt, und macht beinahe alles möglich. Wenn wir nur davon ausgehen, daß es auf unserer Erde Orte gibt, die Energie-Anomalien aufweisen, so können wir uns leicht mit dem Gedanken vertraut machen, daß an solchen Orten am häufigsten Mutationen stattfinden oder neue Ideen entstehen oder kollektive Halluzinationen auftreten oder die Dinge sich anomal verhalten oder Veränderungen der physikalischen Zustände sich besonders einfach ergeben oder Besucher den Erdball verlassen oder zuerst betreten.

Ich glaube auch, daß wir die Schuld an vielen Geheimnissen allzu rasch irgendeiner bequemen außerirdischen Intelligenz zuschreiben. Wir mögen damit vielleicht recht haben, aber zunächst einmal sollten wir die in uns selbst schlummernden Möglichkeiten erschöpfen.

Die Geldbeträge, die für Forschungen im Loch Ness ausgegeben werden, beweisen für sich allein schon, daß wir alle unsere Freude an einem richtigen Ungeheuer haben, und das dortige Fremdenverkehrsamt wäre entzückt, wenn über jeden Zweifel hinaus bewiesen werden könnte, daß der See eine Lande- und Startbasis für irgendwelche Wesen mit Pferdeköpfen und vielen Buckeln aus dem Sternbild Orion ist, aber vielleicht gibt es eine einfachere Erklärung. Ich besuchte den See zum erstenmal im Jahre 1960 und sprach damals auch zum erstenmal mit Menschen, die etwas darin gesehen hatten. Ich war von Anfang an beeindruckt von ihrer Aufrichtigkeit und Ratlosigkeit. Es ist gewiß, daß im Loch Ness sehr oft Phänomene auftreten, aber ebenso gewiß ist, daß sich diese Vorgänge auf eine seltsame Weise und beinahe wie mit Absicht der genaueren Beobachtung entziehen.

Ein Beispiel: Am 26. August 1968 beobachtete F. W. Holiday vom *Loch Ness Investigation Bureau* das Wasser von einer Kameraplattform aus, die sich bei Abriachan, am Südufer, befand (121). Der See ist an dieser Stelle ungefähr 1600 m breit, und zwei offizielle Kamerawagen waren in einem Abstand von 6,5 km am Nordufer, und zwar bei Tor Point und Quarry Brae, aufgestellt worden, so daß die drei Beobachter zusammen jeden Punkt der Osthälfte des Sees einsehen konnten. Holiday hatte beinahe schon 700 Beobachtungsstunden hinter sich und wußte, daß eine Erscheinung, die im Durchschnitt alle 500 Stunden aufzutreten pflegt, längst überfällig war. Er sagt: »Ich hielt vom ersten Frühlicht an scharf Ausschau und blieb auch noch während des Frühstücks auf meinem Posten. Kurz nach 9 Uhr 30 kam Mrs. Pickett (eine Touristin, die in der Nähe zeltete) in die Sonne heraus und begann, Geschirr zu spülen. Die Aussicht auf eine kleine Plauderei nach den langweiligen Stunden der Wache war zu verlockend, als daß ich mir die Gelegenheit hätte entgehen lassen können. Das ist der einzige logische Grund, den ich dafür angeben kann, daß ich Kamera und Feldstecher liegen ließ und etwa fünfzig Meter über die Wiese ging, um mit den Picketts zu plaudern.« Kurz nachdem die Unterhaltung begonnen hatte, sah man längs des gegenüberliegenden Ufers ein großes schwarzes Objekt, von dessen Rücken weißer Schaum strömte, mit Wellenbewegungen durch das Wasser pflügen. Holiday fährt fort: »Ich starrte dieses Schauspiel etwa zwei Sekunden an, ohne ein Wort zu sagen. Das Erlebnis erschien mir seltsam unwirklich, und ich erinnere mich, daß ich mir sagte, ich müsse unter irgendeiner Halluzination leiden.« Das war jedoch nicht der Fall, denn auch die Familie Pickett und andere Zeugen sahen dasselbe, aber keiner hatte eine Kamera, und als Holiday zu seiner Ausrüstung zurücklief, verschwand das Objekt auch schon wieder.

Enttäuschungen dieser Art kommen am Loch Ness oft vor, aber was diesen Fall so bemerkenswert macht, ist, daß das Ungeheuer nicht nur erschien, als sich Holiday seit Wochen zum erstenmal von seiner Kamera entfernt hatte, sondern daß es sich auch auf dem ganzen See den einen kleinen Abschnitt aussuchte, wo Bäume und Felsen es vollständig vor den beiden noch wachsamen Kameras am Nordufer verbargen. Es erschien am Ostrand dieses kleinen »blinden Flecks« und verschwand, kurz bevor es am Westrand wieder ins Blickfeld geraten wäre. Dieses quälende und gleichsam allwissende Verhalten der »Ungeheuer« ist allen Beobachtern überall vertraut – und ebensooft bei UFO-Beobachtungen anzutreffen.

Sowohl Ungeheuer als auch fliegende Untertassen wurden gelegentlich aus größerer Entfernung fotografiert; die einen wie die andern sind wirklich genug, um mit Sonar- und Radargeräten erfaßt zu werden, und dennoch hinterlassen sie keine brauchbaren Spuren, die analysiert und dazu verwendet werden könnten, ihre Existenz eindeutig nachzuweisen. Ungeheuer lösen sich immer im kritischen Augenblick einfach auf, und Untertassen verschwinden buchstäblich wie Gespenster, wenn ihnen die Beobachter zu nahe kommen. Carl Jung verglich UFO-Berichte mit psychischen Manifestationen und meinte scharfsinnig, die beiden könnten in unserem Geist auf irgendeine Weise miteinander verbunden sein. Er meinte, der psychische Aspekt spiele eine so große Rolle, daß er nicht außer acht gelassen werden könne (135). Der französische Anatom Jacques Vallée zog eine ähnliche Parallele zwischen den UFOs und den frühen auf das Übernatürliche bezogenen Vorstellungen der Europäer, und er stellte fest, daß viele Berichte von Untertassenlandungen alle klassischen Merkmale religiöser Erscheinungen und des Feenglaubens enthalten (274). Er schloß daraus, daß »die Mechanismen, die diese verschiedenen Glaubensvorstellungen hervorbrachten, identisch sind.«

Die Ähnlichkeit zwischen den herkömmlichen Elfen oder Feen und einigen der »Zwergwesen« in UFO-Berichten gab zu der Behauptung Anlaß, daß fliegende Untertassen seit Jahrtausenden auf der Erde landen. Aber ebensogut könnte man auch umgekehrt argumentieren. Die unbestreitbare Ähnlichkeit kann – vielleicht mit mehr Vernunft – als Beweis dafür angesehen werden, daß die UFOs damals ebenso unwirklich waren wie heute. Die Brauchbarkeit der physikalischen und der geistigen Argumente leidet sehr unter der Entdeckung, daß die Psychokinese tatsächlich existiert, daß es möglich ist, physikalische Wirkungen mit rein geistigen Mitteln zu erzielen. Manche besonders begabte Menschen sind dazu unter beinahe allen Bedingungen imstande, aber die Untersuchungen weisen darauf hin, daß auch viele sonst ganz gewöhnliche Menschen die Phänomene unter bestimmten Umständen hervorbringen können. Vielleicht wird eine der nötigen Vorbedingungen durch die magnetischen Abweichungen geliefert, die an bestimmten Orten vorhanden sind. Feen, Zwerge, Elfen, Kobolde, Drachen, Ungeheuer, Vampire, Werwölfe, Gespenster, Poltergeister und fliegende Untertassen – das alles gibt es vielleicht. Und auch die Zyniker, die behaupten, all das existiere nur in der Einbildung, haben vielleicht recht, da diese Dinge auf der zweiten oder ätherischen Ebene existieren oder produziert werden.

Das seltsame Verhalten aller Erscheinungen läßt vermuten, daß sie Gesetzen gehorchen, die nicht ganz denen der herkömmlichen Physik entsprechen, und daß sie einer Wirklichkeit mit ein wenig anderen Raum-Zeit-Beziehungen angehören. Die Tatsache, daß Menschen, die diese Phänomene aus nächster Nähe kennenlernen, gewöhnlich Informationen erhalten, die darauf ausgerichtet sind, sie in ihren Vorstellungen oder Befürchtungen zu bestärken, deutet darauf hin, daß diese Erscheinungen nicht ganz unabhängig vom Geist des jeweiligen Beobachters sein können. Beides zusammen bildet die Grundlage für ein Konzept, mit dessen Hilfe man sehr viele Geheimnisse klären könnte. Zwar scheint es auf den ersten Blick kein sehr produktives Verfahren zu sein, diesen ganzen ungeklärten Krimskrams dem ohnehin schon rätselhaften Bereich des Geistes zuzuordnen, aber ich glaube, daß die Entdeckung des Bioplasmas und die Möglichkeit einer holographischen Wirkung den Geist in einem bisher ungekannten Maße der Erforschung zugänglich machen.

Es wäre möglich, daß diese schwer faßbaren Phänomene eines Tages gewogen und gemessen und so sauber klassifiziert werden können, daß sie auch der mechanistischste Wissenschaftler mit Gleichmut zu betrachten vermag. Einige dieser Phänomene mögen vielleicht mit Hilfe von elektronischen Mitteln (etwa in der Art von Fernsehsendern) in einer größeren Entfernung vom verursachenden Körper auftreten, als wir mit gutem Grunde annehmen konnten, aber allmählich beginnt zumindest klar zu werden, daß die meisten direkt von einem lebenden Organismus hervorgerufen werden müssen. Ich halte es für ziemlich wahrscheinlich, daß Holidays Ungeheuer zu diesem bestimmten Zeitpunkt und an diesem bestimmten Ort von seinem eigenen Unterbewußtsein geschaffen oder zumindest »aufgebaut« wurde. Ich beginne zu glauben, daß wir die Fähigkeit haben, dergleichen Dinge zu tun – und sie so greifbare Gestalt annehmen zu lassen, daß sie auf Filmen oder Radarschirmen aufscheinen können. Wenn es sich so verhält, sind wir vom Wiegen und Messen noch weit entfernt, denn die Kraft, die widersprüchliche Manifestationen dieser Art hervorzubringen vermag, wird uns mit großer Wahrscheinlichkeit noch lange in die Irre führen, bevor sie sich einfangen und vollständig zähmen läßt.

Die gleiche Begabung scheint auch auditive Manifestationen zu produzieren. Im Jahre 1959 nahm Friedrich Jürgenson in einem Wald bei Stockholm den Ruf des schwedischen Finken auf. Dabei entdeckte er, daß sein Tonband auch andere, fremde, wie Stimmen klingende Geräusche aufgenommen hatte (137). Er nahm an, sein Gerät sei auf der Fahrt von der Stadt heraus beschädigt worden, und er ließ es überholen, bevor er es einige Wochen später wieder verwendete. »Beim Abspielen«, erinnert er sich, »hörte ich zunächst Vogelgezwitscher in der Ferne, dann Stille. Plötzlich von irgendwoher eine Stimme, eine Frauenstimme auf deutsch: ›Friedel, mein kleiner Friedel, kannst du mich hören?‹ Es war, als müßte sich die Sprecherin ungeheuer anstrengen, um zu sprechen, und die Stimme klang angstvoll. Ich bin aber über jeden Zweifel hinaus sicher, daß dies die unverwechselbare Stimme meiner Mutter war, die . . . vor vier Jahren gestorben war. So fing es an.«

In den nächsten Jahren versuchte Jürgenson absichtlich, Stimmen aufzunehmen, und es gelang ihm, Laute aufzuzeichnen, von denen er glaubte, daß sie nicht nur von nahen Verwandten und Freunden stammten, sondern auch von Personen wie Hitler, Göring und Caryl Chessmann, die alle schon lange tot sind. Es ist nichts Ungewöhnliches, daß elektrische Geräte vagabundierende Radio- oder Fernsehsendungen auffangen. Man hat es schon erlebt, daß Rasierapparate, Toaster und sogar falsche Zähne plötzlich lebendig werden und Stimmen- oder Musikfragmente aus dem unaufhörlichen Sperrfeuer der elektromagnetischen Wellen auffangen, die uns einhüllen wie eine elektronische Decke. Um die Möglichkeit eines solchen zufälligen Empfangs auszuschalten, begann Jürgenson mit einem Physiker, Friedebert Karger vom Max-Planck-Institut in München, zusammenzuarbeiten. Karger ist davon überzeugt, daß die Stimmen auf den Tonbändern existieren und auch dann aufgezeichnet werden, wenn alles unternommen wird, um vagabundierende Sendungen auszuschließen. Als nächstes wandte sich Jürgenson an das Zentralamt für Telegraphische Technologie in Berlin, das die Realität der Stimmen demonstrierte, indem es visuelle Abdrücke von den Tonbändern herstellte. Diese zeigen alle normalen Merkmale einer menschlichen Stimme.

Im Jahre 1965 führte Jürgenson seine Tonbänder dem lettischen Psychologen Konstantin Raudive vor, der eine Weile mit ihm zusammenarbeitete und schließlich, als er entdeckte, daß er die Laute selbst auch aufnehmen konnte, sein eigenes Forschungsprojekt in Angriff nahm. In den nächsten drei Jahren stellte Raudive eine eindrucksvolle Sammlung von mehr als

70 000 Stimmen auf Tonbändern zusammen und schrieb ein sehr umstrittenes Buch, das 1969 in Deutschland erschien (221).

Unbestritten ist jedoch die Existenz der Stimmen. Hunderte von Forschern haben sie nun schon unabhängig voneinander aufgezeichnet. Ich selbst habe es auch getan. Man braucht weiter nichts zu tun, als irgendein Tonbandgerät einzuschalten, das entweder an ein Mikrofon oder an einen einfachen Diodenkreis wie den Taster eines altmodischen Detektorempfängers angeschlossen ist. Das Ganze muß in einem stillen Raum und nach irgendeiner Art von Ankündigung vor sich gehen. Vollständige Anweisungen und Schaltpläne findet man in einer unlängst erschienenen kleinen Druckschrift (240). Ich kann nicht leugnen, daß ich mir sehr albern vorkomme, wenn ich in einem leeren Zimmer sitze und »guten Abend, meine Freunde im Jenseits« sage, aber ebenso schwierig wäre es zu leugnen, daß man auf diese Weise tatsächlich Resultate erhält. Zuerst fällt es einem schwer, etwas anderes zu hören als das Bandrauschen und das Laufgeräusch des Geräts, aber wenn man das Band immer wieder abspielt, am besten mit dem Kopfhörer, kann beinahe jeder zuletzt Stimmen vernehmen. Diese haben einen besonderen Tonfall, an den man sich erst gewöhnen muß, aber man kann sie als männlich oder weiblich identifizieren und Abfolgen phonetischer Silben erkennen.

Das Gebiet, auf dem es – mit Recht – noch Kontroversen gibt, ist die Deutung dieser Laute. Wenn man alle zufälligen Aufnahmen und Hoch- und Niederfrequenzen durch besondere elektronische Filter ausschaltet, kommen die Stimmen trotzdem noch durch. Der Chefingenieur eines Aufnahmestudios in London versuchte erfolglos, die Geräusche aufzuhalten, und gab widerwillig zu: »Ich glaube, wir müssen lernen, sie zu akzeptieren« (11). Bei Experimenten in dem gegen Radiofrequenzen abgeschirmten Labor in Enfield und in geschlossenen Faradayschen Käfigen waren die Stimmen immer noch zu hören, und ein Fachmann für elektronische Abschirmung sagte schließlich: »Es geschieht etwas, was ich mit normalen physikalischen Begriffen nicht erklären kann.«

Damit bleiben nur zwei Erklärungen übrig. Raudive selbst behauptet, er könne vollkommen verstehen, was die Stimmen sagen, und es handle sich um Mitteilungen von Toten. Er behauptet ferner, daß die Stimmen in fünf oder sechs Sprachen sprechen und sich ungrammatikalischer, telegraphischer Sätze bedienen müssen, da es für sie schwierig sei, auf diese Weise überhaupt zu sprechen. Die Stimmen lassen sich ganz gewiß nicht leicht verstehen. Wenn mehrere Menschen den gleichen Tonbandabschnitt immer wieder anhören und unabhängig voneinander ihre Deutungen niederschreiben, so entsprechen diese einander wohl manchmal, aber in den meisten Fällen sind sie völlig verschieden, ja sie werden sogar in verschiedenen Sprachen aufgefaßt. Wenn Wörter einigermaßen deutlich erkannt werden können, sind es meist die Namen von Anwesenden oder guten Freunden, oder sie beziehen sich auf Umstände, die den Beteiligten bekannt sind. Raudive und andere behaupten, das beweise, daß die Mitteilungen von körperlosen Toten kämen, aber dieselben Tatsachen stützen auch eine andere Erklärung.

Der unzusammenhängende, oft banale Inhalt der Mitteilungen ähnelt sehr den Denkmustern der Träume. Vor zehn Jahren äußerte ein Forscher die Vermutung, daß die Stimmen durch elektronische Impulse entstehen könnten, die unbewußt vom Geist der Experimentatoren ausgesandt werden. Damals wurde diese Möglichkeit mit der Begründung ausgeschaltet, daß der Geist solche Signale nicht aussenden könne, aber seit wir die Psychokinese unter kontrollierten Versuchsbedingungen am Werk gesehen haben, können wir dergleichen nicht mehr so dogmatisch behaupten. Es gibt physische Korrelate zu vielen geistigen Prozessen. Zahllose Menschen bewegen die Lippen auch, wenn sie still für sich lesen, und im Kehlkopf herrscht eine so starke Aktivität, daß viele Ärzte ihren Patienten nach einer Kehlkopfoperation das Lesen streng verbieten. Es ist sicherlich nicht unmöglich, daß der menschliche Körper unbewußt senden kann.

Eine Analyse des Stimmenphänomens zeigt, daß die besten Resultate von emotionell beteiligten Personen erzielt werden. Sowohl Menschen, die verzweifelt versuchen, mit einem Verstorbenen Verbindung aufzunehmen, als auch Menschen, die sich am heftigsten dagegen wehren, an die Wirklichkeit der Stimmen zu glauben, erhalten besonders häufig offensichtlich persönliche

Mitteilungen. Die Natur der Botschaften ist oft der Persönlichkeit des Betroffenen gut angepaßt. Die polyglotten, gut strukturierten Sätze auf den Tonbändern Raudives sind eine genaue Spiegelung seines eigenen Sprechstils. Ein Mann, der seine Aufnahmen mit peinlicher Sorgfalt macht – und nur dieser eine – bekommt nur noch Stimmen, die zu sagen scheinen: »Geh weg!« und »Nimm nicht mehr auf!« Einen weiteren Hinweis auf diese Verbindung zwischen dem Phänomen und den jeweils Anwesenden liefert uns die Tatsache, daß die Psychokinese, wie wir wissen, am besten auf Systeme mit einer gewissen Instabilität wirkt, vorzugsweise auf solche, die sich schon in Bewegung befinden. Um Stimmen aufzunehmen, obwohl sie für alle Anwesenden unhörbar sind, muß das Band durch das Gerät laufen. Direkt auf ein stehendes Band ist noch niemals etwas aufgezeichnet worden, und ebensowenig wurden jemals Stimmen mit Geräten aufgenommen, die allein in einer abgeschirmten Kammer oder in einem leeren Zimmer liefen. Menschen müssen anwesend sein, und solange das der Fall ist, bleibt die Möglichkeit bestehen, daß sie unbewußt die Urheber der Stimmen sein können.

Im Laufe des letzten Jahres machte Jürgenson wieder von sich reden. Er behauptete, er habe einen Dialog mit den Stimmen hergestellt und mit toten Freunden Gespräche geführt, die höchst intim und persönlich gewesen seien (137). Das könnte für ein langes Weiterleben nach dem Tode sprechen, aber ich kann mich des Gedankens nicht erwehren, daß auch hier wieder das Unbewußte mit im Spiel sein dürfte. Die ganze Psychoanalyse ist schließlich nichts anderes als ein Dialog zwischen dem unbewußten und dem bewußten Geist desselben Patienten.

Vielleicht das stärkste Argument zugunsten der Theorie, daß es sich um die Stimmen von Toten handle, ist darin zu sehen, daß sich manche von ihnen in Sprachen ausdrücken, die keiner der im Augenblick der Aufzeichnung Anwesenden versteht. Wenn das Unbewußte eines Anwesenden die Tonbänder zu beeinflussen vermag, so nehme ich an, daß das gleiche auch der Geist einer weiter entfernten Person auf telepathischem Wege tun kann, aber ich habe doch das Gefühl, daß man mit dieser Annahme die Theorie des Unbewußten ein wenig überdehnt. Man gelangt bei Argumenten dieser Art an einen Punkt, wo sich die Wahrscheinlichkeiten umkehren und die unwahrscheinlichsten Alternativen zuletzt verhältnismäßig brauchbar aussehen. Ich habe den heimlichen Verdacht, daß sich zuletzt beide Theorien als richtig erweisen könnten, insofern als sie eine Beteiligung der Experimentatoren annehmen, daß aber diese nur Stimmen, die ihren Ursprung auf einer anderen Ebene haben, als Medien dienen.

Je länger ich mich mit den Phänomenen befasse, die Erscheinungen aller Art – gesehene, gehörte oder auf andere Weise wahrgenommene – betreffen, desto mehr bin ich davon überzeugt, daß nichts von alledem in einem Vakuum zustandekommt. Ich glaube, daß es einer Erscheinung ohne die Anwesenheit eines lebenden Körpers – und das betrifft vielleicht nur die Körper bestimmter Arten von Organismen – unmöglich ist, sich auf irgendeine Weise zu manifestieren. Es ist ihr vielleicht sogar unmöglich, überhaupt zu überleben.

Ohne die Lebenden gibt es vielleicht keine Toten.

8. *Kapitel*
Besessenheit

Das Schwierige an den Geistern ist, daß es so wenige gibt. Wenn wir nach dem Tode tatsächlich noch längere Zeit weiterleben, müßten wir mehr Geistererscheinungen erwarten dürfen. Das Problem liegt, wie ich schon andeutete, vielleicht darin, daß wir sie, besondere Umstände ausgenommen, einfach nicht wahrnehmen können. Noch hat niemand ein »Nekroskop« erfunden, das die Toten sichtbar und der wissenschaftlichen Untersuchung zugänglich machen könnte, vielleicht deshalb, weil wir noch keine Vorstellung von der betreffenden Wellenlänge oder dem in Frage kommenden Energieniveau haben. Wenn es stimmt, daß die Spuren der Toten irgendwie von den Lebenden abhängen, um existieren zu können, wird es auch nicht nötig sein, ein solches Instrument zu bauen, denn wir haben davon bereits Millionen. Am besten entdeckt man die körperlosen Toten vielleicht durch die Körper der Lebenden.

Ein faszinierendes Streiflicht auf das Stimmenphänomen warf die Entdeckung, daß eine dänische Dogge, die anwesend war, als in England die ersten Experimente mit Raudive gemacht wurden, die auf den Tonbändern aufgezeichneten Stimmen bereits hörte, wenn noch kein Mensch mit Sicherheit sagen konnte, ob sie vorhanden waren oder nicht. Peter Bander, der Besitzer des Hundes, berichtete, daß er »plötzlich irgendeinen ›Eindringling‹ verbellte; seine Haare sträubten sich, und er gab die Laute von sich, die ich normalerweise mit dem Herannahen eines Fremden an das Haus assoziieren würde« (11). Der Hörbereich des Menschen erstreckt sich von etwa 16 bis 20 000 Schwingungen pro Sekunde, aber das Hörvermögen eines Hundes reicht viel weiter in den Hochfrequenzbereich hinein; ein Hund könnte die auf den Tonbändern aufgezeichneten Stimmen hören, die gewöhnlich an der oberen Grenze des menschlichen Hörbereichs liegen.

Die andersgearteten sensoriellen Veranlagungen der Tiere lassen diese Geister vielleicht leichter erkennen. Eine Freundin erzählte mir unlängst, sie sei im Traum von ihrem Schlafzimmer aus durch die Wohnräume ihres Hauses gegangen, vorbei an ihrem Mann, der lesend in einem Fauteuil saß, und wieder zurück in ihr Bett. Als sie aufwachte, saßen ihre drei Katzen neben dem Fußende des Bettes und starrten sie mit großen Augen an, und von ihrem Mann erfuhr sie, daß das Trio soeben eine große Runde durch das Haus gemacht hatte, und zwar genau auf dem Weg, den sie im Traum gegangen war, so als wären sie ihr auf den Fersen gefolgt. Diese offensichtliche Übersensibilität anderer Spezies wurde unlängst bei einem Versuch getestet, einen experimentellen Zugang zu dem Problem des Weiterlebens nach dem Tode zu finden.

Robert Morris von der Duke University begann seine Untersuchungen in einem angeblichen Spukhaus in Kentucky mit einer Sammlung lebender Detektoren in Gestalt eines Hundes, einer Katze, einer Ratte und einer Klapperschlange (186). Jedes dieser Tiere wurde von seinem Besitzer in einen Raum gebracht, in dem einmal ein Mord geschehen war. Der Hund war noch keinen Meter weit in den Raum hineingegangen, als er auch schon seinen Herrn anknurrte und rückwärts wieder durch die Tür hinausging. »Kein gutes Zureden konnte den Hund daran hindern, hinauszudrängen und sich zu weigern, den Raum noch einmal zu betreten.« Die Katze wurde auf den Armen ihrer Besitzerin hineingetragen und sprang dieser, als sie an derselben Stelle angekommen war, auf die Schulter und schmiegte sich an sie, dann sprang sie auf den Boden und ging auf einen leeren Stuhl zu. »Mehrere Minuten verbrachte sie damit, den leeren Stuhl in einer Ecke des Zimmers anzustarren und anzufauchen, bis er schließlich entfernt wurde.« Die Ratte tat absolut nichts, aber die Klapperschlange »ging sofort in Angriffsstellung und richtete ihre Aufmerksamkeit auf denselben Stuhl.« Keines der drei sensiblen Tiere zeigte eine ähnliche Reaktion in irgendeinem anderen Zimmer dieses Hauses.

Die verhältnismäßig große Schärfe des Sinnessystems der Katzen erklärt vielleicht die Tatsache, daß »Hexen« sie zu ihren Gefährtinnen machen, sozusagen als Antennen oder als Erweiterung ihrer eigenen Sinne zur Aufnahme feiner Signale. Wir verwenden Schweißhunde als Medien für die Deutung von Geruchsspuren, die sich unserer Wahrnehmung vollständig entziehen. Die Welt der Gerüche ist eine, von der wir so gut wie nichts wissen, aber ebenso leicht könnten manche Dinge auch unserem Gesichtssinn verborgen bleiben, der zwar höher entwickelt ist, aber dennoch nur in einem begrenzten Bereich arbeitet. Am kurzwelligen Ende des Spektrums wird unsere Sicht begrenzt durch die leicht gelbliche Färbung unserer Augenlinsen, die das Ultraviolett ausfiltern. Für unsere Augen ist der grüne Mondfalter *Actias luna* vollkommen unsichtbar auf dem grünen Untergrund der Blätter, auf denen er sich niedergelassen hat, aber für Insekten, die Ultraviolett sehen können, zeichnet er sich als leuchtender Farbfleck auf einem grau-getönten Untergrund ab. Soweit wir es beurteilen können, sehen der männliche und der weibliche Falter genau gleich aus, aber für Insekten ist das Weibchen hell und das Männchen dunkel (66). Vielleicht sind die Menschen, die wir Medien nennen und die Dinge wahrnehmen, die wir nicht sehen oder hören können, einfach Individuen, die von Geburt an oder durch Übung eine über unsere normalen Sinnesgrenzen hinausgehende Empfindlichkeit besitzen.

Ich glaube, daß die Sperre, die uns daran hindert, allesamt medial zu sein, nicht in den Sinnesorganen liegt, sondern auf der Ebene des Computers, der die von diesen Systemen hereinkommenden Informationen auswertet. Eugène Marais, der wie üblich allein arbeitete, lieferte einige bahnbrechende Studien über die sogenannte hypnotische Hyperästhesie (174). Er hypnotisierte ein junges Mädchen und stellte fest, daß es imstande war, Chinin noch in einer wäßrigen Lösung von 1:500 000 zu schmecken, während es unter normalen Umständen bestenfalls nur eine viermal so starke Lösung schmecken konnte. Als zwanzig Personen je einen kleinen Gegenstand in die Hand nahmen und dann in einen Behälter legten, konnte das Mädchen, nachdem es an den Händen und an den Gegenständen gerochen hatte, jedem einzelnen zurückgeben, was er berührt hatte. Marais baute eine kleine Maschine, die ein Geräusch hervorbrachte, das dem Zischen einer Schlange ähnelte, und stellte fest, daß seine Versuchsperson dieses Zischen aus einer Entfernung von mehr als

200 m hören konnte, während die normale Hörgrenze bei 30 m lag. Sogar ein Pavian, der sonst auf Schlangen überempfindlich reagiert, konnte das Zischen in einer Entfernung von mehr als 60 m nicht mehr hören. Es scheint, daß wir normalerweise auf der unbewußten Ebene weit mehr Informationen empfangen, als wir brauchen oder verarbeiten können, und daß diese Informationen durch ein Programm in unseren geistigen Computern gefiltert werden, das darauf abgestimmt ist, nur auf einen begrenzten Bereich von Signalen zu reagieren. Mit Hilfe von Biofeedback-Techniken ist es möglich, jemanden so zu schulen, daß er normalerweise unbewußte Vorgänge wie kleine Veränderungen des Blutdrucks bewußt wahrnimmt. Nun da man weiß, daß es genügt, an jemanden zu denken, um in ihm solche Veränderungen auch aus größerer Entfernung auszulösen, wird es möglich, einen Menschen so zu schulen, daß er fähig ist, telepathische Mitteilungen zu empfangen. Ich vermute, daß sich jegliche mediale Sensibilität ebenso als erlernbar erweisen wird und daß die Labors bald talentierte wissenschaftliche Medien ausbilden werden.

Bis dahin können wir viel von den Menschen lernen, die von Natur aus »sensibel« sind. Es gibt nicht wenige, die imstande sind, an andere mündlich oder schriftlich Informationen weiterzugeben, die sie auf dem Wege der normalen sinnlichen Wahrnehmung nicht erhalten konnten. Die meisten dieser sogenannten mentalen Medien arbeiten unter dem Einfluß einer Art von Dissoziation. Sie führen bewußt einen Trancezustand von unterschiedlicher Tiefe herbei. Bei manchen nimmt er die Form einer Geistesabwesenheit an, die nicht intensiver ist als diejenige, die wir alle beim Tagträumen erleben – und es ist bedeutsam, daß schon viele von uns in diesem Zustand das Erlebnis einer plötzlichen Erleuchtung hatten (104). Es scheint gewiß zu sein, daß die schöpferischen Lösungen, die einem in solchen Augenblicken einfallen, das Ergebnis von Aufwallungen aus unbewußten Bereichen des Geistes sind, in denen sich ständig etwas regt. Ein großer Teil der von Medien gelieferten Informationen ist von der zusammenhanglosen Art, wie sie im Traum vorkommt, und das legt die Vermutung nahe, daß ihr Ursprung zumindest teilweise im Unbewußten liegt.

Der Chefarzt der Psychiatrischen Abteilung des St. Bartholomew's Hospital in London verfaßte einmal ein ungewöhnliches Manuskript im Trancezustand (116). Es war mit auf dem Kopf stehenden Buchstaben in deutscher Sprache geschrieben und stellte angeblich eine Mitteilung von einem vor langer Zeit Verstorbenen dar, über den der Arzt sehr wenig wußte. Nach der Sitzung schlug er den Betreffenden in seiner Enzyklopädie nach und entdeckte, daß sein Manuskript beinahe eine wortgetreue Kopie des Artikels im Lexikon darstellte. Wir wissen, daß das Unbewußte sehr wenig vergißt und daß ein oberflächlicher Blick in das Buch schon genügt haben konnte, um den Artikel fest dem Gedächtnis einzuprägen. Professor Hall empfing einmal bei einer bestimmten Gelegenheit durch ein gut bekanntes und angesehenes Medium eine Reihe von Mitteilungen von einem Mädchen namens Bessie Beales, einer eigens für die Zwecke dieses Experiments von ihm erfundenen toten Nichte (67). Es ist kaum daran zu zweifeln, daß viele der im Zustand der Dissoziation erzielten Resultate ihren Ursprung im Geiste entweder des Mediums oder der fragenden Person haben, aber nicht alle Phänomene können damit abgetan werden.

Freud meinte, daß die Persönlichkeit auf zwei gegensätzlichen Kräften beruhe, dem bewußten Ich und dem unbewußten Es, und daß der Konflikt zwischen den beiden für die Neurosen verantwortlich sei. Sein System der Psychoanalyse war eigentlich eine Art von Biofeedback-Training, denn er versuchte, die beiden feindlichen Parteien dadurch zu versöhnen, daß er die unbewußte Kraft – oft durch die in Träumen verborgenen Signale – dem Bewußtsein zur Kenntnis brachte. Ronald Laing geht noch einen Schritt weiter und meint, diese beiden Kräfte könnten geteilt und getrennt werden (155). Er weist darauf hin, daß die meisten Menschen bei gewissen Gelegenheiten die durch Streß oder Schock verursachte Empfindung der Dissoziation hatten, bei der sie sich irgendwie von ihrem Körper losgelöst fühlten. Er meint, daß manche Menschen leichter als andere zu diesem Erlebnis neigen und daß sie »nicht von ihrem Körper absorbiert durchs Leben gehen, sondern eher feststellen, daß sie ein wenig von ihrem Körper losgelöst sind und immer waren«. So gesehen, ist das Phänomen der Trennung uns allen gemeinsam, aber

Menschen, die sich allzu ausschließlich mit dem Teil ihrer selbst identifizieren, der sich körperlos fühlt, werden als schizophren betrachtet.

Stan Gooch glaubt, daß die beiden Kräfte eine physische Realität besitzen und daß sie als unabhängige, selbstbewußte Wesenheiten in verschiedenen Teilen des Nervensystems existieren (90). Das Großhirn enthält alle sensoriellen Bereiche, die wir mit dem normalen Wachbewußtsein in Verbindung bringen, aber viele von ihnen sind im Zwischenhirn und im Kleinhirn noch einmal vorhanden. Bei den primitiven Wirbeltieren befanden sich die Seh- und Hörzentren in den hinteren Bereichen des Gehirns; sie wurden erst später in das Vorderhirn verlegt, »so als hätte die Natur zunächst aus dem Kleinhirn das höchste Zentrum des Nervensystems machen wollen, sich dann aber anders besonnen und statt dessen das Großhirn entwickelt« (185). Es wäre durchaus möglich, daß das ältere Kleinhirn der Sitz des Es oder des unbewußten Geistes ist.

Abgesehen von den Träumen gibt es noch andere Wege, auf denen der unbewußte Geist in das Bewußtsein eindringen kann. Im Falle von Einfällen und Erkenntnissen kann dieses Eindringen eine Hilfe darstellen, aber ebenso leicht kann es sich auch unangenehm auswirken. Die mittelalterliche Vorstellung von der »Teufelsbeschwörung« und die Praxis des »Geisterzitierens« in der Schwarzen Magie sind vielleicht nichts anderes als Techniken, die dazu dienen, das Unbewußte vorsätzlich bewußt zu machen; und der Verlust der Gewalt über diesen Eindringling aus den hinteren Winkeln des Geistes ist vielleicht das, was als Besessenheit bezeichnet wird.

Zu allen Zeiten wurden die Menschen vor Magie, Ritualen, Drogen und Tranceerlebnissen ernstlich gewarnt wegen der Gefahren, die angeblich der Umgang mit Mächten mit sich bringt, die die Oberhand gewinnen und den Betreffenden in ihre Gewalt bringen können. Diese Gefahr wird sogar vom Gesetz anerkannt durch den Begriff der verminderten Zurechungsfähigkeit, wonach Personen milder beurteilt werden, von denen man annimmt, daß sie unter dem Einfluß von Mächten handelten, die stärker waren als sie.

Die Schranke zwischen den beiden Teilen des Geistes scheint

stark, aber auch notwendig zu sein. Wenn sie durch das transzendente Erlebnis einer religiösen Bekehrung durchbrochen wird, kann der Konvertit mit dem Geist eines Gottes in Berührung kommen, aber ebenso leicht kann er auch von Teufeln heimgesucht werden. Chemische Brücken über diese Schranke hinweg können zu guten oder schlechten »Trips« führen. Medien haben oft mit Geistern Umgang, die nichts als gute Absichten haben, aber alle sind ständig davor auf der Hut, von einem bösen Geist besessen zu werden. Die Schlußfolgerung, daß unsere Persönlichkeit auf natürliche und unvermeidbare Weise geteilt ist, und zwar sowohl in anatomischer Hinsicht als auch durch unsere Erfahrung, scheint unausweichlich zu sein. Ich halte es nicht für unwahrscheinlich, daß sich die Medien eines Tages als Menschen entpuppen werden, bei denen die Barrieren zwischen den beiden Teilen ihres Geistes stärker durchlässig sind als bei normalen Menschen. Die besten Medien können diese Durchgänge bewußt kontrollieren, aber viele ähneln insofern Schizophrenen, als sie über das Kommen und Gehen ihres Geistes keine Gewalt haben.

Wir höheren Primaten haben vielleicht allein aufgrund eines evolutionären Zufalls ein Wachbewußtsein und eine Anschauung von der Wirklichkeit, die von unseren gut entwickelten Gehirnhälften bestimmt werden. Menschen, deren Weltbetrachtung weniger fest in diesem speziellen Bereich wurzelt, nennen wir verrückt. Delphine und Vögel haben verhältnismäßig gut entwickelte Kleinhirne, und wenn ihre Sinne in diesem Hinterhirn ebenso gut organisiert sind wie im Großhirn, haben sie vielleicht eine völlig andere Auffassung von der Wirklichkeit – vielleicht eine, die sich nicht sehr von der der Mystiker unterscheidet, die die beiden Teile ihres Geistes auf eine andere Weise vereinigt haben. Könnte darin die Bedeutung von John Lillys Identifikation mit Delphinen (164) und Carlos Castanedas Konfrontation mit einem Albino-Falken (44) liegen?

Zusätzlich zu diesen gegensätzlichen Kräften des Es und des Ich gibt es nach der Auffassung Freuds noch eine dritte Wesenheit, das Über-Ich (27). Wenn das Es oder das Unbewußte hervorquellen und während der Besessenheit das Bewußtsein in seine Gewalt bringen kann, so befindet sich das Ich während dieser Zeit vielleicht in einem anderen Bereich des Nervensystems. Gooch sucht wiederum nach einem physischen Ort und meint, da die Wechselwirkung zwischen den beiden alten Systemen vergleichsweise neu, das heißt jüngeren Datums ist, könne man das dritte System in dem zuletzt entwickelten Teil des Gehirns finden, nämlich in den Stirnlappen (90).

Wenn wir uns diese Vorstellung von einer dritten Ebene zu eigen machen, können wir annehmen, daß »Besessenheit« die Beherrschung des nicht verlagerten Bewußtseins bedeutet. »Transzendenz« ist dagegen die Verlagerung des Bewußtseins auf eine höhere Ebene als Ergebnis des Zusammenwirkens der beiden vordem gegensätzlichen Kräfte. Alle mystischen Überlieferungen und alle modernen Ideen über das Wachsen des Geistes beziehen sich auf höhere Bewußtseinszustände, und die Techniken ihrer Erlangung scheinen immer wieder auf zwei Dingen zu beruhen. Das erste ist eine Methode, eine Art Loch in die Trennwand zwischen der bewußten und der unbewußten Geistesebene zu schlagen und diesen Durchgang nach Belieben zu öffnen. Der zweite und schwierigere Schritt besteht darin, die widersetzlichen Interessen und Fähigkeiten der beiden Systeme miteinander auszusöhnen und einen Pakt zu schließen, der ein gewisses Maß von Zusammenarbeit zwischen ihnen gestattet.

Dieses Geistesmodell ist notwendigerweise stark vereinfacht. Die Verschiedenartigkeit der Persönlichkeitstypen (und die Legionen von Dämonen in den Annalen des Okkulten) legen die Annahme nahe, daß es wahrscheinlich viele Kanäle zwischen Bewußtem und Unbewußtem gibt. Wenn zwei offensichtlich verschiedene Persönlichkeitsmuster innerhalb ein und derselben Person existieren können, gibt es nichts, was eine weitere Aufspaltung verhindern könnte. Vielfache Persönlichkeiten können auftreten. »Die Drei Gesichter Evas« (266) und die sechzehn Seiten »Sybils« (238) sind zwei gut dokumentierte Fälle, die einige der Möglichkeiten erkennen lassen. In keinem dieser beiden Berichte gibt es etwas, was zu der Annahme zwingt, daß bei der Besessenheit irgendeine von außen kommende Kraft mit im Spiel sei. Gooch führt eine brauchbare Analogie an, wenn er von einem Raum mit mehreren Beleuchtungssystemen spricht, zum Beispiel einem Lüster, einer Tischlampe und einer verkleideten Wandleuchte (90). Man kann den Raum mit jeder dieser

Lichtquellen beleuchten, und jede »verleiht dem Raum einen anderen Charakter und eignet sich besonders gut für bestimmte Gelegenheiten. Man weiß aus eigener Erfahrung, daß die Beleuchtung Schatten schaffen oder zerstreuen oder bestimmte Aspekte eines Raumes zum Nachteil anderer hervorheben kann. Nichtsdestoweniger ist es natürlich immer derselbe Raum.«

Ich denke, daß viele der Phänomene, die von Medien im Zustand der Besessenheit hervorgebracht werden, das Ergebnis vielfacher Einbrüche dieser Art aus ihren eigenen unbewußten Bereichen oder Ebenen sind. Wir wissen, daß auch die Telepathie auf dieser Ebene wirkt, daher ist es nicht überraschend, daß Persönlichkeiten, die von anderen Besitz ergreifen, Informationen aus Quellen in der Außenwelt mitbringen, doch diese Informationen sind manchmal so umfangreich und detailliert, daß die Erklärung durch Telepathie schon ein wenig gewaltsam wirkt.

Mary Roff starb am 5. Juli 1865 im Alter von achtzehn Jahren. Sie war nach allem, was von ihr berichtet wird, ein seltsames Mädchen. Sie litt unter epileptischen Anfällen und Kopfschmerzen, die sie linderte, indem sie sich selbst zur Ader ließ. Sie war angeblich imstande, ohne Augen zu sehen und Bücher mit verbundenen Augen oder Briefe in verschlossenen Umschlägen zu lesen. Am 16. April 1864, vierzehn Monate, bevor Mary unter Krämpfen starb, wurde in derselben Stadt ein anderes Mädchen geboren. Lurancy Vennum war in den ersten dreizehn Jahren ihres Lebens völlig normal, aber als die Pubertät einsetzte, begannen seltsame Dinge zu geschehen. Das erste war ein kataleptischer Zustand, der fünf Jahre dauerte; auf ihn folgten unregelmäßig auftretende Trancen, in denen sie von »Engeln« und »Geistern« sprach. Man hielt sie für wahnsinnig und übergab sie einem Facharzt zur Beobachtung. Er stellte fest, daß sie anscheinend von zwei fremden Persönlichkeiten besessen war – einer mürrischen, boshaften alten Vettel und einem jungen Mann, der Selbstmord verübt hatte. Unter Hypnose war es möglich, Lurancys eigene Persönlichkeit wiederherzustellen, und in dieser Verfassung erklärte sie, es gebe nur eine Möglichkeit, die beiden bösen Geister fernzuhalten: sie müsse sich von einem Engel besitzen lassen, der ihr zu Hilfe komme. Als man sie fragte, ob sie wisse, wer der Engel sei, antwortete sie: Mary Roff (258).

Lurancy schien sich in Mary zu verwandeln, und man erlaubte ihr, mit der Familie Roff zusammenzuleben. Dort war sie vollkommen glücklich, sie kannte alle Menschen und wußte alles, was Mary gewußt hatte; sie erkannte die Freunde und Nachbarn wieder und nannte sie beim Namen; sie erinnerte sich an Hunderte von Ereignissen aus Marys Leben, an die größeren – wie eine Reise nach Mexiko – und an die kleinen, so zum Beispiel daran, daß sie einmal einen Kragen angenäht hatte. Sie konnte sogar Gegenstände finden, die Mary versteckt hatte und von denen die Familie Roff nichts wußte. Diese Besessenheit dauerte drei Monate und zehn Tage, dann kehrte Lurancy plötzlich zu ihrer eigenen Persönlichkeit zurück, die sie nun wieder erkannte.

Es gab bereits viele Fälle eines solchen Wechsels der Persönlichkeit, aber dieser ist insofern etwas Besonderes, als die Persönlichkeit, die Lurancys eigene verdrängte, nach allen Untersuchungen, die angestellt werden konnten, ganz die Mary Roffs war, und zwar mit allen Erinnerungen, die dieses Mädchen besessen hatte, das gestorben war, als Lurancy ein Jahr alt war. Die Familien Roff und Vennum verkehrten nicht miteinander, und es gab keinen normalen Weg, auf dem Lurancy die umfassenden und detaillierten Kenntnisse von Marys Leben hätte erhalten können, die sie während ihrer Besessenheit bewiesen hatte. Nach der Rückkehr zu ihrer eigenen Familie wußte sie nichts mehr von den vergangenen hundert Tagen, und sie hatte danach nie mehr Probleme dieser Art.

Die Existenz bruchstückhafter und wechselnder Persönlichkeiten stellt für die Psychologie kein großes Problem dar, aber die Möglichkeit eines Eindringens von außen kann nur abgeschätzt werden, wenn man nach biologischen Präzedenzfällen sucht. Für einen Biologen ist eines der faszinierendsten Themen der Science-fiction das der *Gestalt,* das Theodore Sturgeon so wunderbar behandelte (262). Er beginnt eine Erzählung mit einem jungen Mann von großer Körperkraft, aber beschränkter Intelligenz, der andere an sich zieht und den Ausgangspunkt für einen zusammengesetzten Organismus bildet. Seinem »Körper« wird der »Kopf« eines sensiblen, mit telepathischen Kräften begabten Mädchens hinzugefügt, ferner die »Hände« psychokinetisch veranlagter Zwillinge, der »Geist« eines mongoloiden Säuglings mit den Fähigkeiten eines Computers und die »Energie« eines psychopathischen jugendlichen Verbrechers. Zusammen üben alle diese sonderbaren Wesen eine ungeheure, aber vollkommen ziellose Macht aus, und sie scheinen dazu bestimmt zu sein, sich selbst und alle um sie her zu vernichten, bis der Organismus durch die »Seele« eines jungen Dichters vervollständigt wird.

Auf diese Weise wird die menschliche Evolution von nun an vielleicht tatsächlich fortschreiten müssen. Die Umweltveränderungen lösen einander heute in so raschem Tempo ab, daß keine Zeit mehr bleibt für normale, gemächliche Modifikationen der physischen Evolution. Wenn wir überleben wollen, kann die natürliche Auslese offenbar nur erfolgreich sein, wenn sie auf einer geistigen Ebene wirkt, und eine der produktivsten Möglichkeiten könnte die der Kombination oder *Gestalt* sein. Wir beginnen bereits die Stärke der psychologischen Einigung in dem koordinierten Verhalten einer Menschenmenge zu sehen.

Elias Canetti betrachtet die Menge als einen eigenen Organismus (39). Er unterscheidet zwischen willkürlichen Gruppierungen von Menschen, die sich zufällig zur selben Zeit am selben Ort befinden, und echten Mengen, die sich um einen Herd herum entwickeln, den er »Mengenkristall« nennt. Die Entstehung und das Wachsen von Mengen sind gewiß universelle und immer noch eher rätselhafte Phänomene. Sie können überall auftreten. In dem einen Augenblick können sie noch aus einigen vereinzelten Personen bestehen, und im nächsten Augenblick setzt eine geschlossene Aktion ein, bei der die Bewegungen einiger Teile des Organismus sich auf alle anderen zu übertragen scheinen wie die Wellen einer elektrischen Entladung in einer Qualle. Die Menschen, die eine Menge bilden, wissen oft nicht, was geschehen ist, und können, wenn man sie danach fragt, keine Antwort geben, aber dennoch eilen sie auf das gemeinsame, unsichtbare Ziel zu. Eine Menge in dieser Verfassung ist ein nebulöses Wesen, das Menschen verschlingt. In ihrer Jugendphase wird sie von einem einzigen Instinkt getrieben: dem Drang zu wachsen. Sie möchte alle an sich reißen, die sich in ihrer Reichweite befinden, und kennt keine Grenzen, aber in der Wachstumsperiode ist sie noch ein sensibles Wesen. Canetti sagt, daß »eine Vorahnung von drohender Auflösung immer in der Menge lebendig ist. Sie

214

versucht, sie durch rasche Zunahme so lange zu vermeiden, wie sie kann; sie absorbiert jeden und muß gerade deshalb zuletzt zerfallen«.

Der Mengenorganismus existiert, solange er ein noch unerreichtes Ziel hat. Dieses kann ein kurzfristiges sein wie ein Mord oder ein so langfristiges wie die Vision vom Gelobten Land, die die Kinder Israels zusammenhielt. Mengen können je nach der Natur des angestrebten Ziels verschiedenen Kategorien zugerechnet werden, aber alle haben gewisse Eigenschaften gemeinsam. Innerhalb ihrer Grenzen verlieren die Individuen ihre eigene Identität, ihre Namen und ihren wirtschaftlichen und gesellschaftlichen Status und werden gleiche Teile des neuen Wesens. Dieses Gefühl ist so stark, daß möglicherweise alle Forderungen nach Gerechtigkeit und alle Gleichheitstheorien auf dem tatsächlichen Erlebnis der Brüderlichkeit beruhen, das jeder kennt, der einmal einer Menge angehörte. Aufgrund der ungewöhnlichen Dichte der Menge werden alle Begriffe vom individuellen Bewegungsraum aufgegeben, und alle Furcht vor der Berührung mit anderen schwindet in dem großen Gefühl der Zusammengehörigkeit. In einer Menge von Tanzenden werden die Individuen zu einem einzigen Geschöpf mit fünfzig Köpfen und hundert im gleichen Takt zuckenden Armen und Beinen verschmolzen. Bei einigen Arten von Mengen, die durch Krieg oder Religion gezähmt wurden, können die Handlungen vorgeschrieben und rituell sein. Dies sind ungewöhnlich langlebige Organismen, und sie werden daher allmählich verdünnt, aber die mächtigste Menge ist immer die spontan entstandene, die geschlossen nach augenblicklicher Befriedigung strebt. Diese Art erreicht ihr Ziel schnell, und in dem Augenblick der Entladung, der das Ende anzeigt, bringt sie oft einen Laut hervor. Wenn der Scharfrichter das vom Rumpf getrennte Haupt des Opfers in die Höhe hält, ist die Stimme der Menge zu hören. Dieser einzigartige Schrei, dieser Aufschrei des Organismus, drückt ihre Einigkeit machtvoller aus als jede andere Aktion. Er ist eine lebendige Demonstration der Tatsache, daß die Gemeinschaft qualitativ etwas anderes ist als die einfache Summe ihrer Teile.

Die Kraft, die einzelne Menschen zu einer Menge zusammenfaßt, ist ebenso geheimnisvoll wie jene, die einzelne Zellen zu einem funktionellen Ganzen verbindet. Sie könnte auch dieselbe sein, die dem ätherischen Double die Energie liefert und auf unserer unbewußten Ebene wirkt und die innerlichen Koordinierungseffekte der Akupunktur und die äußerlichen Manifestationen der Psychokinese und der Poltergeister hervorruft.

Die besten biologischen Beispiele für Individuen, die sich zusammenschließen, um völlig neue Organismen zu bilden, sind die Flechten. Das sind Pflanzen, die wie bunte Krusten oder blättrige Klumpen auf Baumstämmen und nacktem Fels wachsen und die vorherrschende Flora in rauhen Gebirgsgegenden und Tundren darstellen. Sie haben besondere Formen und Muster und können nach ihren charakteristischen Farben und Formen klassifiziert werden, aber jede einzelne Flechte setzt sich aus zwei grundverschiedenen Spezies zusammen, die verschiedenen botanischen Klassen angehören. Der eine Bestandteil ist eine grüne oder blaugrüne Alge, der andere ein Pilz, und zwar in den meisten Fällen ein Schlauchpilz. Für sich allein ist die Alge wie der Pilz eine eher schwächliche Pflanze, aber in der Symbiose vereint sind sie imstande, sich in Gegenden durchzusetzen, in denen nur wenige andere Lebewesen existieren können. Der Algenteil kann für sich allein leben, aber der Pilz vermag nur zu überleben, wenn seine Sporen an einen Ort gelangen, wo der zur Photosynthese fähige Algenpartner vorhanden ist und für eine Verbindung zur Verfügung steht. Ich glaube, daß Personen, die – im Falle der Besessenheit – von anderen Besitz ergreifen, eine ähnliche Rolle spielen wie der Pilzbestandteil in der Flechte, und daß die Toten, wenn sie noch eine Weile weiterleben können, eine ähnliche parasitäre Beziehung zu den Lebenden haben.

Wir haben also bisher die folgenden Tatsachen sichergestellt:

Jedes Lebewesen schafft ein Lebensfeld, von dem es umgeben wird. Dieses ist ein elektrisches Phänomen, das auf der normalen physischen Ebene des Körpers existiert und mit den üblichen Laborinstrumenten gemessen werden kann. Es verschwindet im Augenblick des klinischen Todes.

Jeder Körper wird außerdem von einem bioplasmischen Gegenstück begleitet, das auf einer weniger physischen Ebene existiert, ungefähr die gleiche Form wie der Körper annimmt und auf irgendeine Weise etwas mit der Organisation und Steuerung lebenswichtiger Funktionen zu tun hat. Es ist nicht so leicht meßbar, aber seine Existenz kann aus der Praxis der Akupunktur gefolgert und im übrigen sichtbar gemacht werden durch besondere Techniken, zu denen die Verwendung von Hochfrequenzapparaten gehört. Und es verschwindet nicht im Augenblick des klinischen Todes.

Alles, was diesem Substrat von Tatsachen hinzugefügt wird, muß weitgehend Spekulation bleiben, aber ich glaube, wir dürfen die folgenden Vermutungen anstellen:

Erscheinungen der Lebenden werden von dem losgelösten bioplasmischen oder ätherischen Körper verursacht, der für bestimmte, besonders sensible Menschen immer und für andere unter besonderen Bedingungen sichtbar ist (244).

Erscheinungen der Toten können während einer kurzen Zeitperiode nach dem klinischen Tod auf die gleiche Weise gesehen werden, aber der Bioplasma-Körper selbst löst sich mit der Zeit auf. Wenn solche Erscheinungen also noch lange nach dem Tod fortdauern, muß angenommen werden, daß das Bioplasma auf irgendeine Weise eine Energiezufuhr erhielt, und zwar höchstwahrscheinlich durch die Berührung mit einem anderen, vollständigen, lebenden Körper (272).

Wir haben bereits gesehen, was mit einer lebenden Zelle geschieht, die aus ihrer normalen Umgebung im Körper herausgenommen wird. Bei entsprechender Pflege wächst und teilt sie sich weiter, aber schließlich erreicht sie die Hayflick-Grenze, sie wird zu etwas völlig Anonymem und stirbt schließlich. Es gibt zwei Möglichkeiten diesen Verfall aufzuhalten. Die erste besteht darin, die Zelle wieder in ihren ursprünglichen Körper zurückzuversetzen. Im Idealfall sollte sie wieder mit ihrem eigenen Gewebe in Berührung gebracht werden, aber es scheint, daß eine verlorene Zelle ihre Identität und Kraft auch dann wiedergewinnen kann, wenn man ihr den chemischen Kontakt mit anderen ihrer Art vorenthält. Alles, was offenbar nötig ist, um »ihr zu helfen, sich zu erinnern, wer sie sein soll«, ist eine Transfusion mit der rechten Art von Energie. Experten auf dem Gebiet der

217

Kultur isolierter Zellen wissen, daß die Zellen, die am leichtesten wachsen, solche aus ihrem eigenen Körper sind, und daß sie am besten gedeihen, wenn man ihnen viel persönliche Aufmerksamkeit widmet. Dies ist eines jener Beispiele für einen hartnäckigen Labor-Aberglauben, die sich eines Tages vielleicht als ebensosehr auf Tatsachen gegründet erweisen werden wie der Glaube, daß ein guter Gärtner einen »grünen Finger« habe.

Die zweite Methode, einer isolierten Zelle eine neue Lebensfrist zu geben, ist die Herbeiführung einer genetischen Veränderung. Wenn die Zellen einer Gewebekultur über die Hayflick-Grenze hinaus weiterwachsen, kann man beinahe mit Sicherheit annehmen, daß in ihnen eine Mutation stattgefunden hat – und daß sie verkrebsen. Das kommt manchmal natürlich auch bei Zellen vor, die noch einem lebenden Organismus angehören, aber normalerweise beschränken sich die Mutationen auf die Fortpflanzungszellen, die auch insofern etwas Besonderes darstellen, als sie die einzigen Zellen sind, die vorsätzlich vom Körper getrennt werden. Menschliche Spermazellen können auch unter den optimalen Bedingungen des Uterus nicht länger als 48 Stunden am Leben bleiben, aber die eine, die ein Ei befruchtet und dabei eine genetische Veränderung durchmacht, kann den Ausgangspunkt einer Kultur bilden, die dann hundert Jahre lebt. Beide Arten von Geschlechtszellen, Same und Ei, enthalten nur die Hälfte der üblichen Chromosomenzahl, und man könnte annehmen, daß das ihre Überlebensfähigkeit begrenzt, aber was befähigt das befruchtete Ei, lange genug weiterzuleben und sich zu teilen, um ein vollständig neues Individuum zu bilden, wenn jede andere isolierte Zelle an der Hayflick-Grenze zugrundegeht? Beide haben die normale Anzahl von 46 Chromosomen und Zugang zu allen erforderlichen Rohmaterialien, aber es scheint, daß das Ei hinsichtlich der Reproduktion einen Vorteil allein schon dadurch errungen hat, daß seine Gene mit denen einer anderen Zelle vermischt wurden. Dieser Vorteil bleibt ihm erhalten, solange es lebt, und er ist in der Biologie unter der Bezeichnung Heterosis oder hybride Kraft bekannt, worunter man eine Zunahme in bezug auf Wachstum oder Fruchtbarkeit infolge einer Kreuzung zwischen zwei genetisch verschiedenen Stämmen versteht. Dieser Vorteil wirkt sich so stark aus, daß er eine entscheidende Rolle in der Evolution der geschlechtlichen Fortpflanzung gespielt haben muß, aber er kann nicht lediglich durch die Feststellung erklärt werden, daß eben eine Vermischung von genetischem Material stattgefunden hat. Etwas anderes ist noch hinzugekommen, aber noch umgibt ein Geheimnis die Natur dieses wunderbaren Zusatzes, der einem befruchteten Ei sein unbegrenztes Potential verleiht.

Mystiker allerdings finden an diesem Phänomen nichts Mysteriöses. Sie nehmen einfach an, daß eine körperlose Seele vorbeikommt, im Ei Wohnung nimmt und reinkarniert wird. Die Reinkarnations- oder Seelenwanderungslehre ist insofern sehr überzeugend, als sie gebrauchsfertige Lösungen für viele philosophische Probleme und biologische Anomalien anbietet, aber als Wissenschaftler kann ich sie nicht einfach akzeptieren, weil sie zweckmäßig zu sein scheint. Ich muß nach einer Bestätigung suchen, die sie für meinen Verstand ebenso annehmbar macht wie für meine Intuition. Dem Mystiker erscheint es überflüssig, Beweise für etwas so Offenkundiges zu suchen, aber ich finde, daß die Suche selbst, auch wenn sie erfolglos verläuft, Einsichten bringt, die auf andere Weise nicht gewonnen werden können.

Einer der wenigen Wissenschaftler, die je die Techniken ihrer Disziplin auf das Problem der Reinkarnation anwandten, ist der Psychiater Ian Stevenson von der University of Virginia. Er nahm die Beschäftigung mit diesem Thema auf, als er bei einem Wettbewerb zu Ehren des bahnbrechenden Psychologen William James seinen mit dem ersten Preis ausgezeichneten Essay »Beweise für das Weiterleben nach dem Tode anhand von angeblichen Erinnerungen an frühere Inkarnationen« einreichte (259). Darin ging er mit einer neuen experimentellen Methode gegen die meisten früheren Anschauungen über das Weiterleben an. Unter anderem schrieb er: »Bei Kommunikationen mit Hilfe von Medien stehen wir vor dem Problem, beweisen zu müssen, daß jemand, der eindeutig tot ist, noch lebt. Bei der Beurteilung scheinbarer Erinnerungen an frühere Inkarnationen besteht das Problem darin, entscheiden zu müssen, ob jemand, der eindeutig lebt, früher einmal gestorben ist. Das könnte sich als die leichtere Aufgabe erweisen.«

Stevenson stellte sich dieser Aufgabe. Er nahm eine Analyse

von beinahe tausend Fällen von angeblichen Reinkarnationen vor und wählte darunter zwanzig aus, die seiner Meinung nach eine gründlichere Untersuchung wert waren (260). Er ging sieben Fällen in Indien, drei in Ceylon, zwei in Brasilien, sieben in Alaska und einem im Libanon persönlich nach. Ich finde von allen den des libanesischen Jungen am interessantesten, denn Stevenson entdeckte ihn selbst und konnte dabei sein, als der Junge zum erstenmal in das Dorf gebracht wurde, in dem er ein früheres Leben verbracht zu haben schien.

Vom ersten Augenblick an, in dem er sprechen konnte, schien Imad Elawar Dinge zu wissen, die ihn niemand je gelehrt hatte. Er nannte die Namen einiger Freunde, die seine Eltern nicht kannten und als Phantasien abtaten, bis der Junge eines Tages auf der Straße ihres Heimatdorfes Kornajel auf einen Fremden zulief und ihn umarmte. Der Mann fragte verblüfft: »Kennst du mich denn?« und Imad antwortete: »Ja, du warst mein Nachbar.« Der Mann lebte in dem 25 km entfernten Dorf Chribi. Von diesem Augenblick an nahmen die Eltern Imad ernst, und als Stevenson nach Kornajel kam, um einen ganz anderen Fall zu untersuchen, waren sie zu dem Schluß gelangt, daß Imad ein gewisser Mahmud Buhamsi gewesen sein mußte, der eine gewisse Dschamile geheiratet hatte, von einem Lkw überfahren worden war, sich dabei beide Beine gebrochen hatte und später seinen Verletzungen erlegen war. Stevenson legte eine Liste von allem an, was die Eltern behaupteten, und versuchte, davon all das zu trennen, was der Junge tatsächlich gesagt hatte. Dann fuhr er mit dem Fünfjährigen nach Chribi.

Zwischen den beiden Dörfern besteht kaum eine Verbindung, und als sie in Chribi ankamen, stellte Stevenson fest, daß es dort tatsächlich einen Mahmud Buhamsi gab, aber der lebte noch. Ein gewisser Said Buhamsi war jedoch auf die von dem Jungen beschriebene Weise ums Leben gekommen, und der engste Freund dieses Mannes war sein Verwandter Ibrahim Buhamsi gewesen, dem der Tod Saids sehr nahe gegangen und der später selbst an Tuberkulose gestorben war. Ibrahim war nie verheiratet gewesen, aber er hatte eine Geliebte namens Dschamile gehabt und war ein Nachbar des Mannes gewesen, den Imad in Kornajel wiedererkannt hatte. Stevenson untersuchte das Haus, in dem

Ibrahim gelebt hatte, und fand sechzehn richtige Hinweise auf Dinge wie einen kleinen gelben Wagen, zwei Schuppen, die als Garagen benutzt wurden, und eine ungewöhnliche Öllampe.

Stevensons Aufzeichnungen zeigen, daß Imad in Wirklichkeit nicht gesagt hatte, *er* sei das Opfer des Lkw-Unfalls gewesen; er erinnerte sich nur lebhaft an einen solchen Unfall. Er hatte begeistert von Dschamile gesprochen und sie sogar in günstiger Weise mit seiner Mutter verglichen, aber er hatte nie behauptet, mit ihr verheiratet gewesen zu sein. Die falschen Schlüsse, die seine Eltern zogen, sprechen für deren Aufrichtigkeit und schließen die Wahrscheinlichkeit aus, daß sie die ganze Geschichte in betrügerischer Absicht erfanden oder, ohne es zu wissen, die Kanäle waren, durch die Imad seine Informationen über Chribi erhielt. Die in diesem Fall ermittelten Tatsachen deuten darauf hin, daß die Erinnerungen Imads zu den Erlebnissen Ibrahims in einer Beziehung stehen, die nicht durch Zufall, Betrug oder normale Erinnerung erklärt werden kann.

Stevenson sagt: »Es bleiben uns als ernst zu nehmende Erklärungen entweder irgendeine Art von außersinnlicher Wahrnehmung plus Personation (wobei durch ASW gewonnene Information in eine dramatische persönliche Form umgewandelt wird) oder Besessenheit (durch ein Geistwesen, vermutlich das Ibrahims) oder Reinkarnation.«

Die Unterscheidung, die Stevenson zwischen Besessensein von dem Geist eines Toten und Reinkarnation trifft, scheint mir unwesentlich zu sein. Reinkarnation ist im Grunde fortwährende Besessenheit, und wenn eine mehrfache Persönlichkeit und komplexe Besessenheit möglich sind, sehe ich keinen logischen Grund, der mich daran hindern könnte anzunehmen, daß mehr als eine Seele zur gleichen Zeit in demselben Körper inkarniert sein kann. Damit bleiben nur zwei Möglichkeiten übrig. Entweder hat Imad eine telepathische Gabe, oder Ibrahim ist wiedergeboren worden.

Kontrollierte Experimente mit Menschen, die offenbar über eine gewisse Entfernung hinweg miteinander in Verbindung stehen, lehren uns, daß die Telepathie auf unbewußter Ebene wirkt (286). Eine der besten Methoden, mit diesen Bereichen des Geistes Verbindung aufzunehmen und von dort Informationen zu erhalten, ist die Hypnose. Denys Kelsey führt das Beispiel eines Teenagers an, den er im Laufe einer wegen der gespannten Beziehungen des Mädchens zu seinen Eltern notwendig gewordenen psychotherapeutischen Behandlung hypnotisierte (145). »Einfach nur, um einen Ausgangspunkt für die Sitzung zu finden, bat ich sie um den Titel ihrer Lieblingsmelodie. ›Ich habe keine‹, antwortete sie. Das überraschte mich, denn ihre Mutter hatte unter anderem darüber geklagt, daß sie viel zuviel Geld für Schallplatten ausgab. Ich fragte sie, wie alt sie sei. ›Ich bin fünf‹, sagte sie und brach in Tränen aus.« Das Mädchen hatte eine spontane Regression zu einem Augenblick in ihrer Kindheit vollzogen, der sich dann als Schlüsselerlebnis entpuppte und ihrer gegenwärtigen Unfähigkeit, mit den Eltern auszukommen, zugrunde lag. Das ist ungewöhnlich, aber die Regression wird in der Hypnose durch eine spezifische Suggestion seitens des Therapeuten absichtlich eingeleitet.

Bei der Regression können sich die meisten Versuchspersonen an frühe Ereignisse aus ihrem Leben mit solcher Klarheit erinnern, daß sie sie regelrecht noch einmal nachzuerleben scheinen. Eine biologische Grenze für die Ausdehnung der Regression gibt es offenbar nicht, denn viele Menschen erinnern sich an Empfindungen und Emotionen, die bis zum Augenblick der Geburt zurückreichen, und manche haben sogar Erinnerungen an die Zeit vor der Geburt. Vorführungen dieser Art wirken oft sehr wenig überzeugend, aber wenn man an Personen in der Regression die üblichen Intelligenztests vornimmt, zeigt es sich, daß ihre Intelligenz mit bemerkenswerter Genauigkeit dem Alter entspricht, und das ist etwas, was man nur sehr schwer simulieren kann.

Wie immer es um die Wirklichkeit des Phänomens bestellt ist, es besteht kein Zweifel daran, daß diese Technik verdrängte Erinnerungen wieder vergegenwärtigen und manchmal auch gänzlich unerwartete Begabungen freisetzen kann. Der Moskauer Psychiater Wladimir Raikow machte von ihr Gebrauch, um Studenten zu helfen, schöpferische Fähigkeiten auf den Gebieten Kunst und Musik zu entfalten (208). Rachmaninoffs berühmtes 2. Klavierkonzert wurde nach einer ähnlichen Sitzung geschrieben, und der Komponist widmete es seinem Hypnotiseur. Mit

Raikow arbeitet Viktor Adamenko zusammen, ein Physiker, der ein Instrument erfand, das eine strategische Kombination von Akupunktur-Punkten verwendet, um die Intensität der bioplasmischen Energie in einem Körper zu messen. Die beiden Wissenschaftler stellten fest, daß das Instrument auffällige Veränderungen aufzeichnet, die es ermöglichen, die gewöhnlichen Ebenen der Hypnose von denen zu unterscheiden, die während der Regression erreicht werden. Es gibt da einen meßbaren physiologischen Unterschied, der sehr dem ähnelt, der zu beobachten ist, wenn die Versuchsperson eine telepathische Mitteilung erhält. Somit zeigt sich, daß Regression und Telepathie im bioplasmischen Körper stattfinden.

In einigen wenigen Fällen gelang es Hypnotiseuren, die Regression ihrer Patienten über den Augenblick der Empfängnis hinaus in eine Welt von Erinnerungen zu treiben, die einem anderen Leben anzugehören scheinen. Kelsey verwendet heute diese Technik als eine übliche Form der Psychotherapie, wenn er in den diesem Leben angehörenden Erinnerungen des Patienten keine relevante Episode findet, durch die sich eine bestimmte Art von Streß oder eine Phobie erklären ließe (145). Mir erscheint einer seiner Fälle besonders interessant, weil der Patient, der wegen Alkoholismus behandelt wurde, intelligent war und dem ganzen Thema der Reinkarnation eher zynisch gegenüberstand (womit ich nicht sagen will, daß zwischen dem einen und dem andern notwendigerweise ein Zusammenhang besteht). Er wurde hypnotisiert und verfiel im Zustand der Regression augenblicklich in einen Krampf, in dem er offenbar versuchte, sich von Fesseln zu befreien, die seine Arme ausgebreitet festhielten, während er keuchte und stöhnte: »Sie schneiden mir die Zunge heraus!« Es erwies sich als sehr schwer, ihn ins normale Wachbewußtsein zurückzurufen, aber als der Krampf vorüber war, rief er nach Wasser und immer mehr Wasser, und erst als er wieder ganz zu sich gekommen war, konnte er seinen Durst stillen. Kelsey glaubt, daß die Gier dieses Mannes nach Wasser auf ein früheres Leben zurückging, und zwar anscheinend auf eine Periode im Spanischen Bürgerkrieg, wo man ihn folterte und dann unter Schmerzen verdursten ließ. Man teilte dem Patienten die Diagnose mit, und obwohl er hinsichtlich der Seelenwanderung nach wie vor skeptisch war, verlor er das zwanghafte Bedürfnis zu trinken. Heute ist er Antialkoholiker.

Über die Anwendung der hypnotischen Regression als Methode zur Erforschung der Seelenwanderung sagt Stevenson: »Die Persönlichkeiten, die während hypnotisch herbeigeführter Regressionen in ein ›früheres Leben‹ gewöhnlich heraufbeschworen werden, sind offenbar eine Mischung aus . . . der gegenwärtigen Persönlichkeit der Versuchsperson, ihren Vorstellungen von dem, was der Hypnotiseur erwartet, ihren Phantasien in bezug auf das, was ihrer Ansicht nach ihr früheres Leben hätte sein sollen, und vielleicht auch Elementen, die auf paranormalem Wege gewonnen werden« (260). Ich zweifle nicht daran, daß der bewußte Geist mit Hilfe der im Unbewußten verborgenen Begabungen alle Arten von überzeugenden »Laienspielen« inszenieren kann, und ich vermute, daß zumindest einige der paranormalen Elemente durch Telepathie empfangen werden. Dabei bleiben jedoch noch einige Gegebenheiten übrig, die nach wie vor auf die Möglichkeit der Besessenheit hindeuten. Bei nahezu allen Untersuchungen zum Thema Seelenwanderung haben die Versuchspersonen ihre eigenen, deutlich unterscheidbaren Persönlichkeiten zusätzlich zu den Charakterzügen und Erinnerungen der anderen, nun toten Personen. Ich glaube, daß man Stevensons Dilemma in bezug auf den jungen Imad Elawar und das Problem, ob es sich um Telepathie oder Seelenwanderung handelte, am besten löst, indem man antwortet: Wahrscheinlich um beides.

Die moderne Tiefenpsychologie glaubt, daß sich tief in der menschlichen Psyche ein Schatz an Weisheit verbirgt. Jung war davon überzeugt, daß die Wiedergeburt eine Behauptung sei, die zu den uranfänglichen Behauptungen der Menschheit zähle, und daß solchen Behauptungen psychische Ereignisse zugrunde liegen müßten (136). In einem der Dialoge Platons weist Sokrates darauf hin, daß es beim Lehren nicht darum gehe, daß eine Person etwas in eine andere hineintue, sondern darum, etwas bereits Vorhandenes ans Licht zu holen. Er war allerdings nicht an Nichtigkeiten wie Namen und Daten interessiert, die wir unter Hypnose hervorholen, sondern an »Spuren von Wissen, die die Seele auf ihrer zeitlosen Reise ansammelte« (111). Vorstellungen von der Wiedergeburt finden sich im Hinduismus, Dschainismus, Sikhismus, Buddhismus, Taoismus und Konfuzianismus, im Zarathustrischen Glauben, im Mithraskult, im Manichäismus, im Animismus, in der jüdischen und christlichen Religion, im Islam, bei den Freimaurern und in der Theosophie. Allein in der westlichen Philosophie scheinen sie auf bei Hume, Kant und Schopenhauer als Palingenese, Metempsychose und Seelenwanderung (112). Kein anderer einzelner Begriff hat jemals eine so weitverbreitete kulturelle Bestätigung gefunden. Man könnte dagegen anführen, daß vielleicht gerade das einen an sich bedeutungslosen Begriff so lange am Leben erhalten konnte, aber der Glaube geht auf so viele unterschiedliche, kulturell nicht miteinander verbundene Ursprünge zurück, daß ich nicht glauben kann, daß er keine grundlegende biologische Gültigkeit besitzen sollte. Das Problem ist nur, Beweise zu finden.

Der bestmögliche Beweis für die Wiedergeburt wäre der Nachweis, daß ein heute lebender Mensch denselben Geist besitzt wie ein Mensch, dessen Körper bereits vor einer Weile gestorben ist. Der Philosoph Curt Ducasse weist nun allerdings darauf hin, daß der Körper eines alten Mannes dem Körper desselben Mannes, als er jung war, völlig unähnlich sein kann und daß die Schwierigkeit der Identifizierung nur überwunden werden kann, wenn man nachzuweisen imstande ist, daß aus dem jungen Körper der alte geworden ist (57). Dasselbe Problem gilt auch für den Geist, und man sollte in Betracht ziehen, daß »ein Geist zu einer gegebenen Zeit ›derselbe Geist‹ wie einer zu einer früheren Zeit ist, wenn – und nur wenn – aus dem zu der früheren Zeit betrachteten Geist der zu der späteren Zeit betrachtete Geist geworden ist«. Um das zu beweisen, müßte man demonstrieren können, daß der gegenwärtige Geist Erinnerungen an subjektive Erlebnisse des früheren enthält. Viele der von Stevenson untersuchten, angeblich reinkarnierten Geister besaßen solche Informationen, aber da sie sich auf subjektive Erlebnisse bezogen, die ihrer Natur nach in der Vergangenheit nicht aufgezeichnet worden waren, ist es unmöglich, sie zu überprüfen. Der bestmögliche Beweis für die Reinkarnation ist daher unmöglich, und wir müssen uns mit dem zweitbesten zufriedengeben.

Ich bin bereit, jeden Beweis für das Weiterleben nach dem

Tode gelten zu lassen, der jede Möglichkeit der Telepathie oder der unbewußten Erinnerung ausschließt. Wenn über jeden Zweifel hinaus nachgewiesen werden kann, daß jemand, der jetzt lebt, Informationen oder eine bestimmte Fähigkeit aus einer früheren Zeit besitzt, die sonst niemand, der jetzt lebt, besitzt, so muß er diese Informationen oder diese Fähigkeit von einem Wesen erhalten haben, das aus jener früheren Zeit noch am Leben ist. Selbstverständlich wäre das ein Beweis, der sowohl für die Reinkarnation als auch für das Besessensein von einem Geist gelten könnte, aber ich glaube, diese Unterscheidung ist im Augenblick unwichtig.

Frederick Wood, Musikwissenschaftler in Blackpool, war bereits auf ein in dieser Stadt lebendes Mädchen aufmerksam geworden, als es im Jahre 1931, in Trance versetzt, Wörter aus einer fremden Sprache zu verwenden begann (57). Das Mädchen, das nur unter dem Namen Rosemary bekannt ist, war ein Medium für Kommunikationen, die von einer Frau zu stammen schienen, die in der Zeit der XVIII. Dynastie in Ägypten gelebt hatte, und zwar unter dem Pharao Amenhotep III., von dem wir wissen, daß er von 1460 bis 1377 v. Chr. lebte. Der Geist gab sich zu erkennen als Telika-Ventiu, die babylonische Gattin des Pharao, und erklärte, daß sie mit Rosemary in der alten Sprache reden könne, weil das Mädchen selbst eine junge syrische Sklavin gewesen war, die als Tempeltänzerin gedient hatte, bis die Königin sie befreite und als Dienerin aufnahm, und daß sie beide zusammen im Nil ertranken, als sie vor dem Zorn der Priesterschaft flohen. Melodramatische Berichte dieser Art sind in der Seelenwanderungsliteratur häufig anzutreffen, und sie stimmen mit Recht bedenklich. Denn wenn es eine Wiedergeburt gibt, so ist nicht recht einzusehen, warum so viele der Wiedergeborenen alte Ägypter von hohem Rang oder Indianerhäuptlinge gewesen sein sollen; doch diese Kritik ist im Falle Rosemarys unzutreffend, denn sie brachte wirklich Wörter in einer alten ägyptischen Sprache hervor.

Wood schrieb eine Anzahl von Sätzen und Redewendungen phonetisch nieder und legte sie dem Ägyptologen Howard Hulme zur Übersetzung vor. Hieroglyphen stellen nur die Konsonanten dar. Kein heute lebender Mensch weiß, wie Altägyptisch ausgesprochen wurde, denn die Vokale können nur durch den Vergleich mit den entfernt verwandten koptischen Formen und Ausspracheweisen annähernd erraten werden. Wenige Ägyptologen sind sich auch nur im Hinblick auf die Zahl und die Anordnung der Zeichen des Hieroglyphenalphabets einig, aber alle räumen ein, daß die fehlenden Vokale eine Rolle spielen und die Bedeutung eines Wortes grundlegend verändern können. Als aus Rosemarys Worten nun die Vokale gestrichen wurden, war der Rest für Hulme immer noch verständlich. Er sagte: »Das ist schwer zu zeigen und zu erklären . . . die rein technischen und überzeugendsten Merkmale: zum Beispiel die Eigentümlichkeiten des Satzbaus, Archaismen, grammatikalische Genauigkeit, besondere Ausdrücke aus der Volkssprache, gewöhnliche Auslassungen und Metaphern . . . aber sie sind sehr beweiskräftig« (291). Hulme war überzeugt.

Es ist möglich, daß sich die Mitteilungen tatsächlich auf die verlorengegangene Sprache der Hieroglyphen stützten und Zusätze enthielten, die ihnen – da sie diese Sprache nur in der geschriebenen Form kannten – nicht geläufig waren. Die Möglichkeit wurde erwogen, daß Rosemary die Hieroglyphen studiert und dazu ihre eigenen Vokale erfunden haben könnte, aber dagegen sprach die Geschwindigkeit, mit der Rosemary Sätze hervorbrachte, die offensichtlich sinnvolle Antworten auf spontane Fragen waren. Kein lebender Mensch kann Altägyptisch sprechen, und nicht einmal die Fachleute können es direkt lesen, ohne jedes Wort durch mühseliges Probieren wie ein Kryptogramm zu lösen. Rosemary war jedoch imstande, im Laufe einer Sitzung von nur 90 Minuten 66 richtige Sätze in altägyptischer Sprache zu sagen, und zwar als Antworten auf eine Reihe von zwölf Fragen in dieser Sprache, deren Vorbereitung Hulme zwanzig Stunden gekostet hatte.

Ob es das syrische Sklavenmädchen und die babylonische Prinzessin wirklich gegeben hat, ist noch fraglich. Sie werden in keinem Papyrus aus der Zeit Amenhoteps III. erwähnt, und anders können wir nicht beweisen, daß »jemand, der eindeutig lebt, früher einmal starb«. In einem gewissen Sinne spielt das keine Rolle, denn wir scheinen in diesem Falle einen sehr guten Beweis für ein Weiterleben nach dem Tode zu haben – unabhängig von den tatsächlichen Mechanismen, die dabei im Spiel sind. Meinen Beweiskriterien ist nämlich insofern entsprochen worden, als hier eine lebende Person in der Lage war, eine alte Geschicklichkeit oder Fähigkeit zu demonstrieren, die außer ihr kein in unserer Zeit Lebender besitzt.

Joan Grant ist eine englische Autorin, die einige sehr lebendige historische Romane geschrieben hat (145). Sie ist außerdem imstande, sich bewußt in einen Trancezustand zu versetzen, den sie »Fernerinnerung« nennt und der es ihr ermöglicht, Teile von etwas nachzuerleben, was sie für ihre früheren Inkarnationen hält. Diese fallen ihr mit so vielen Einzelheiten wieder ein, daß sie nun die Grundlage mehrerer umfangreicher Bücher über so verschiedene Charaktere wie eine römische Matrone, die in einem Marmorsarkophag Selbstmord verübte, ein Mädchen aus dem Mittelalter, das als Hexe auf dem Scheiterhaufen verbrannt wurde, und einen Sänger, der im Italien des 16. Jahrhunderts die Laute schlug, bilden. Während sie eine Episode aus dem Leben des Letztgenannten diktierte, erbrach sich Joan Grant mehrere Male. Sie erklärte, ihre Übelkeit komme von dem überwältigenden Gestank einer pockenkranken Frau. Ein Arzt, der zu Besuch weilte und viel mit Pockenfällen zu tun gehabt hatte, meinte, sie müsse sich irren, denn diese Krankheit mache sich nicht durch einen besonderen Geruch bemerkbar. Einige Zeit darauf schickte er ihr aber einen Artikel über einen seltenen Typ von Pocken, der im Vorderen Orient aufgetreten war und sich von allen anderen durch »einen spezifischen Gestank (unterschied), den man, wenn man ihn einmal gerochen hat, mit keinem andern mehr verwechseln kann«.

Joan Grant glaubt, daß »der Körper eines jeden Individuums eine physische und eine überphysische Komponente hat; und wenn der Energieaustausch zwischen den beiden endet, stirbt der physische Körper. Aber der überphysische stirbt nicht.« Damit scheint sie dem Begriff des Bioplasmas sehr nahe zu kommen, aber sie meint, daß der überphysische Körper nicht sterben kann, weil er »aus einer Materiekategorie besteht, die nicht dem Prozeß unterworfen ist, den wir ›Tod‹ nennen, einem Prozeß, in dessen Verlauf von einem Energiefeld integrierte physikalische Partikeln zerfallen, weil das Energiefeld inaktiv geworden ist«.

Sie sieht das Überleben in den Händen von etwas, was sie das »Integrale« nennt, eine Summe all der in einer ganzen Reihe von Inkarnationen erworbenen Weisheit, die entscheidet, welcher von einer ganzen Sammlung vergangener überphysischer Körper erweckt werden und ein neues befruchtetes Ei übernehmen soll. Das Geschlecht, die Fähigkeiten und einige der irrationalen Neigungen und Abneigungen jedes Individuums werden ihrer Ansicht nach direkt durch die Einwirkung dieses organisierenden überphysischen Körpers auf das im Ei enthaltene genetische Rohmaterial bestimmt.

Das ist eine verlockende und weitreichende Konstruktion, die sich auf große persönliche Erfahrung stützt und so umfassend ist wie jede andere Theorie, die das Weiterleben nach dem Tode erklären will, aber dennoch lassen sich nicht alle bekannten Tatsachen in ihr unterbringen. Sie setzt nämlich voraus, daß jedes lebende Individuum das Produkt von mindestens einem vorausgegangenen Leben sein muß, aber anhand des bisher verfügbaren Beweismaterials haben wir keinen Grund zu der Annahme, daß die Reinkarnation etwas andere sein könnte als ein seltener Ausnahmefall. Joan Grants Ehemann ist der Psychiater, der die hypnotische Regression zu früheren Inkarnationen als psychotherapeutisches Instrument anwendet, und er gibt zu, daß »von den Personen, in denen ich eine frühere Persönlichkeit vermutete, nur ein kleiner Prozentsatz imstande war, sich auch nur einer einzigen Episode zu erinnern«. In beinahe jeder Hinsicht entspricht der von Joan Grant angenommene überphysische Körper direkt der Natur und dem Verhalten des neuentdeckten bioplasmischen Körpers. Wir wissen, daß das Bioplasma die Entfernung und Zerstörung des körperlichen Systems zu überleben scheint, dann aber mit der Zeit seinerseits zerfällt; daher ist die Annahme berechtigt, daß sich Joan Grant irren könnte, wenn sie meint, ihr überphysischer Körper löse sich niemals auf. Aus physikalischen und biologischen Gründen halte ich es für wahrscheinlicher, daß das Organisationsfeld, das die Charakteristika der individuellen Erinnerung und Erfahrung trägt, letzten Endes doch von Energie abhängt und daß diese Energie am besten von einem lebenden Körper geliefert werden kann.

Grant sagt, ein Geist sei ein »dissoziiertes Fragment einer

Persönlichkeit, das ... nur über eine begrenzte Energiemenge verfügt, und diese wird schließlich aufgebraucht, so daß ein modernes Gebäude weit eher von Geistern heimgesucht werden sollte, als ein mittelalterliches Verlies«. Das ist vollkommen richtig gesehen, und wenn wir zu dieser Feststellung die Beobachtung hinzufügen, daß viele Geistererscheinungen offenbar sehr einfältig sind und in den meisten Fällen immer wieder nur die gleichen Handlungen wiederholen, so gelangen wir zu der, wie mir scheint, berechtigten Annahme, daß einer Persönlichkeit im körperlosen Zustand nichts oder nur wenig hinzugefügt oder weggenommen werden kann. Es ist möglich, daß körperlose bioplasmische Felder lebende Körper kurz berühren, so daß man den flüchtigen Eindruck haben kann, einen Geist gesehen oder gespürt zu haben, und daß sich das Bioplasma dabei auflädt und wieder eine Weile weiterexistieren kann. Es ist auch vorstellbar, daß die bioplasmischen Felder dazu verurteilt sind, sich auf diese Weise am Leben zu erhalten, bis sie auf einen Körper stoßen, der so weit dissoziiert ist, daß sie von ihm Besitz ergreifen können, oder auf ein soeben befruchtetes Ei in einem hinlänglich aufnahmebereiten Zustand, so daß sie reinkarniert werden können. Oder bis sie vollkommen entladen werden durch Weihwasser oder eine andere Form des rituellen Exorzismus.

Treiben wir diese Mutmaßungen noch ein Stück weiter, so erscheint es uns durchaus vernünftig anzunehmen, daß die wiederbelebende Aufladung zwar von einem lebenden Körper derselben Spezies kommen sollte, daß aber ein verzweifeltes bioplasmisches Wesen auch bei einem anderen zur Verfügung stehenden warmblütigen Säugetier Hilfe suchen und finden könnte. In dieser Vorstellung ist auch Raum enthalten für eine Erklärung des so hartnäckigen Glaubens an Vampire (gierige Bioplasmen, die einst skrupellosen Menschen gehörten) und an Werwölfe (Bioplasmen, die keine Menschen finden und daher gezwungen sind, sich von des Menschen bestem Freund zu ernähren). Es wäre auch möglich, daß unsere Spezies nicht die einzige ist, die abtrennbare Felder produziert, und daß es einen Austausch zwischen körperlosen menschlichen Systemen und eine Verbindung mit anderen nichtmenschlichen Bioplasmen der verschiedensten Herkunft gibt. Das würde uns helfen, die amorphen und

230

scheußlich gemischten, nur teilweise menschlichen Erscheinungen zu erklären, die von Zeit zu Zeit auch außerhalb der grotesken Horrorgeschichten auftauchen.

Alle diese – wie ich zugeben muß – weit hergeholten Annahmen versetzen uns in eine hypothetische Situation, in der bioplasmische Felder nach dem klinischen Tod mehr oder weniger ziellos umherschweben und entweder schwächer werden und verlöschen oder aber irgendein Mittel finden, noch länger am Leben zu bleiben. Wir wissen aus vielen – in einigen wenigen Fällen auch streng überwachten – Versuchen, daß es sensible Menschen gibt, die einen Gegenstand in die Hand nehmen und lebendige und offenbar auch richtige Beschreibungen von seinen früheren Besitzern liefern können (286). Diese Begabung für die sogenannte Psychometrie scheint etwas sehr Wirkliches zu sein, aber sie könnte auch eine reine Begleiterscheinung des bioplasmischen Phänomens sein, das das Überleben möglich macht. Wenn Entladungen elektrischer Energie dauerhaft in das Wachs einer Grammophonplatte eingeprägt werden können, wenn magnetische Impulse für die spätere Wiedergabe auf einem Draht oder Band festgehalten werden können, dann ist es auch nicht unwahrscheinlich, daß Muster bioplasmischer Energie beispielsweise in den Kristallen von Edelsteinen oder Metallen aufbewahrt werden können, mit denen sie in Berührung gekommen sind. Und wenn das möglich ist, verlangt man sicherlich auch nicht zu viel von den Kräften und Möglichkeiten der Natur, wenn man annimmt, daß diese Energie, die aus einem lebenden Körper stammt, wiederverkörpert werden kann, sofern sie nicht zu lange nach dem klinischen Tod des ersten Körpers ein passendes lebendes Substrat im Zustand der richtigen Empfänglichkeit findet.

Ich habe das Gefühl, daß die Dualität lebender Körper, die Trennung der sie bildenden Bestandteile, das Überleben des einen ohne den anderen und die Wiedervereinigung dieser Bestandteile nach einer zeitlichen oder räumlichen Trennung als eindeutige biologische Möglichkeiten zu Tage treten.

9. Kapitel
Wunder und andere Wirklichkeiten

Wir betrachten Wunder heutzutage als etwas so Selbstverständliches, daß es schwer sein könnte, einen neuen Messias zu erkennen. Tagtäglich werden Menschen durch die neuen Wiederbelebungstechniken vom Tode erweckt. Ein Patient, der in der Herzintensivstation eines New Yorker Krankenhauses mehr als neunzigmal »gestorben« war, führt heute ein normales tätiges Leben, aber niemand nennt sein Überleben ein Wunder (288). Er trägt zwar einen elektronischen Schrittmacher, und diese sichtbare Erinnerung an die Rolle, die bei seiner Behandlung die Technik spielte, liefert uns eine materielle Stütze für unsere Gläubigkeit, aber es gibt Menschen, die ähnliche Leistungen ohne mechanische Hilfsmittel vollbringen.

Auf einer Indienreise sah ich unlängst einen Mann beinahe alle Wunder vollbringen, die jemals Christus zugeschrieben wurden. Satya Sai Baba wirkt ganz und gar nicht wie ein Messias. Groß und schlank und mit dichtem schwarzem Haar im Afro-Look bewegt er sich langsam durch die Volksmenge, die sich um seinen *Ashram* in der Nähe von Bangalore versammelt. Er trägt ein langes seidenes Gewand und teilt beinahe ohne Ansehen der Person Gesundheit und Reichtum aus. Er verwandelt Steine in Süßigkeiten und Blumen in Juwelen, er holt Schauer heiliger Asche in solchen Mengen aus der Luft, daß man große Trommeln damit füllen kann, und er heilt durch Berührung und aus größerer Entfernung. Ich hatte keine Gelegenheit, ihn genau zu untersuchen, aber Howard Murphet hat einige Zeit mit Sai Baba gearbeitet und ist davon überzeugt, daß es sich um keine Taschenspielertricks und um keinen Betrug handelt (193).

Abgesehen von dem Wirklichkeitsgehalt dessen, was er tut, ist es interessant, die Reaktionen seiner Anhänger zu beobachten, die beinahe genau das gleiche sehen, was die Volksmenge da-

232

mals, vor 2000 Jahren, auf jenem Berg in Palästina gesehen hat. Hunderttausende Menschen, die Sai Baba gesehen haben, halten ihn für die irdische Inkarnation einer Gottheit. Ein solcher Glaube kann in Indien, wo die Wiedergeburt als eine natürliche Tatsache betrachtet wird, leicht aufkommen, aber wie würde man auf Sai Baba im Westen reagieren? Ich weiß: wenn er eine Tournee durch die Hauptstädte Europas machte oder wenn man einen Film über ihn zur Hauptsendezeit im amerikanischen Fernsehen zeigte, so würde er weniger Interesse erregen als eine Königshochzeit. Blitzheilungen von Lähmung und Blindheit, dramatische Genesungen von Krankheit und Tod geschehen jede Woche in Lourdes und Fatima, in den Madison Gardens und in der Albert Hall, aber sie sind nicht einmal mehr eine flüchtige Erwähnung in der Presse wert.

Ab und zu rafft sich der britische oder amerikanische Ärzteverband auf und erklärt: »Wir können keine Beweise dafür entdecken, daß es irgendeine Krankheit gibt, die allein durch ›Heiler‹ kuriert wurde und nicht auch durch ärztliche Behandlung geheilt worden wäre« (226). Die Fachleute ignorieren dabei bequemerweise die Tatsache, daß die meisten Patienten sich erst den verschiedenen Formen der am Rande der medizinischen Wissenschaft erhältlichen Behandlung zuwenden, wenn die orthodoxe Medizin ihnen nicht zu helfen vermochte, und sie bestehen darauf, daß die Natur der geheilten Krankheit unrichtig diagnostiziert oder fälschlicherweise einer organischen Ursache zugeschrieben worden sein müsse, während sie in Wirklichkeit hysterischen Ursprungs gewesen sei. Was jedoch kein Arzt mehr zu leugnen wagt – denn die gegen ihn sprechenden Beweise sind nunmehr überwältigend – ist, daß Heiler ohne medizinische Qualifikationen Heilungen vollbringen können und auch tatsächlich vollbringen.

Ein französischer Student der Pharmazeutik gegen Ende des 19. Jahrhunderts war überrascht, als ein Patient, der an einer anscheinend jeder Behandlung widerstehenden Krankheit litt, auf seinen Rat hin eine neue Patentmedizin einnahm und prompt geheilt wurde (127). Noch größer war seine Verwunderung allerdings, als er die Medizin untersuchte und feststellte, daß sie eine harmlose Mixtur darstellte, deren ganzer Wert auf der

233

»unfreiwilligen Beredsamkeit beruhte, mit der er selbst ihre Verwendung empfohlen hatte, und auf dem Vertrauen des Patienten in ihn und sein Wort«. Emile Coué kam zu dem Schluß, daß sein Einfluß von der Art sein mußte, die manchmal in der hypnotischen Suggestion auftritt, daß aber letzten Endes der Patient selbst für seine Heilung verantwortlich war. Er sagte sich, daß wahrscheinlich alle Medikamente ähnlich wertlos seien, und gründete 1910 eine Klinik in Nancy, um dort die Behandlung durch, wie er es nannte, »Autosuggestion« zu lehren. Er war es, der das Schlagwort »Es geht mir jeden Tag und in jeder Hinsicht besser und besser« erfand, und jahrelang erfreute sich dieses System, die »Methode Coué«, ungeheurer Beliebtheit, aber schließlich ging es denselben Weg wie die Phrenologie, die zur gleichen Zeit große Mode war.

Heute wissen wir mehr über die Prävalenz psychosomatischer Wirkungen, und es wird allgemein anerkannt, daß sich ein Mensch durch seinen eigenen Geist krank oder gesund machen kann. Die Tatsache, daß der Ursprung vieler Symptome im Geiste liegt, das heißt in einem Bereich, von dem nur wenige Ärzte etwas wissen, erklärt das allgemeine Phänomen der Syndromverschiebung. Michael Balint zitiert das entsetzliche Beispiel eines Mannes, der nacheinander von 34 Spezialisten behandelt wurde und immer noch krank ist, »obwohl kein Zweifel daran besteht, daß beispielsweise der Chirurg, der seine Analfissur operierte, der Orthopäde, der seine beschädigte Wirbelsäule behandelte, oder der Neurologe, der seine Zuckungen diagnostizierte, seinen Fall als abgeschlossen und womöglich sogar erfolgreich behandelt betrachteten« (10).

An der University of California hat sich Alberto Marinacci einer Anzahl von Patienten angenommen, die an Lähmungen ohne erkennbare organische Ursache leiden. Er wendet sich direkt an den unbewußten Geist dieser Menschen, indem er Biofeedback-Techniken anwendet, um schlummernde Muskelfunktionen zu wecken. Manche seiner Patienten haben bereits wieder zu gehen begonnen. Im *Veterans' Center* in Los Angeles wendet Maurice Sterman eine ähnliche Konditionierungstechnik an, um an schwerer Epilepsie leidende Menschen zu lehren, die Symptome zu erkennen, die einen bevorstehenden Anfall ankünden, und über diese Symptome Gewalt zu gewinnen, um nicht von ihnen überwältigt zu werden (273). Stephen Black kommt zu dem Schluß, daß »von allen Krankheiten, die des Menschen Erbteil sind, mindestens die Hälfte immer schon psychosomatischer Natur war« (20). Damit sind die Heiler scheinbar nur noch wenig mehr als »Schalter«, mit denen die eigene Kraft der Menschen ein- oder ausgeschaltet wird, aber es sieht allmählich so aus, als legten wir nun doch zuviel Gewicht auf den Geist des Patienten, denn es mehren sich die Beweise dafür, daß Heiler Menschen mit ungewöhnlichen und übertragbaren eigenen Kräften sein können.

An der McGill University in Montreal betrat Bernard Grad mit einer Serie klug erdachter Versuche absolutes Neuland (91). Er begann damit, daß er Gerstenkörner mit Salz behandelte und dann in einem Ofen lange genug buk, um die Samen zu beschädigen und ihre Keimfähigkeit ernstlich zu gefährden. Dann wurde die Gerste in Töpfen angesät und gegossen. Manche Töpfe bekamen unbehandeltes Leitungswasser, aber andere wurden mit Wasser aus derselben Leitung gegossen, das ein bekannter Heiler dreißig Minuten lang in einer verschlossenen Glasflasche in den Händen gehalten hatte. Das Experiment war so angeordnet, daß der Heiler nie die Pflanzen sah, und der Mann, der sie betreute, nie wußte, welche Wasserflaschen vom Heiler kamen und welche direkt vom Wasserhahn. Als diese komplizierte Anordnung aufgedeckt wurde, zeigte sich, daß die Gerstenkörner, die mit dem behandelten Wasser gegossen worden waren, in größerer Anzahl gekeimt und eine größere Höhe erreicht hatten – und später einen höheren Ertrag lieferten –, als die in den anderen Töpfen.

Diese Wirkung erklärt sich daraus, daß Wasser aus sehr instabilen Molekülen besteht, deren chemische Bindungen nur ein Zehntel so stark sind wie die der meisten anderen Stoffe. Diese Bindungen sind verhältnismäßig leicht zerstörbar, und es scheint, daß sie in den Händen eines Heilers verzerrt werden. Ein geschickter Molekularchemiker, dem man zwei Proben reines Wasser gibt, von denen eine aus den Händen eines Heilers kommt, kann diese allein aufgrund der Änderungen in der Natur ihrer atomaren Bindungen voneinander unterscheiden. Die Wissenschaft ist wirklich etwas Wunderbares, aber sie verliert einiges von ihrer Magie, wenn wir entdecken, daß ein ähnlich kompliziert arbeitendes Labor in jedem Gerstenkorn enthalten sein muß.

Wasser macht den größten Teil des Körpergewichts eines jeden lebenden Organismus aus, und alle biochemischen Prozesse finden in einem wäßrigen Medium statt; daher konnte der Heiler seine Kräfte ausschließlich durch seine Gewalt über diesen Hauptbestandteil zur Wirkung bringen. Justa Smith vom Rosary Hill College in New York verfolgte diese Kausalkette noch ein Glied weiter, indem sie nachwies, daß ein Heiler organische Moleküle ebenso leicht beeinflussen kann (249). Für ihren ersten Versuch wählte sie das Enzym Trypsin, das von der Bauchspeicheldrüse produziert wird und am Abbau von Proteinen im Zwölffingerdarm beteiligt ist. Das Trypsin wurde isoliert und während der elf Tage, die der Test dauerte, in verschlossenen Flaschen aufbewahrt. Jeden Tag hielt der kanadische Heiler Oscar Estebany eine dieser Flaschen 75 Minuten lang in den Händen, dann wurde das Trypsin einem anderen Forscher übergeben, der seine Stärke, das heißt seine Fähigkeit, rohes Eiweiß abzubauen, testete. Die Ergebnisse zeigten, daß der Heiler »das Enzym auffällig stark angeregt hatte«, denn es baute das Eiweiß erheblich schneller ab als das Trypsin aus den Kontrollflaschen, die entweder unbehandelt geblieben oder von Versuchspersonen ohne bekannte Heilkräfte berührt worden waren.

Justa Smith war von diesem Ergebnis nicht übermäßig beeindruckt. Sie war der Meinung, daß es nötig sei, nicht nur zu demonstrieren, daß biochemische Reaktionen von außen beeinflußt werden können, sondern auch nachzuweisen, daß sie auf eine Weise beeinflußt werden können, die für den Körper, in dem sie auftreten, von Vorteil ist. Bei ihrem nächsten Experiment testete sie die »Intelligenz« und das Unterscheidungsvermögen der heilenden Hände, indem sie ihnen das Enzym Nikotinamid-adenid-dinukleotid (NAD) anvertraute. Dieses Enzym hat mit einem anderen zusammen die Aufgabe, Kohlehydraten den Wasserstoff zu entziehen, um sie für die Einwirkung anderer Enzyme vorzubereiten. In einer reinen Lösung ohne die nötigen biochemischen Gegengewichte geht dieser Wasserstoffentzug sehr rasch vor sich, aber in einem lebenden Körper muß er unbedingt gebremst und sorgfältiger abgestimmt werden. Nachdem das NAD in den Flaschen dem heilenden Einfluß ausgesetzt worden war, wurde seine Wirkung auf Kohlehydrate getestet. Es zeigte sich, daß das Enzym nicht wahllos verstärkt, sondern richtig abgestimmt war. Wenn es ein Unterscheidungsvermögen dieser Art nicht gäbe, würde ein Heiler wildwuchernden Krebs hervorrufen, wenn er lediglich versuchte, eine kleine Wunde zur Abheilung zu bringen.

Mit diesen Ergebnissen immer noch nicht ganz zufrieden, machte Schwester Smith eine letzte Versuchsreihe. Diesmal war das Enzym, das sie auswählte, die Amylase-Amylose-Kombination, die am Abbau des Glykogens beteiligt ist, das in der Leber und in den Muskeln gespeichert und in Form von Glukose in den Blutstrom abgegeben wird, sobald – und in dem Maße, wie – diese benötigt wird. Ist die Wirkung dieses Enzyms zu stark, so steigt die Zuckerkonzentration im Blut, und der Organismus wird zuckerkrank. Bei einer zu schwachen Wirkung sinkt der Blutzuckerspiegel zu tief ab, und der Patient leidet ebensosehr. Wenn eine optimale Wirkung auf einen normalen Menschen erzielt werden sollte, mußte daher die Reaktionsfähigkeit der Enzyme nach der Beeinflussung durch den Heiler unverändert sein. Sie war unverändert. Justa Smith folgerte daraus, daß »das menschliche Denken eine Kraft schaffen kann, die heilt. Und diese Kraft ist in ihrer Wirkung auf bestimmte Körpervorgänge auf wunderbare Weise selektiv« (249).

Grad führte diese Arbeit um den nächsten, wichtigen Schritt weiter, indem er nachwies, daß biochemische Änderungen dieser Art in einem gesunden Tier angeregt werden können (92). Er präparierte 300 Mäuse in der Weise, daß er jeder die gleiche kleine Verletzung zufügte, indem er ein kleines Stück Haut vom Rücken entfernte. Unter normalen Umständen müßte man nun in der ganzen Population eine sehr unterschiedliche Heilungsdauer erwarten, die sich jeweils nach dem Gesundheitszustand, dem Alter, dem Geschlecht und dem sozialen Rang des Individuums richtet. Was Grad aber tatsächlich entdeckte, war, daß bei *allen* Mäusen, die ein anerkannter Heiler täglich fünfzehn Minuten in der Hand hielt, die Heilung weit rascher vonstatten ging als bei den Mäusen, die unter den gleichen Umständen und ebenso lange von anderen Personen in der Hand gehalten wurden. Es scheint, daß Heiler wirklich etwas in ihren Händen haben und aus ihren Händen strömen lassen, was sie von anderen Menschen unterscheidet.

Thelma Moss verwendete an der University of California ihren Hochfrequenzapparat bei dem Versuch, die Begabung des israelischen Heilers Yehuda Isk zu lokalisieren (187). Sie sagt, daß die Hände jedes Menschen Bilder entstehen lassen, die eine glühende Aura zeigen, daß aber »die Korona des Heilers einen qualitativen Unterschied aufweist« und daß sich das Muster auffällig verändert, während er heilt. Bei einem Test verglich sie die Wirkung, die der Heiler auf eine Topfpflanze ausübte, mit der, die jemand auslöste, der behauptete, »kein Talent zum Gärtnern« zu haben. Die »grünen Finger« des Heilers hinterlie-ßen glühende Abdrücke, die aufflammten, wo immer er das Blatt berührte, während die »ungeschickten« Finger einer anderen Versuchsperson eine Spur von toten Stellen zogen, in denen die Lichter des Bioplasmas völlig erloschen waren.

Man darf offenbar mit gutem Grund annehmen, daß alle Heiler, die auffällige und häufige Erfolge vorweisen können, diese meßbare physische Fähigkeit besitzen. Harry Edwards in Großbritannien, Fra Pio in Italien, Oral Roberts und Kathryn Kuhlman in den Vereinigten Staaten behaupten alle, durch die Kraft des Gebets heilen zu können. Es mag zutreffen, daß sie gleichsam nur die Kanäle darstellen, durch die die Heilkraft strömt, aber es scheint nichtsdestoweniger gewiß zu sein, daß sie zumindest einen Teil des Geheimnisses ihres Erfolges in ihren eigenen Händen halten.

Wenn die Quelle der Gesundheit und der Heilung im Bioplas-ma liegt und jeder Mensch sein eigenes unverwechselbares Mu-ster hat, sollte man annehmen dürfen, daß die Charakteristika dieser Muster die Diagnose verschiedener Krankheiten ermögli-chen müßten. Das trifft offenbar auch zu. Das englische Medium Bertha Harris gehört zu den Menschen, die die Aura mit dem bloßen Auge sehen können. Sie berichtet, daß sie unlängst in ihrem Einkaufskorb ein Ei mit einer doppelten Aura hatte (180). »Als ich es in die Pfanne schlug, sah ich, daß es zwei Dotter hatte und befruchtet war. Ohne die beiden Dotter würde das Ei nicht eine doppelte Aura, und ohne fruchtbar zu sein, würde es gar keine Aura gehabt haben.« In ähnlicher Weise ist Bertha Harris imstande, eine Schwangerschaft schon im frühesten Stadium zu entdecken und Zwillinge zu erkennen, lange bevor dies mit normalen medizinischen Methoden möglich ist.

Viele sensible Menschen behaupten, die Aura auf diese Weise sehen und deuten zu können, aber ihre Fähigkeit ist nur selten objektiv getestet worden. Die Neuropsychiaterin Shafica Karagulla ist gerade dabei, dieses Phänomen in Kalifornien, im Rahmen eines langfristigen Forschungsprogramms, zu untersuchen, und sie erzielte bereits faszinierende Resultate mit einer besonders guten Versuchsperson namens Diane (139). Diane entdeckt »einen vitalen oder Energiekörper oder ein solches Feld, das dem dichten physischen Körper unterlegt ist und ihn wie ein funkelndes Netz von Lichtstrahlen durchdringt«. Wenn Diane dieses Muster beschreibt, klingt es, als spräche sie von einem Bild auf dem Fernsehschirm, das unscharf eingestellt ist, so daß jeder Körper von einem »Geisterbild« umgeben ist, das sich einige Zentimeter über seine Umrisse hinaus erstreckt. Diane kann auch durch den Körper hindurchsehen und die Form und Struktur der meisten größeren Organe erkennen. Ihre Beschreibungen klingen so, wie man es von einem Laien erwartet, aber sie sind präzise und lassen sich leicht in die medizinische Fachsprache übersetzen.

Für ihre ersten Tests suchte Karagulla Patienten mit bestätigten ärztlichen Diagnosen aus, und dann bat sie Diane, in allen Einzelheiten zu beschreiben, was sie sah. »Sie beschrieb die tatsächliche Körperverfassung, die sich in allen Fällen als richtig erwies.« Das war aber nicht alles, was Diane konnte. Sie beschrieb auch das Aussehen eines Energiekörpers, in dem sie spiralige Wirbel erkennen konnte. In ihrem Bericht ist von sieben oder acht spiralförmigen Lichtkegeln die Rede, die den traditionellen *chakras* der Jogalehre genau entsprechen. Diane erklärt, wenn einer dieser Kegel verzerrt sei oder ganz fehle, suche sie in seiner Umgebung nach einer pathologischen Störung. Nach dieser Entdeckung beschloß Shafica Karagulla zunächst einmal diesen Energiekörper bei gesunden Menschen aufzuzeichnen, um eine Vergleichsbasis für den Krankheitsfall zu haben, aber dann stellte sie fest, daß es schwer war, vollkommen gesunde Menschen zu finden. Von einem Mann, der wegen seiner scheinbar robusten Gesundheit ausgewählt wurde, sagte Diane, er habe schwerere Störungen im ganzen Körper. Man riet ihm, eine Durchuntersuchung vornehmen zu lassen. Dabei wurde nichts gefunden, aber anderthalb Jahre später entwickelte er das schwere Nervenleiden, das unter dem Namen Parkinsonismus bekannt ist.

Shafica Karagulla entwarf ein besonderes experimentelles Verfahren, um die Möglichkeit auszuschließen, daß Diane auf telepathischem Wege Informationen über einen Patienten empfing. Sie ging mit ihr in die ambulante Abteilung eines großen New Yorker Krankenhauses und wählte einen Patienten völlig willkürlich aus, indem sie sich vornahm, beispielsweise den Patienten zu nehmen, der auf dem siebenten Stuhl von der Tür aus saß, oder den nächsten, der sich auf einen freien Stuhl setzte. Diane betrachtete ihn dann vom Kopf bis zu den Füßen und sprach auf ein Tonband, was sie sah. Später wurden ihre Diagnosen mit den Ergebnissen der im Krankenhaus vorgenommenen Untersuchungen verglichen.

Als Diane sagte, die Knochen sähen »lausig« aus und der Lichtwirbel an der Kehle sei trüb und leblos, stellte man fest, daß der Patient an der Pagetschen Krankheit (einer Erkrankung des Skeletts, die sonst nur auf dem Röntgenbild zu erkennen ist) und an einer Unterfunktion der Schilddrüse litt. Als sie von »unregelmäßigen und ruckartigen Mustern« über dem Solarplexus und einer »dunklen« Hypophyse sprach, wurde im Krankenhaus das Cushingsche Syndrom diagnostiziert (eine Störung der Nebennierendrüsen, die oft mit einer Erkrankung der Hirnanhangdrüse zusammenhängt). Als Diane meinte, das einen Kopf umgebende Energiefeld sei auf der einen Seite »dicker« als auf der anderen, zeigte es sich, daß der Patient ein Epileptiker war, dessen rechter Schläfenlappen operativ entfernt worden war. Als Diane eine Verstopfung im Dickdarm beschrieb, wurde die Diagnose später durch eine Röntgenuntersuchung bestätigt, und die Frau wurde drei Tage darauf wegen eines Dickdarmverschlusses operiert (139).

Es ist unmöglich, diese treffenden Diagnosen dem Zufall zuzuschreiben, und in den Fällen, in denen weder der Patient noch der Arzt das Krankheitsbild kannte, konnte die Telepathie keine Rolle spielen. Diane und andere wie sie können Muster »sehen«, die für die meisten von uns ohne besondere Geräte unsichtbar sind, und in jedem Falle scheinen diese Muster direkt mit dem Energiekörper verbunden zu sein, den die Jogaphilosophen als den Ort des *prana* beschreiben, den die Akupunktur durch die sensiblen Meridiane beeinflußt, und den Hochfrequenzapparate als Bioplasma enthüllen. Und es hat den Anschein, daß der physische Zustand des Körpers in diesem Muster nicht einfach nur gespiegelt wird, sondern daß ihm vielleicht sogar Veränderungen auf dieser Energie-Ebene vorausgehen.

Auf dem Gebiet der medizinischen Diagnose arbeitete niemand mit einer solchen Geschwindigkeit wie ein ungebildeter ehemaliger Bergmann in Brasilien. José de Freitas, besser bekannt unter seinem Spitznamen Arigó, starb 1971, aber in seinen letzten fünfzehn Lebensjahren behandelte er allein über zwei Millionen Menschen (93). In einem schäbigen Gebäude neben einem Hotel in der kleinen Bergstadt Congonhas do Campo zogen täglich tausend oder mehr Kranke in langer Reihe an Arigó vorbei, der hinter einem Tisch saß, jeden kurz musterte und rasch etwas auf einen Zettel kritzelte. Diese Zettel waren detaillierte Rezepte in portugiesischer oder deutscher Sprache, nach denen der Apotheker jedem Patienten genau das richtige Medikament aushändigen konnte.

Der Fall Arigó wurde 1968 von dem New Yorker Neurologen Andrija Puharich und einem aus sechs Ärzten und acht anderen Wissenschaftlern bestehenden Team untersucht. Man führte Arigó tausend Patienten vor, und ohne einen von ihnen zu berühren – und in durchschnittlich weniger als einer Minute pro Patient – lieferte er eintausend sehr genaue Diagnosen, wobei er in jedem Fall eine entsprechende Behandlung empfahl (64). Puharich sagt: »Wir stellten fest, daß wir 550 Urteile überprüfen konnten, denn in diesen Fällen waren wir selbst imstande, eine recht genaue Diagnose zu stellen. In den übrigen 450 Fällen, beispielsweise bei seltenen Blutkrankheiten, konnten wir uns auf unsere eigene Diagnose nicht verlassen, weil wir an Ort und

Stelle nicht über die nötigen Hilfsmittel verfügten. Aber unter den Fällen, in denen wir sicher waren, fanden wir nicht einen einzigen, in dem sich Arigó geirrt hätte.«

Puharich stellte außerdem fest, daß Arigó seine Rezepte mit phänomenaler Genauigkeit ausschrieb, obwohl er für jedes nur einige Sekunden brauchte und sich nie ansah, was er schrieb. Viele dieser Rezepte waren sehr kompliziert, sie enthielten bis zu fünfzehn verschiedene Medikamente und führten die medizinischen Fachausdrücke und die Handelsbezeichnungen, die richtigen Mengen und die empfohlenen Dosierungen an. Bei etwa fünf Prozent der Patienten, die an ihm vorübergingen, stellte Arigó eine spezifische Diagnose, sagte dann aber nur: »Tut mir leid, ich kann nichts für Sie tun.« Und Puharichs Team bestätigte, daß es sich bei allen um hoffnungslose Fälle im Endstadium der Krankheit handelte.

Als man ihn fragte, wie er zu all dem imstande sei, sagte Arigó nur, eine Stimme spreche ihm ins rechte Ohr. Er identifizierte diesen unsichtbaren Assistenten als einen deutschen Arzt, einen gewissen Dr. Fritz, der 1918 in Estland gestorben war. Dieser Dr. Fritz holte sich im Notfall seinerseits Rat bei den Geistern eines japanischen Chirurgen und eines französischen Facharztes. Obwohl Arigó über diese drei biographische Angaben machte, scheiterten alle Versuche, eine Spur von ihnen zu finden.

Arigó wandte sich erst in den letzten Jahren seines Lebens, nachdem er zwei Haftstrafen wegen unbefugter Ausübung des ärztlichen Berufes verbüßt hatte, ausschließlich der Diagnose zu. Vor seinem Prozeß führte er Tausende von komplizierten Operationen aus – mit Küchenmessern und Scheren, unter vollkommen unsterilen Bedingungen und von Scharen von Kindern umgeben. Man sagte von seiner Arbeit, sie sei so, »als wollte man während der Hauptverkehrszeit mitten auf dem Londoner Viktoria-Bahnhof operieren«. Puharich berichtet von einer Operation, bei der er selbst zugegen war und die an einem Patienten mit einem Leiden im unteren Darmtrakt vorgenommen wurde: »Arigó befahl dem Mann, die Hose hinunterzulassen. Dann nahm er ein Messer, wischte es an seinem Hemd ab, schlitzte den Mann auf, zog seine Bauchmuskeln auseinander, holte die Därme heraus und schnitt in aller Ruhe einen Teil ab, wie man eine Scheibe von einer Wurst herunterschneidet. Dann nahm Arigó die beiden Enden des Darms, stopfte sie wieder in die Bauchhöhle und drückte die Bauchdecke zusammen . . . Nähte machte er nie. Um das Maß voll zu machen, boxte Arigó den Mann zuletzt noch in den Bauch und sagte: ›Das wär's.‹« (64).

Operationen dieser Art wurden mehrere Male von verschiedenen Kamerateams gefilmt, und Blutproben wurden genommen, von denen später nachgewiesen wurde, daß sie von dem betreffenden Mann stammten, so daß keine Rede davon sein kann, daß die Anwesenden Halluzinationen hatten oder daß man sie hypnotisierte und glauben machte, sie hätten eine Operation gesehen. Niemand kann eine Kamera hypnotisieren. Puharich sagte zusammenfassend über die Untersuchungen des Falles Arigó: »Er macht es. Ich kann Ihnen nicht sagen, wie. Sein Einmann-Ausstoß pro Woche kommt der eines ziemlich großen Krankenhauses gleich, und ich nehme an, daß die durchschnittliche Erfolgsquote ebenso gut ist. Im Augenblick bereiten wir unser Material in der Hoffnung vor, daß irgendeine medizinische Fachzeitschrift unsere Beweise akzeptieren wird.« Das war 1968, aber der Bericht wartet noch immer auf eine Veröffentlichung in der Fachpresse. Arigó ist unterdessen gestorben.

Zum Glück gibt es noch andere. Ich habe sie gesehen.

Die Insel Luzon ist die größte und am dichtesten bewohnte der Philippinen. Sie ist seit jeher berühmt für ihre fruchtbaren Täler, wo Reis, Tabak und Zuckerrohr gedeihen, aber nun spielt sie auch noch wegen eines anderen »Produkts« eine bedeutende Rolle. Hundert Kilometer nördlich von Manila und 15 Breitengrade vom Äquator entfernt liegt ein kleines Ackerbaugebiet, das eine neue, unglaubliche Ernte von Heilern hervorgebracht hat. Seltsamerweise gibt es eine Verbindung zwischen diesem Vorposten und Argiós Städtchen im brasilianischen Bundesstaat Minas Gerais. An beiden Orten sind Gruppen der Spiritistischen Gesellschaft am Werk, die 1857 von dem französischen Mystiker Léon Denizarth Hippolyte Rivail, besser bekannt unter seinem Schriftstellerpseudonym Allan Kardec, gegründet wurde (140).

Kardec glaubte, daß die Erlösung ohne Nächstenliebe nicht möglich sei. Er lehrte, daß das größte Geschenk, das man aus Nächstenliebe machen könne, die Gesundheit sei und daß diese nur weitergegeben werden könne durch die Zusammenarbeit mit Geistern, die in einer unsichtbaren Welt leben, in der die Gesundheit gehütet und gelenkt wird. In Brasilien gibt es etwa vier Millionen »Spiritisten« und mehrere große Krankenhäuser, in denen das Hauptgewicht auf der Behandlung psychischer Störungen liegt, aber in der vergleichsweise kleinen Gemeinde auf den Phillippinen behandeln die Spiritisten alle körperlichen Beschwerden.

Die meisten Heiler Luzons gehören der *Unión Espiritista Cristiana de Filipinas* an, einer lose koordinierten Gruppe kleiner Landkirchen, in denen das Talent vieler Heiler durch den persönlichen Kontakt geweckt wurde, den sie untereinander hatten. Zu ihrer Ausbildung gehören lediglich Beten, Demut und die Kenntnis der Bibelstellen, die das Heilen betreffen – wobei ihnen der Psalm 119 besonders wichtig erscheint. Nur wenige der Heiler haben irgendeine Art von Bildung genossen, und keiner von ihnen versteht viel von Medizin oder begreift, was er tut oder wie er es tut. Aber alle dreißig oder mehr, die derzeit praktizieren, führen größere Operationen mit den bloßen Händen aus.

Bei drei verschiedenen Besuchen auf den Philippinen mit insgesamt acht Monaten intensiver Forschungsarbeit sah ich über tausend Operationen, die von zweiundzwanzig verschiedenen Heilern vorgenommen wurden. Jeder hat eine etwas andere Technik, aber die im folgenden beschriebene Operation ist typisch, und ich gebe eine Aufzeichnung wieder, die ich damals machte:

»Die Patientin ist eine Frau in mittleren Jahren, barfuß und in einem verblaßten geblümten Rock und einem weißen Baumwollhemd. Man sagt mir, sie leide unter ständigen Bauchschmerzen. Sie legt sich auf den Holztisch, den ich soeben gründlich untersucht habe. Es ist nicht möglich, daß etwas auf oder unter ihm verborgen sein könnte. Die Gehilfen des Heilers rollen der Frau das Hemd hinauf und stecken es unter ihren Büstenhalter. Ich beobachte wie ein Habicht. Nichts Verdächtiges. Ihr Rock wird aufgeknöpft und ein wenig heruntergezogen, und ein Handtuch wird über ihn gelegt, damit er trocken bleibt. Man erlaubt mir, das Handtuch zu untersuchen. Ich finde es unbedenklich, wenn

244

auch nicht allzu sauber. Sie liegt still, die Arme unter dem Kopf, vielleicht verängstigt, aber voll Vertrauen. Der Heiler kommt herein. Er trägt eine Baumwollhose und ein dünnes kurzärmeliges Hemd. Er grinst entwaffnend und dreht sich langsam wie ein Mannequin, um mir zu zeigen, daß er nichts in seinen Ärmeln versteckt hat. Nun legt er seine nackten Hände leicht auf den Bauch der Frau und läßt sie dort ruhen, während er die Augen schließt. Er steht an ihrer rechten Seite und hebt die linke Hand, um sie ihr auf die Stirn zu legen, während seine Rechte auf ihrem Nabel liegen bleibt. Er sagt etwas in dem örtlichen Dialekt von Ilocano. Man erklärt mir, es sei ein Gebet. Alles ist nun ganz still. Der Heiler beginnt. Er nimmt ein Stück Watte aus einer Pakkung, die ich selbst mitgebracht habe, taucht sie in eine rosa Plastikschale, die ich selbst fünf Minuten zuvor aus dem Wasserhahn gefüllt habe, und wischt der Frau den Unterleib ab, indem er drei-, viermal kräftig reibt. Nun beginnt er mit einer knetenden Bewegung, er drückt alle zehn Fingerspitzen in ihre Haut, so daß sich das Wasser aus der Watte dort sammelt und über ihre Seite hinunter auf den Tisch rinnt. Der Heiler nimmt einen Fleischwulst zwischen die Daumen und Finger beider Hände, hebt ihn leicht an und drückt dann fester als zuvor nach unten. Er arbeitet jetzt unmittelbar rechts neben dem Nabel, und plötzlich ist da rote Farbe. Das könnte Blut sein. Zuerst ist es wäßrig, mit der Feuchtigkeit auf ihrer Haut vermischt, aber nun wird es dunkler und gurgelt kräftig zwischen seinen Fingern hervor. Ich kann keine Wunde sehen. Langsam bewegt er seine Hände etwa zehn Zentimeter auseinander, und ich sehe etwas, was wie Bindegewebe aussieht; es ist dünn, beinahe durchsichtig, offenbar elastisch, rot und blutig. Noch viel mehr rote Flüssigkeit ist zu sehen, und sie beginnt das Handtuch zu beflecken. Ich stehe ungefähr einen Meter von der Frau entfernt, auf der linken Seite, und beuge mich noch näher über sie. Der Heiler knetet noch eine Weile ihren Unterleib, die Finger seiner linken Hand scheinen bis zum zweiten Gelenk in ihr Fleisch einzudringen, und sie sind rot. Er bewegt die Hände wieder auseinander und bedeutet mir mit den Augenbrauen, mir das Gewebe genauer anzusehen. Die Watte ist nun vollständig durch etwas ersetzt worden, was wie Fleisch aussieht. Ich strecke meine freie linke Hand aus und berühre es. Es ist warm und feucht, und die Blutgerinnung beginnt an der Oberfläche kleine leberfarbene Klümpchen zu bilden. Ich wische einige mit meinem Finger weg, und sie fühlen sich klebrig an. Ich bin sicher, daß es Blut ist. Ich kann jetzt tiefer in den blutigen Brei hineinsehen. Der Heiler drückt gegen den Unterleib der Frau, und in der Höhlung, die er auf diese Weise macht, sammelt sich eine Menge Blut in zwei Pfützen. Während er seine Finger wie jemand bewegt, der ein Loch in feuchten Sand bohrt, sehe ich ab und zu tiefer unten weißes, helleres Gekröse. Ich kann einen Fächer von Kapillarien sehen, die an etwas hängen, was wie ein Teil des Dünndarms aussieht. Mein Gesicht ist nur eine Handbreit von der Körperoberfläche entfernt. Er drückt nun kräftig nach unten. Dann spreizt er seine rechte Hand, und zwischen Zeige- und Mittelfinger beginnt ein großer, runder Klumpen zu wachsen. Er steigt höher, während ich zusehe. Ich kann es kaum glauben. In Sekundenschnelle ist er zu der Größe eines Tennisballs angewachsen, er ist nicht ganz rund und hängt unten noch fest. Ein Gehilfe greift von der rechten Seite herüber und nimmt den Ball mit einer Zange. Er ist weich und elastisch und vergleichsweise blutleer. Der Mann zieht daran und hebt ihn ein Stück von der Körperoberfläche weg. Der Heiler sagt etwas zu ihm. Jemand reicht eine große Schere herüber, und der Gehilfe beginnt an der Unterseite des Balls zu schneiden. Er scheint nur noch an einem Gewebestreifen zu hängen, aber die Hand des Mannes zittert. Endlich ist der Ball losgetrennt, und er hebt ihn weg. Ich strecke meine Hand danach aus, und er läßt ihn in meine hohle Hand fallen wie eine Portion Pudding. Er ist warm, und als ich ihn zusammendrücke, quillt nur ein wenig Blut heraus. Er scheint innen hart zu sein. Ich lasse ihn in die rosa Schale fallen und wende mich wieder den Vorgängen auf dem Tisch zu. Der Heiler hat seine linke Hand noch in ihren Unterleib getaucht und wühlt, während er zur Zimmerdecke hinaufblickt, ein wenig darin, wobei er glucksende Geräusche macht. Nun hört er auf und führt seine Hände zusammen, als modellierte er etwas aus Ton. Dann reibt er die Hände übereinander, verschmiert das Blut bis zu den Handgelenken hinaus und streckt die Hände langsam flach aus. Sie liegen jetzt beide genau auf der Körperoberfläche, und rundherum ist weniger Blut zu sehen. Ich sehe nichts mehr von dem subkutanen Gewebe. Plötzlich beendet er, was er eben tut, hebt die leeren Hände gleichzeitig in die Höhe und geht, um sich zu waschen. Der Gehilfe an seiner rechten Seite nimmt einen großen trockenen Wattebausch, fährt damit der Frau über den Bauch und wischt das Blut ab. Da ist keine Wunde. Er nimmt das Handtuch, um sie vollständig abzutrocknen, und ich streiche mit der Hand über ihre Haut. Sie ist heiß, aber es ist nichts darauf zu sehen, nicht die geringste Spur. Jemand sagt etwas zu ihr, und sie öffnet die Augen, zieht ihr Hemd hinunter, knöpft sich den Rock zu, steigt langsam vom Tisch, und ein alter Mann hilft ihr beim Weggehen.«

Später untersuchte ich noch einmal den Gewebeball. Er sah aus wie ein Tumor und war kleiner als er mir erschienen war, als ich ihn zum erstenmal in der Hand gehalten hatte, obwohl er inzwischen nicht aus der Schale neben mir genommen worden war. Ich schnitt ihn mit einem Messer auf und stellte fest, daß er innen zum Teil mit einer Masse von Fasern gefüllt war, die sich durch das Gewebe zogen. Eine junge Amerikanerin, die ebenfalls bei der Operation zusah, zeigte mir drei Polaroidfotos, die sie gemacht hatte, während der Tumor heraufstieg und abgeschnitten wurde.

Ich habe so ausführlich aus meinen Notizen zitiert, weil ich versuchen wollte, eine Vorstellung davon zu vermitteln, wie diese Operationen aussehen. Der ganze Vorgang dauert etwa fünf Minuten, und es geht dabei sehr nüchtern zu. Es gibt wenig oder gar keine Effekthascherei, keine Musik, keine Trommeln und keinen Weihrauch: nichts, was die Aufmerksamkeit von den Vorgängen ablenken könnte.

Während der letzten drei Jahre ist viel über die Heiler auf den Philippinen gesagt und geschrieben worden, Gutes und Schlechtes. Zehntausende ausländischer Patienten strömten nach Manila. Wo eine solche Nachfrage herrscht und somit auch von verzweifelten Menschen beträchtliche Summen geboten werden, wird es immer Leute geben, die alles tun, um die Nachfrage zu befriedigen und die angebotene Belohnung einzustecken. Das Heilen wurde daher in Manila zum großen Geschäft, und als solches beginnt es unweigerlich an den typischen kommerziellen

Übeln zu kranken. Es gibt Scharlatane, die als Heiler posieren, und Heiler, die des Profits wegen betrügerische Techniken anwenden, um ihrer Begabung nachzuhelfen, wenn sie unter Druck versagt.

All das ist nicht weiter verwunderlich, aber es ist traurig, daß das Aufsehen, das solche Praktiken erregten, die Tatsache verdunkelt, daß auf den Philippinen immer noch etwas sehr Ungewöhnliches geschieht. Nach wie vor sind dort echte Heiler am Werk, und nach wie vor kann man sie sehen, wenn man sich die Zeit dazu nimmt und wenn man sich nicht von dem lauten kommerziellen Rummel in Manila entmutigen läßt.

Tom Valentine, ein Journalist aus Chicago, stellte seine eigenen Nachforschungen an und meinte abschließend: »Ich habe mich davon überzeugt, daß die Operationen an diesem Morgen und in diesem Haus nicht eine Sache der Fingerfertigkeit waren. Wir wurden nicht hypnotisiert, und ich ließ mir ganz gewiß nichts suggerieren ... Die mediale Chirurgie ist nicht unmöglich, sie ist kein Betrug, keine hypnotische Suggestion, kein Schwindel und kein Wunder, und sie ist nicht auf die Philippinen beschränkt« (273). Er hat recht, aber nur auf Luzon kann sie jeder hundertmal täglich sehen, und zwar jeden Tag.

Im März 1973 und noch einmal im April 1975 besuchte George Meek die Philippinen mit einem Team von Wissenschaftlern. Sie waren Fachleute auf den Gebieten Medizin, Psychiatrie, Biologie, Physik, Chemie und Parapsychologie – und schließlich sogar Zauberkünstler – aus sieben Ländern. Sie brachten eine Anzahl eigener Patienten und eine Menge komplizierter Apparate und Instrumente mit. Sie sahen viele Heiler an der Arbeit, und obwohl sie mehrere betrügerische Manipulationen aufdecken und ausschalten konnten, kamen sie zu dem Schluß, daß »die tatsächliche Existenz und tägliche Anwendung mehrerer Arten von psycho-energetischen Phänomenen durch mehrere eingeborene Heiler eindeutig erwiesen wurde. Die Materialisation und Entmaterialisation von menschlichem Blut, Geweben und Organen sowie von nichtmenschlichen Objekten wurde festgestellt« (179). Alle Mitglieder der Teams unterschrieben Aussagen, in denen es hieß, daß es zumindest bei den Operationen, die von ihrer Ansicht nach glaubwürdigen Heilern durchgeführt wurden,

248

keinen Betrug, keine Anästhesie, keine Sorge um Asepsis, keine Infektionen und keinen postoperativen Schock gab.

Ein Teamangehöriger wurde sogar selbst operiert. Donald Westerbeke, ein Biochemiker aus San Francisco, litt an Sehstörungen durch einen Hirntumor, der in den Vereinigten Staaten als nicht operierbar diagnostiziert worden war. Er hatte zwei Sitzungen mit Tony Agpaoa aus Baguio, und sein Sehvermögen wurde augenblicklich wiederhergestellt. Bei seiner Rückkehr in die Vereinigten Staaten konnten seine Ärzte keine Spur des Tumors mehr finden. Olga Farhit aus Los Angeles litt an Lähmungen die durch eine Krankheit verursacht wurden, zu deren Erscheinungsbildern eine Degeneration des Knochenmarks im Schädel und in den Schultern gehört – ein Zustand, der 1965 im Mount-Sinai- und im Cedars-of-Lebanon-Hospital durch Biopsie festgestellt worden war. Agpaoa entfernte »eine Unmenge Knorpel und Blut«, und bei ihrer Rückkehr nach Los Angeles wurden im St. Vincent's Hospital Röntgenuntersuchungen vorgenommen und Gewebeproben analysiert. Ihr Arzt erklärte: »Ich weiß nicht, was ich sagen soll, aber außer Narbengewebe ist nichts zu sehen. Es ist, als wäre da etwas hineingegangen und hätte Sie ausgeräumt« (273).

Die Heiler auf Luzon verstehen sich besonders gut darauf, krankes Gewebe, Blutgerinnsel und Eiter zu entfernen. Ich sah, wie sie Appendizitis behandelten, Knoten aus Brüsten, Zysten und Blasensteine entfernten, Krampfadern und Hämorrhoiden zum Schrumpfen brachten und sogar einige Male Krebs mit offensichtlichem Erfolg behandelten. In all diesen Fällen hatte es den Anschein, daß die Heilungen etwas Wirkliches und Dauerhaftes waren. Sigrun Seutemann, eine Ärztin und Homöopathin aus Karlsruhe, reiste ein Dutzendmal zu den Philippinen und nahm insgesamt über tausend Patienten mit. Ihre Fallstudien liefern einen dramatischen Beweis für Besserungen. Selbstverständlich kann man immer noch darüber diskutieren, ob die Heilungen physisch von den Heilern oder auf psychosomatischem Wege von den Patienten bewirkt wurden. Ein endgültiges Urteil über die medizinischen Fähigkeiten der Heiler wird erst gefällt werden können nach einer von einem Team von Fachleuten durchgeführten langfristigen Studie großen Maßstabs über zahllose Fälle vor und nach der Behandlung. Einstweilen aber hat dieses Phänomen einen noch aufregenderen Aspekt.

Jeder einzelne dieser Heiler demonstriert an jedem Tag seines Lebens die Fähigkeit, lebendes Gewebe zu materialisieren und zu entmaterialisieren. Bei den Operationen, die ich sah, konnte ich nie die Gewißheit haben, daß die Körperwandung wirklich geöffnet worden war, aber an der tatsächlichen Existenz des Blutes und des Gewebes, die an der Körperoberfläche erschienen, konnte nicht der geringste Zweifel bestehen. Ich nahm an einer Freundin Blutproben vor, während und nach einer einfachen Operation an einer Zyste auf ihrem Arm, und überwachte ihre Bestimmung in einem Labor in der Stadt Manila. Sie waren identisch. Hiroshi Motoyama ließ Blut, das einer Japanerin während einer Operation abgenommen wurde, an der medizinischen Fakultät der Universität Tokio bestimmen, und es stimmte mit einer Probe überein, die derselben Patientin später in einem Krankenhaus in Chiba abgenommen wurde (189). Aber der blutige Brei, in dem die Heiler so eindrucksvoll wühlen, stammt nicht immer aus dem Körper des Patienten.

Bei einer Testreihe, die der Schweizer Psychiater Hans Naegeli durchführte, stimmten die während der Operationen entnommenen Blutproben nicht mit dem Blut der betreffenden Patienten überein. Zwei der drei Proben waren unter sich gleich, aber die dritte war nicht einmal menschlicher Herkunft, sondern stammte offensichtlich von einem Schaf – ungeachtet der Tatsache, daß man die nächsten Schafe wahrscheinlich erst in Australien gefunden haben würde (199). Sigrun Seutemann beobachtete mehr als sechstausend Operationen, und sie schätzt, daß der Körper nur in einem sehr kleinen Prozentsatz aller Fälle und nur von den geschicktesten Heilern, vor allem von Tony Agpaoa, geöffnet wird. Sie ist überdies der Meinung, daß das Gewebe, das sich an der Körperoberfläche materialisiert, bei etwa 98 Prozent aller Operationen nicht menschlicher Herkunft ist.

Das bedeutet nicht, daß ein Betrug vorliegt. Ich habe mehrere Operationen beobachtet, die so sorgfältig überwacht wurden, daß keine Möglichkeit bestand, Tricks anzuwenden oder das Gewebe vor der Operation vorzubereiten und irgendwie zu verstecken – und dennoch erschien es.

250

Eines Abends speiste ein Heiler mit mir in meinem Hotel in Manila. Während wir beisammensaßen, sprach ihn eine Amerikanerin an, die ich vom Sehen kannte. Sie war vorher noch nie mit ihm zusammengetroffen, wollte aber wissen, ob er eventuell noch Zeit hätte, sie zu behandeln, bevor sie am nächsten Morgen in die Vereinigten Staaten zurückflog. Er zögerte, so spät am Abend noch etwas zu unternehmen, aber als ich ihm mein Hotelzimmer zur Verfügung stellte, erklärte er sich zu einem Versuch bereit. Und er war außerdem bereit, mir die Gelegenheit zu geben, jeden Argwohn hinsichtlich des Ursprungs des Gewebes zu zerstreuen, das bei seinen Behandlungen gewöhnlich auf dem Körper des Patienten erscheint.

Ich ging mit ihm sofort in mein Zimmer. Er zog sich aus und erlaubte mir, ihn gründlich zu untersuchen und seine Kleider in meinen Schrank zu sperren. Während der Operation trug er nur dünne Baumwoll-Shorts, die ich ihm gegeben hatte. Die Patientin wurde ebenso untersucht und war bereit, sich auf meinem Hotelbett behandeln zu lassen, und zwar ohne das sonst übliche Handtuch als Abdeckung. Ein Freund und ich beobachteten, auf Stühlen sitzend, den ganzen Vorgang aus einer Entfernung von weniger als 60 cm.

Der Heiler verwendete kein Wasser, keine Watte, kein Öl – nichts, was auf irgendeine Weise so präpariert werden konnte, daß chemische Reaktionen entstanden, durch die Blut oder Gewebe vorgetäuscht wurden. Trotz dieser Vorsichtsmaßnahmen erschien, nachdem der Heiler die Bauchdecke der Patientin noch keine drei Minuten bearbeitet hatte, eine rote Flüssigkeit, die sich bei nachfolgender Analyse als Blut von der Blutgruppe der Patientin erwies. Im Laufe der weiteren Behandlung gelang es dem Heiler schließlich auch, ein kleines Gewebestück hervorzubringen. Es wog etwa zehn Gramm, und ich versiegelte es in einem Probenglas mit der Absicht, es bestimmen zu lassen, sobald ich am nächsten Tag ins Labor kam. Aus dieser Analyse wurde jedoch nichts. Das Glas, das meine Tasche nicht verlassen hatte, war am nächsten Tag zwar noch versiegelt, aber leer. Die Probe war verschwunden, als wäre sie von Anfang an gar nicht vollständig materialisiert worden.

Seit Jahrhunderten wird von Medien berichtet, die Dinge

materialisieren oder Ektoplasma produzieren können, aber immer handelte es sich dabei um flüchtige Phänomene, die schwer zu untersuchen waren. Aber hier auf den Philippinen haben wir Materialisationen und nachfolgende Entmaterialisationen, die jeden Tag Hunderte von Malen stattfinden, auf Wunsch und nach Belieben und am hellichten Tag.

Ich arbeitete mehrere Tage mit Josephine Sison aus Barongobong im Tiefland von Pangasinan und sah sie über zweihundert Operationen ausführen. Bei etwa 85 Prozent von ihnen traten Materialisationsphänomene auf. Ich war nie weiter als 35 cm von ihr entfernt, und nicht ein einziges Mal ließ ich, während sie arbeitete, ihre Hände aus den Augen, aber sie war imstande, eine blutähnliche Flüssigkeit unter ihren Fingerspitzen entstehen zu lassen, sooft sie diese gegen den Körper eines Patienten drückte. Manchmal war die rote Flüssigkeit von kleinen Gewebestücken begleitet, und bei mehreren Gelegenheiten erschienen völlig fremde Gegenstände. Ich sah sie einen rostigen Nagel, zwei vollständige Maiskolben, mehrere große Plastikbeutel, eine Filmdose, drei unbeschädigte Blätter, die noch an einem Zweig von einem Dornbusch hingen, und einen Glasscherben von der Körperoberfläche mehrerer Patienten nehmen. In allen Fällen schienen die Gegenstände in dem Raum zwischen ihren Fingern und der Haut zu wachsen. Ich bin vollkommen davon überzeugt, daß es sich dabei um keine Taschenspielerkunststücke handelte, und ebenso sicher bin ich, daß diese Gegenstände nicht aus den betreffenden Patienten kamen. Daher bleiben mir die folgenden Möglichkeiten: Entweder wurde ich getäuscht oder hypnotisiert (beide Erklärungen sind unwahrscheinlich, denn mehrere der in Frage stehenden Operationen wurden mit Erfolg gefilmt) oder Josephine Sison ist imstande, kontrollierte Materialisationen zu vollbringen.

Einige der Heiler produzieren mit der gleichen Nonchalance auch psychokinetische Effekte. Ich habe gesehen, wie Juan Blance aus Pasig echte Einschnitte in die Körper seiner Patienten machte – aber ohne Messer und ohne sie zu berühren. Er zeigt nur mit dem Finger auf die Haut, und im selben Augenblick erscheint auch schon eine Schnittwunde, etwa zwei Zentimeter lang und einige Millimeter tief. Naegeli bemerkt dazu: »Etwa zwanzig Zentimeter vom Körper entfernt, deutet er, oft indem er den rechten Zeigefinger eines Dabeistehenden nimmt oder auch mit seinem eigenen Zeigefinger auf eine Körperstelle, wo er einen Einschnitt zu machen wünscht. Eine Wunde erscheint, wie es scheint, beinahe augenblicklich. Sie ist sauber geschnitten, mit ein paar Blutstropfen, nicht einem stetigen Fluß. Das subkutane Gewebe ist zu sehen, und der Patient kann den Schnitt fühlen« (257). Die Schnittwunde erscheint auch, wenn eine Plastikfolie zwischen Blance und den Patienten gelegt wird, und nach beendeter Operation bleibt als Beweis eine Narbe zurück. Ich hatte mehrere Male Gelegenheit, diese Operationen zu überwachen, indem ich meine eigenen Patienten mitbrachte und mich vergewisserte, daß Blance keinen Teil ihrer Körper berührte, bevor er seinen Schnitt aus 20 cm Entfernung machte. Von einer versteckten Klinge kann unter diesen Umständen keine Rede sein.

José Mercardo aus Bagag in Pangasinan wendet eine ähnliche Fähigkeit an, um, wie er sagt, »Geisterinjektionen« zu machen. Er stellt die Patienten in seiner Klinik nebeneinander vor einer Wand auf und geht dann mit leeren Händen an ihnen entlang, wobei er mit seinem Zeigefinger die gleiche Bewegung macht wie ein kleiner Junge, der seine Freunde mit einem unsichtbaren Strahlengewehr »erschießt«. Jeder Patient fühlt einen Nadelstich an der Körperstelle, auf die sein Finger zeigte, und bei den meisten quillt ein Tropfen Blut aus dem »Einstich«.

Eines Tages stellte ich mich ebenfalls in der Reihe auf. Als er mit dem Finger auf meinen Bizeps zielte, spürte ich einen stechenden Schmerz. Ich rollte meinen Ärmel auf und fand eine winzige Stichwunde, wie sie sonst von einer Nadel verursacht wird, und einen Tropfen Blut. Das Hemd schien völlig unbeschädigt zu sein.

Als Wissenschaftler aus dem Westen denkt man zu allererst an mechanische Erklärungen. Ich spielte kurz mit dem Gedanken an einen verborgenen Laserstrahl, verwarf ihn aber gleich wieder, weil dieser Mann ein Lasergerät erstens nicht erstehen und zweitens nicht auf diese Weise verstecken und handhaben konnte. Als nächstes dachte ich an ein Gerät, das winzige Projektile aus Wasser, Eis oder vielleicht sogar Blut abfeuert, aber auch diese Überlegung gab ich aus ähnlichen Gründen auf.

Ich kehrte am nächsten Morgen noch einmal zurück – mit einer sehr einfachen Ausrüstung, die mir helfen sollte, einige der in dieser Situation gegebenen Möglichkeiten zu überprüfen. Ich legte unter meinem Baumwollhemd eine doppelt zusammengefaltete und somit vier Schichten bildende Polythen-Folie über meinen Bizeps und befestigte sie mit einem Gummiband. Dann stellte ich mich wieder mit den anderen auf.

Mercardo machte seine übliche Bewegung in meiner Richtung, und zwar aus einer Entfernung von etwa 1,5 m. Ich spürte nichts und sagte es ihm, und ich bat ihn, es noch einmal zu versuchen. Er wiederholte den Vorgang aus einer Entfernung von etwa 90 cm. Diesmal spürte ich den Stich, und als ich die Folie abnahm, fand ich den üblichen Einstich und einen Tropfen Blut, den ich mit einem Objektträger auffing, um ihn analysieren zu lassen. Fünf Minuten später quetschte ich zu Vergleichszwecken einen zweiten Blutstropfen aus dem Einstich.

Ich stellte außerdem fest, daß die Polythen-Folie direkt über der Wunde durchbohrt war, als hätte man eine kalte Nadel durch alle vier Schichten gesteckt. Zweieinhalb Zentimeter von dieser Stelle entfernt, vermutlich dort, wo Mercardo seine erste »Injektion« vorgenommen hatte, befand sich ebenfalls ein Einstich im Plastikmaterial, der jedoch nur durch zwei von den vier Schichten der Folie ging, so als hätte die Kraft Mercardos nicht ausgereicht, um meine experimentelle Barriere aus einer Entfernung von 1,5 m zu durchdringen. Das war an sich verständlich – das Problem war nur, daß die beiden *unteren,* meiner Haut näheren Schichten durchstochen waren.

Als die beiden Blutproben noch am selben Tag in einem Labor in Manila unter meiner persönlichen Aufsicht bestimmt wurden, stellte sich heraus, daß die zweite einer Blutgruppe angehörte, die meiner eigenen entsprach, während die erste nichts mit mir zu tun hatte. Sie war nicht einmal menschlichen Ursprungs: die roten Blutkörperchen hatten Kerne.

Das Vorhandensein von Löchern in den unteren Folieschichten unmittelbar über meiner Haut schien die Möglichkeit auszuschließen, daß der Heiler imstande war, irgendeine Art von Energiestrahl abzuschießen. Das Vorhandensein nichtmenschlichen Blutes schaltete offenbar auch die Wahrscheinlichkeit aus, daß ich allein an dem Phänomen beteiligt war. Andererseits aber deutete das Vorhandensein einer tatsächlichen Stichverletzung, aus der zuletzt mein eigenes Blut quoll, auf eine ganz persönliche Beteiligung meinerseits hin. Wir wissen, daß der Körper auf solche Weise hysterische Stigmata hervorzubringen vermag. Ich sah einen Fakir in Madras, der die Hände eines Zuschauers durch Hypnose zum Bluten brachte, und Stephen Black hat einen Patienten, der imstande ist, eine Stichverletzung und Schwellung zu entwickeln, wenn er nur an eine Injektion erinnert wird, die er vor zwanzig Jahren einmal bekam (20). Mercardos Injektionen sind jedoch offensichtlich nicht von dieser Art, denn Plastikfolien dürften wohl kaum für Hysterie anfällig sein.

Seit meinem Versuch haben sich andere bemüht, das Phänomen durch die Verwendung von Kondensatorplatten und anderen elektronischen Geräten zu ergründen – ohne Erfolg. Manchmal versagen die Geräte, aber in den meisten Fällen tritt keine Reaktion auf, sobald Instrumente verwendet werden, mit deren Hilfe sich ihre Realität über jeden Zweifel hinaus nachweisen ließe. Nach meinem langen Aufenthalt auf den Philippinen bin ich davon überzeugt, daß dieses Ausbleiben des Phänomens nichts mit einem vorsätzlichen Betrug oder der Weigerung, in Gegenwart von wissenschaftlichen Meßgeräten zu arbeiten, oder der Furcht vor dem Entdecktwerden zu tun hat. Der Fehler scheint bei den Instrumenten selbst und bei der experimentellen Einstellung, die sie bewirken, zu liegen.

Unsere Instrumente sind für unsere objektive tägliche Wirklichkeit entworfen, denn sie ist die einzige, die unser System anerkennt. Sie sind nicht dafür gemacht, sich mit geistigen und psychischen Faktoren oder mit den Wechselwirkungen zu befassen, die zwischen zwei oder mehr Gehirnen auftreten können. Und ich glaube, daß wir es bei diesen unorthodoxen Heilmethoden mit Geschehnissen aus diesem Bereich zu tun haben, mit einer Ordnung, die auf einem anderen Wirklichkeitsniveau basiert.

Meek beendete seine bahnbrechende Studie mit den Worten: »Es gibt zur Zeit keine einzelne Theorie oder Kombination wissenschaftlicher Theorien, die das Phänomen hinlänglich erklären könnte« (179). Das ist wahr, aber ich glaube, wir kommen einem Verständnis bereits näher. Der Schlüssel liegt in einer Bemerkung, die eine Frau machte, der es von Natur aus gegeben ist, die menschliche Aura zu sehen. Sie beobachtete Agpaoa bei der Arbeit und sagte, sie könne, während er heilt, helle Lichtstrahlen unter seinen Händen sehen, blaue, die von der einen, und gelbe, die von der anderen ausgehen. Es ist unvorstellbar, daß sich eine ganze Gruppe von Heilern, einfachen Menschen vom Lande, Lasergeräte leisten – und sie heimlich bedienen – könnten, die hochentwickelt genug wären, um in ihren Körpern versteckt werden zu können. Daher erscheint es vernünftiger anzunehmen, daß an dem Phänomen der psychischen Chirurgie das Bioplasma maßgeblich beteiligt ist.

Motoyama testete Agpaoa in seinem Labor in Tokio und stellte fest, daß seine Physiologie auffälligen Veränderungen unterliegt, während er seine Heilkräfte ausübt (188). Seine Hirnströme weisen einen vorherrschenden Alpha-Rhythmus auf, die galvanischen Hautreaktionen nehmen zu, und Blutdruckmessungen zeigen einen Rhythmus, der auf eine Weise fluktuiert, die auf eine Beteiligung des parasympathischen Nervensystems schließen läßt, das heißt jenes Systems, das direkt mit den Zonen in Verbindung steht, in denen die *chakras* der Jogalehre liegen, die Energiezentren, die direkt mit den Akupunktur-Meridianen assoziiert zu sein scheinen. Alles weist auf den Schluß hin, daß Agpaoa und möglicherweise auch andere Heiler wie er sich in einen Zustand versetzen können, der ihnen Zugang zu ihren eigenen unbewußten Prozessen gewährt, und daß sie in diesem Zustand die Wirkung einer Energie zu steuern imstande sind, die sehr wohl die Bioplasma genannte sein könnte.

Die Heiler wissen nicht, was sie tun, und ich kann nicht behaupten, daß wir viel gescheiter seien, weil wir einen außergewöhnlichen Vorgang mit den Begriffen von etwas beschreiben, wovon wir so gut wie nichts wissen, aber ich meine, was wir hier haben, ist eine winzige Möglichkeit, nach einer neuen und andersgearteten Wirklichkeit zu greifen. Für einen Wissenschaftler wie mich ist das auf den Philippinen erhältliche Beweismaterial niederschmetternd. Die erste Reaktion ist die, daß man alle erdenklichen Schutzwälle errichten und sagen möchte: »Nein! Das ist unmöglich. Es kann nicht geschehen, und daher gibt es das auch nicht.« Aber es geschieht tatsächlich, und jeder kann es sehen. Keine besondere Ausrüstung und kein Glaubensakt ist erforderlich, nur eine Flugkarte nach Manila. Die mediale Chirurgie ist die erste allgemein zugängliche, nichtnarkotische Methode, »die Welt anzuhalten«. Sie ist ein Mittel, um, wie Carlos Castaneda sagt, »die uns allen gemeinsame dogmatische Gewißheit zu zerstören, daß die Gültigkeit unserer Wahrnehmungen oder unsere Weltwirklichkeit nicht in Frage gestellt werden darf« (44).

Die Wirklichkeit ist nur eine Beschreibung, und wenn es andere Wirklichkeiten gibt, muß es auch andere Beschreibungen geben. George Meek war derselben Ansicht wie ich, nachdem er die Heiler am Werk gesehen hatte, und er versuchte das wissenschaftliche Dilemma zu beschreiben, in dem er sich befand: »Der Mensch des 20. Jahrhunderts ist dermaßen physikalisch und materialistisch orientiert, daß er völlig außerstande ist, über sich selbst in den Begriffen seines eigenen individuellen, ätherischen, astralen, geistigen und kausalen oder spirituellen Körpers nachzudenken. Selbst ein sehr gebildeter Patient ist völlig unfähig, sich selbst und alles Lebendige als eine komplexe, ineinander verwobene Serie von funkelnden, pulsierenden Energiefeldern zu sehen« (179). Ich möchte sagen, das Problem ist gerade für den Gebildeten besonders akut, denn er war um so länger den spezifischen Deutungen der Wirklichkeit ausgesetzt, die wir im Westen vorzunehmen und als ausschließliche Tatsache zu akzeptieren gelernt haben.

Der dramatischste und offenkundigste Aspekt der Heilungen auf Luzon ist die Materialisation lebenden Gewebes. Der Grund für dieses Phänomen mag gerade darin liegen, daß es so eindrucksvoll *ist*. Ich habe mehrere spiritualistische Heilsitzungen in London gesehen, bei denen es nur Gebete und Handauflegen gab, und ich muß zugeben, daß ich mich schon nach wenigen Minuten langweilte, obwohl es durchaus vorstellbar ist, daß dort ebensoviel geheilt wurde wie in irgendeiner »Klinik« auf den Philippinen. Der einzige Unterschied liegt vielleicht in der Aufmachung und darin, daß alle Heilungen vom Patienten selbst bewirkt wurden und psychosomatischer Natur waren, aber die Heilungen auf Luzon gelingen eben besonders gut, weil sie die

Patienten durch dramatische Mittel in die richtige Stimmung versetzen, indem sie ihnen liefern, was benötigt und erwartet wird: »Blut und Eingeweide«. Und dennoch gibt es Beweise dafür, daß etwas Konkretes, Meßbares vom Heiler auf seine Pflanzen oder Patienten übergeht.

Wir besitzen noch nicht alle Tatsachen, die wir brauchen, um genau zu verstehen, was vorgeht, aber ich glaube, die Waagschale neigt sich schon zugunsten der Annahme, daß an einem lebenden Körper mehr ist, als ein flüchtiger Blick wahrnimmt. Die sichtbaren Beweise, die uns Hochfrequenzapparate liefern; die Wirksamkeit der Akupunktur; die Beschreibung der Aura, wie sie von sensiblen Menschen gesehen wird, und die Bestätigung dieser Beschreibung durch die Philosophie des Ostens; die diagnostischen Fähigkeiten von Menschen, die keine medizinische Ausbildung haben und nicht über die üblichen elektronischen Hilfsmittel verfügen; das häufige Auftreten und die Präzision außerkörperlicher Erlebnisse; die Wirklichkeit der Telepathie und ihre Beziehung zu der als Bioplasma beschriebenen Energie; der Nachweis der Psychokinese unter kontrollierten Versuchsbedingungen, und nun die wiederholbare makroskopische Materialisation lebenden Gewebes – all das führt unmittelbar zu dem Schluß, daß der Körper auf mindestens noch *einer* anderen Ebene als der uns bekannten leben und wirken muß, die wir als das physische oder somatische System in allen Einzelheiten beschrieben haben.

Die Mystiker sind schon seit langem dieser Ansicht, und sie entwickelten aufgrund rein subjektiver Einsichten komplizierte Modelle von sieben verschiedenen Ebenen und sieben Bewußtseinszuständen (38). Diese könnten sehr wohl richtig und bedeutungsvoll sein, und es ist wichtig, daß eine introspektive Forschung dieser Art fortgesetzt wird, aber für ebenso wichtig halte ich es, daß zugleich auch die Forschung an einer mehr materialistischen Front vorangetrieben wird. Unsere Sprache und unser Denken sind von der Grammatik der Technologie durchtränkt, und dieses Vokabular müssen wir verwenden, wenn wir uns einer größeren Anzahl von Menschen wirksam mitteilen wollen. Man sagt, die Wissenschaft müsse sich auf die Entdeckung örtlich geltender Gesetze beschränken und könne zu keinen endgültigen

Aussagen über kosmische Fragen gelangen (79), aber ich vermute, daß sich diese Beschränkungen aus der Verfahrensweise und der Einstellung ergeben und nicht der Methode selbst anhaften. Die in diesen Kapiteln behandelten Untersuchungen gehören, wie ich glaube, alle durchaus dem Bereich der wissenschaftlichen Forschung an; manche sind phantasievoller als andere, aber selbst die phantastischste hat noch den Vorzug, in die Sprache unserer Zeit gekleidet zu sein. Wenn wir Themen wie Leben und Tod behandeln, die für jeden von uns von so elementarer Bedeutung sind, ist es unbedingt nötig, das so einfach und unmittelbar wie möglich zu tun.

Für den Wissenschaftler wie für den Mystiker ist das Leben teilbar. Es besteht aus den dynamischen Prozessen von Zeugung, Wachstum, Verfall und Tod in der Materie, all das gemäß den feststehenden Gesetzen der Thermodynamik, wie sie für die normale Raum-Zeit gelten. Es besteht aber auch aus anderen Prozessen, die nicht notwendigerweise denselben Gesetzen gehorchen.

Allen erhältlichen Beweisen zufolge – und die mediale Chirurgie ist nur der am leichtesten zugängliche und dramatischste – sind die anderen Ebenen mit der physikalischen Materie verbunden, zugleich aber auch verhältnismäßig unabhängig von ihr. Der Heiler wirkt direkt auf das zweite System ein und vollbringt Heilungen durch die Manipulation dieser Ebene mit der Substanz seiner eigenen entsprechenden Ebene und vermutlich auch dadurch, daß er sich die aktive, aber unbewußte Hilfe der Patienten durch die während der Behandlung erscheinenden physischen Produktionen sichert. Die Tatsache, daß der Heiler selbst aber die komplizierte Diagnose, die heikle Operation und die dazugehörige sehr geschickte Ablenkung *unbewußt* bewerkstelligt, läßt die Annahme nötig erscheinen, daß er seinerseits manipuliert wird. Und eben darin liegt das eigentliche Problem.

Ich kann mich zu meiner eigenen intellektuellen Befriedigung mit allen Widersprüchen in den Beziehungen zwischen Leben und Tod beschäftigen, die zur Verwechslung von Leben und Tod führen; ich kann die Entwicklung unserer Einstellungen zum Tode im Lichte unseres zunehmenden Verständnisses der Mechanik des Lebens nachzeichnen. Ich kann mich ohne Schwierigkeiten mit den veränderten Bewußtseinszuständen auseinandersetzen, die durch neue Chemikalien und durch die Wiederentdeckung alter Techniken möglich werden. Ich sehe keine Probleme in der Tatsache, daß die Persönlichkeit dissoziiert und sogar völlig von ihrer körperlichen Grundlage losgetrennt werden kann. Ich kann sogar die Tatsachen der Besessenheit, des Spuks und der Poltergeister mit dem Rahmenwerk der Wissenschaften vom Leben in der durch die Entdeckungen der letzten Jahre modifizierten Form in Übereinstimmung bringen.

Aber ich habe meine Schwierigkeiten mit der Art von Lenkung, die ich in der medialen Chirurgie finde. Ich sehe keine Möglichkeit, eine sinnvolle, zielgerichtete, intelligente Führung dieser Art zu erklären, ohne anzunehmen, daß allem Leben eine Organisation oder ein Plan zugrunde liegt, der hinausgeht über die natürliche Auslese, den Zufall, die Kausalität oder auch das vollständige Überleben einer integrierten Persönlichkeit.

Ich sehe mich zu dem Schluß gedrängt, daß es eine Form im Leeren gibt. Sie mögen sie Gott nennen, wenn Sie wollen.

Schlußfolgerung

Ich bin mir durchaus dessen bewußt, daß das Ende dieses Buches nicht das Ende der Diskussion darstellt. Ich höre an dieser Stelle zu schreiben auf, weil ich persönlich an einem Wendepunkt angekommen bin. Ich habe die Zuversicht, daß die offensichtlichen Lücken in unserem Verständnis der komplexen Beziehungen zwischen Leben und Tod bald ausgefüllt sein werden und daß wir, sobald wir Zeit gehabt haben, uns mit diesem neuen Wissen vertraut zu machen, lernen werden, den Romeo-Irrtum zu vermeiden. Aber ich bin weniger zuversichtlich im Hinblick auf den nächsten Schritt.

Physisch gesehen, werde ich nach Luzon zurückkehren, um mir die Heiler noch länger und genauer anzusehen. In geistiger Hinsicht habe ich eine schwierigere Reise vor mir, die auf den Philippinen nur erst beginnt. Denn dort werde ich mit etwas recht Beunruhigendem konfrontiert. Eine Barriere ist dort wirksam. Nicht nur eine Begrenzung des Verständnisses, die durch unseren Mangel an Wissen zustandekommt, sondern eine absolute Sperre für gewisse Arten von Nachrichten.

Wenn ein Patient mit einem Hüftgelenk aus Metall einzig und allein zu dem Zweck der Untersuchung der Operationsmethode auf die Philippinen gebracht wird und der Heiler an ihm gearbeitet hat, bis alle Anwesenden schon die Form der Prothese erkennen können, und wenn die Filmkameras sich anschicken, die entscheidenden Aufnahmen zu machen, die über jeden Zweifel hinaus beweisen sollen, daß der Körper wirklich geöffnet wurde – versagt die Beleuchtung. Wenn ein Physiker allein und ohne Instrumente einen Heiler aufsucht, sieht er Hunderte von psychokinetischen Effekten; wenn er aber mit elektronischen Apparaten zurückkehrt, die Art und Menge der daran beteiligten Energie aufzeichnen sollen – geschieht nichts. Wenn es einem

Heiler gelingt, einen Blasenstein von eigentümlicher Form zu entfernen und dieser Stein sorgsam nach Europa gebracht wird, um mit vorher gemachten Röntgenaufnahmen verglichen zu werden, so daß bewiesen werden könnte, daß es sich um denselben Stein handelt – ist er plötzlich aus der versiegelten Büchse verschwunden.

Das sind keine Einzelfälle, die man als Zufall abtun könnte. Sie gehören einer langen Reihe von Beispielen an, zu der jeder unfreiwillig beiträgt, der das Phänomen auf den Philippinen untersuchen will. Man kann die Operationen filmen, aber es war noch nicht möglich, ein einziges Bild zu bekommen, das einen absolut eindeutigen Beweis darstellt. Man kann Experimente anstellen, aber immer mißlingt irgend etwas, bevor sie einen Grad von Vollkommenheit erreichen, der sie in wissenschaftlicher Hinsicht als akzeptabel erscheinen lassen könnte.

Wissenschaftlich gesehen, ist das eine absurde Situation, aber sie ist nicht auf die Philippinen beschränkt. Wenn ich meine Aufzeichnungen mit denen von Menschen vergleiche, die in anderen Teilen der Welt arbeiten, erfahre ich von Poltergeistern, die in dem Augenblick in Aktion treten, in dem ein Experimentator seine Apparatur abbaut, von wichtigen Tonbändern, die unmittelbar, bevor sie abgespielt werden sollen, in Flammen aufgehen, von unersetzlichen Zeugen, die auf einmal spurlos verschwunden sind. Man kann derlei leicht als Zufälle oder experimentelle Fehler abtun, bis man die Menschen kennenlernt, um die es sich in den einzelnen Fällen handelt. Keiner von ihnen ist inkompetent oder paranoid oder hat ein persönliches Interesse daran, Verwirrung zu stiften. Alle von ihnen möchten auf ihre Fragen viel lieber klare, unkomplizierte Antworten erhalten. Doch ob es einem gefällt oder nicht – es scheint, daß wir manche Dinge nicht erfahren können und nicht erfahren sollen. Oder zumindest nicht so, wie wir uns ihnen derzeit nähern.

Wir versuchen daher neue und weniger direkte Annäherungen, aber es scheint, daß es eine Linie gibt, hinter die wir uns zu keiner Zeit begeben können. Später wird diese Schwelle vielleicht einmal aufgehoben werden, und plötzlich wird dann jedermann ein Problem lösen können, das vor einem Jahr noch unlösbar zu sein schien. Die Wissenschaft arbeitet oft so, aber auf

262

diesem besonderen Gebiet sieht es nachgerade so aus, als würden vorsätzlich Hindernisse errichtet – entweder um unsere Absichten ein für allemal zu durchkreuzen oder um unseren Zugang zu neuer Information zu programmieren, damit wir nicht zu schnell und nicht zu weit reisen. Möglicherweise kämpfen wir an diesen Grenzen mit unserem eigenen, nicht zur Mitarbeit bereiten Geist. Oder wir werden, wie manche meinen, von einem vorsichtigen kosmischen Kindermädchen in unserem planetarischen Kindergarten in Schach gehalten.

Ich weiß die Antwort nicht, aber ich beginne einzusehen, daß derjenige, der diese Schranke errichtet hat, nicht notwendigerweise immer gütig ist. Ich will weitersuchen nach einem neuen Weg, um das Verständnis zu erlangen, das wir brauchen, aber ich muß zugeben, daß mir jetzt, am Rande dieses unerwarteten Abgrunds, ein wenig bange ist.

Literaturverzeichnis

Besondere Erwähnung und Dank schulde ich vor allem Robert Kastenbaum und Ruth Aisenberg für *The Psychology of Death* (141), Springer, New York 1972, ein Buch, das sich als Quelle von Ideen und weiteren Hinweisen von unschätzbarem Wert erwies.

1. Adamenko, V., »Electrodynamics of living systems«, in: *Journal of Parapsychics 4:* 113, 1970.
2. Anand, B. K., China, G. S. und Singh, B., »Studies on Shri Ramanand Yogi during his stay in an air-tight box«, in: *The Indian Journal of Medical Research 49:* 82, 1961.
3. Anon., *What to Do When Someone Dies,* Consumer Publication, London 1967.
4. Ashish, S. M., *Man, Son of Man,* Rider, London 1970.
5. Axelrod, J. und Weissbach, H., »Enzymatic O-methylation of N-acetylserotonin to melatonin«, in: *Science 131:* 1312, 1960.
6. Babich, F. R., Jacobson, A. L., Bubash, S. und Jacobson, A., »Transfer of response in naive rats by injection of ribonucleic acid extracted from trained rats«, in: *Science 149:* 656, 1965.
7. Backster, C., »Evidence of primary perception in plant life«, in: *International Journal of Parapsychology 10:* 329, 1968.
8. Backster, C., unveröffentlichtes Material, dem Autor persönlich zur Verfügung gestellt, 1973.
9. Bagnall, O., *The Origin and Properties of the Human Aura,* University Books, New York 1970.
10. Balint, M. und E., »Psychotherapeutic techniques in medicine«, in: Inglis (170).
11. Bander, P., *Carry on Talking,* Colin Smythe, Gerrards Cross 1972.
12. Barker, J. C., *Scared to Death,* Frederick Muller, London 1968.
13. Bateson, G., *Steps to an Ecology of Mind,* Paladin, St. Albans 1973.
14. Bateson, G., Jackson, D. D., Haley, J. und Weakland, J. H., »Towards a theory of schizophrenia«, in: *Behavioural Science 1:* 4, 1956.
15. Beach, F. A. (Hrsg.), *Sex and Behaviour,* Wiley, New York 1965.
16. Beh, H. C. und Barratt, P. E. H., »Discrimination and conditioning during sleep as indicated by the electroencephalogram«, in: *Science 147:* 1470, 1965.
17. Beigler, J. S., »Anxiety as an aid in the prognostication of impending death«, in: *Archives of Neurology and Psychiatry 77:* 171, 1957.
18. Bendann, E., *Death Customs,* Kegan Paul, London 1930.
19. Berger, R., Olley, P. und Oswald, I., »The EEG, eye movements and dreams of the blind«, in: *Quarterly Journal of Experimental Psychology 14:* 183, 1962.
20. Black, S., *Mind and Body,* William Kimber, London 1969.

21. Bleibtreu, J. N., *The Parable of the Beast,* Paladin, St. Albans 1970.
22. Bluestone, H. und McGahee, C. L., »Reaction to extreme stress: impending death by execution«, in: *American Journal of Psychiatry 119:* 393, 1963.
23. Bowlby, J., »Grief and mourning in infancy and early childhood«, in: *The Psychoanalytic Study of the Child 15:* 9, 1960.
24. Boyers, D. G. und Tiller, W. A., »On corona discharge photography«, in: *Stanford University Report 103:* AFOSR. 72.2206B, 1972.
25. Brandt, R. B., *Hopi Ethics,* University of Chicago Press 1954.
26. Broad, C. D., *Lectures on Psychical Research,* Routledge & Kegan Paul, London 1962.
27. Brown, N. O., *Life Against Death,* Wesleyan University, Connecticut 1959.
28. Bullock, T. H. und Cowles, R. B., »Physiology of an infrared receptor«, in: *Science 115:* 541, 1952.
29. Burch, G. E. und De Pasquale, N. P., »Methods for studying the influence of higher central nervous centres of the peripheral circulation of intact man«, in: *American Heart Journal 70:* 411, 1965.
30. Burnet, M., *Genes, Dreams and Realities,* Pelican, London 1973.
31. Burney, C., *Solitary Confinement,* Clerke & Cockeran, New York 1952.
32. Burr, H. S., »Bio-electric correlates of development in *Amblystoma*«, in: *Yale Journal of Biology and Medicine 9:* 541, 1937.
33. Burr, H. S., »Electrical correlates of pure and hybrid strains of corn«, in: *Proceedings of the National Academy of Science 29:* 163, 1943.
34. Burr, H. S., *Blueprint for Immortality,* Neville Spearman, London 1972.
35. Burr, H. S. und Hammett, F. S., »A preliminary study of electrical correlates in growth in *Obelia geniculata*«, in: *Growth 3:* 211, 1939.
36. Burr, H. S. und Northrop, F. S. C., »The electro-dynamic theory of life«, in: *Quarterly Review of Biology 10:* 322, 1935.
37. Busse, E. W. und Pfeiffer, E., *Behaviour and Adaptation in Late Life,* Little, Brown, New York 1969.
38. Campbell, A., *Seven States of Consciousness,* Victor Gollancz, London 1973.
39. Canetti, E., *Crowds and Power,* Penguin, Harmondsworth 1973; dt. Ausg.: *Masse und Macht,* München 1973.
40. Cannon, W. B., »Voodoo death«, in: *American Anthropologist 44:* 2, 1942.
41. Carpenter, E., *Oh, What a Blow That Phantom Gave Me!,* Holt, Rinehart & Winston, New York 1973.
42. Carrington, H., *The Invisible World,* Rider, London 1921.
43. Carrington, H. und Meader, J. R., *Death: Its Causes and Phenomena,* Rider, London 1911.
44. Castaneda, C., *Journey to Ixtlan,* Simon & Schuster, New York 1972; dt. Ausg.: *Reise nach Ixtlan; Die Lehre des Don Juan,* Fischer Taschenbuch Nr. 1809.
45. Cathie, B. L. und Temm, P. N., *Harmonic 695,* Reed, Wellington 1971.
46. Cheyne, G., *The English Malady,* Risk, Ewing & Smith, London 1933.
47. Chown, S. M. (Hrsg.), *Human Ageing,* Penguin Modern Psychology Readings, London 1972.

48. Clowes, R., *The Structure of Life,* Penguin, Harmondsworth 1967.
49. Cobb, J., Evans, F., Gustafson, L., O'Connell, D. N., Orne, M. und Shor, R., »Specific motor responses during sleep to sleep-administered meaningful suggestion«, in: *Perceptual and Motor Skills 20:* 629, 1965.
50. Cohen, S., *Drugs of Hallucination,* Paladin, St. Albans 1967.
51. Covarrubias, M., *The Island of Bali,* Alfred Knopf, New York 1937.
52. Crookal, R., *The Study and Practice of Astral Projection,* Aquarian, Wellingborough 1961.
53. Crookal, R., *The Techniques of Astral Projection,* Aquarian Press, London 1964.
54. Crookal, R., *Intimations of Immortality,* James Clarke, London 1965.
55. Crookal, R., *The Interpretation of Cosmic and Mystical Experiences,* James Clarke, London 1969.
56. Crooke, W., *Natives of Northern India,* Constable, London 1907.
57. Curtis, H., in: Ebon (69).
58. Darwin, C., in: Carrington und Meader (43).
59. Dean, E. D., »Plethysmograph recordings as ESP responses«, in: *International Journal of Neuropsychiatry 2:* 10, 1966.
60. Dement, W. C., Greenberg, S. und Klein, R., *The Persistence of the REM deprivation effect,* Association for the Psychophysiological Study of Sleep, Washington 1965.
61. Dement, W. C., Henry, P., Cohen, H. und Ferguson, J., »Studies on the effect of REM deprivation in humans and animals«, in: Pribram (217).
62. Descartes, R., *Discourse on Methods,* Penguin, Harmondsworth 1968.
63. Dicara, L., »Learning in the autonomic nervous system«, in: *Scientific American,* Januar 1970.
64. Dooley, A., *Every Wall a Door,* Abelard-Schuman, London 1973.
65. Drake, S., *Though you die . . .,* Christian Community Press, London 1962.
66. Droscher, V. B., *The Magic of the Senses,* Panther, London 1971.
67. Ducasse, C. J., *The Belief in a Life After Death,* Charles C. Thomas, Springfield, Illinois 1961.
68. Durville, H., *Le Fantôme des vivants,* Paris 1909.
69. Ebon, M. (Hrsg.), *Reincarnation in the Twentieth Century,* New American Library, New York 1970.
70. Emery, J. L. und Marshall, A. G., *Handbook for Mortuary Technicians,* Blackwell, Oxford 1965.
71. Evans, W. E. D., *The Chemistry of Death,* Charles C. Thomas, Springfield, Illinois 1963.
72. Evans-Pritchard, E. E., *Witchcraft, Oracles and Magic among the Azande,* London 1937.
73. Feifel, H. (Hrsg.), *The Meaning of Death,* McGraw-Hill, New York 1965.
74. Fiddes, F. S. und Patten, T. D., »A percentage method for representing the fall in body temperature after death«, *Journal of Forensic Medicine,* 1958.
75. Figar, S., »The application of plethysmography to the objective study of so-called extra-sensory perception«, in: *Journal of the Society for Psychical Research 38:* 1, 1959.

266

76. First, E., »Plants, magic and new mythologies«, in: *Changes,* April 1973.
77. Fletcher, M. R., *One Thousand Buried Alive by their Best Friends,* Boston 1890.
78. Flew, A. (Hrsg.), *Body, Mind and Death,* Macmillan, New York 1964.
79. Ford, A., *The Life Beyond Death,* W. H. Allen, London 1972.
80. Francq, E., »Feigned death in the opossum«, in: *Dissertation Abstracts 28B:* 2665, 1968.
81. Franklyn, J., *Death by Enchantment,* Hamish Hamilton, London 1971.
82. Fraser, J., *The Aborigines of New South Wales,* Sydney 1892.
83. French, J. D., »The reticular formation«, in: *Scientific American,* Mai 1957.
84. Freud, S., *Vorlesungen zur Einführung in die Psychoanalyse,* Gesammelte Werke (G. W.) Bd. 11, S. Fischer Verlag, Frankfurt (Main).
85. Freud, S., *Dostojewski und die Vatertötung,* G. W. Bd. 14, S. Fischer Verlag, Frankfurt (Main)
86. Gaevskaya, M. S., *Biochemistry of the Brain during the Process of Dying and Resuscitation,* Consultants Bureau, New York 1964.
87. Gannal, F., *Mort Apparente et Mort Réelle,* Muzard et fils, Paris 1890.
88. Garrett, E., *Adventures in the Supernormal,* Garrett, New York 1959.
89. Gerard, R. W., »What is memory?« in: *Scientific American,* September 1953.
90. Gooch, S., *Total Man,* Allen Lane, London 1972.
91. Grad, B., »Some biological effects of the laying-on-of-hands«, in: *Journal of the American Society for Psychical Research 59:* 2. 1965.
92. Grad, B., Cadoret, R. J. und Paul, G. J., »The influence of an unorthodox method of treatment on wound healing of mice«, in: *International Journal of Parapsychology 3:* 5, 1961.
93. Gray, I., *From Materialization to Healing,* Regency, London 1972.
94. Green, C. E., »Exosomatic experience and related phenomena«, in: *Journal of the Society for Psychical Research,* September 1967.
95. Green, C. E., »Out-of-body experiences« in: *Proceedings of the Institute of Psychophysical Research 2,* Hamish Hamilton, London 1968.
96. Greenhouse, H. B., *Premonitions,* Turnstone, London 1972.
97. Grollman, E. A. (Hrsg.), *Explaining Death to Children,* Beacon Press, Boston 1967.
98. Grozdova, T. N. »The application of medicinal sleep in therapy of terminal states induced by blood loss«, in: *Archiw Patologii,* Moskau 12: 36, 1959.
99. Guilford, J. P., *The Nature of Human Intelligence,* McGraw-Hill, New York 1967.
100. Habenstein, R. W. und Lamers, W. M., *Funeral Customs the World Over,* Milwaukee 1963.
101. Hadwen, W. R., *Premature Burial,* Swan Sonnenschein, London 1905.
102. Jajos, A., »Die optischen Fehler des Auges«, in: *Umschau 64:* 491, 1964.
103. Hambly, W. D., *The Ovimbundu of Angola,* Field Museum, Chicago 1934.
104. Hardy, A., Harvie, R. und Koestler, A., *The Challenge of Chance,* Hutchinson, London 1973.
105. Harlow, H. F., »Sexual behaviour of the rhesus monkey«, in: Beach (15).

106. Hart, C. W. N. und Pilling, A., *The Tiwi of North Australia,* Henry Holt, New York 1960.
107. Hartmann, F., »Premature Burial«, in: Kastenbaum und Aisenberg (141).
108. Harvey, W. P. und Levine, S. A., »Paroxysmal ventricular tachycardia due to emotion«, in: *Journal of the American Medical Association 150:* 479, 1952.
109. Hayes, W., *The Genetics of Bacteria and their Viruses,* Blackwell, Oxford 1964.
110. Haynes, R., *The Hidden Springs,* Hutchinson, London 1973.
111. Head, J. und Cranston, S. L., *Reincarnation in World Thought,* Julian Press, New York 1967.
112. Henderson, J. L. und Oakes, M., *The Wisdom of the Serpent,* George Braziller, New York 1963.
113. Heron, W., »The pathology of boredom«, in: *Scientific American:* Januar 1957.
114. Hertz, R., *Death and the Right Hand,* Free Press, New York 1960.
115. Heywood, R., »Attitudes to death in the light of dreams and other out-of-the-body experience«, in: Toynbee (271).
116. Heywood, R., »Death and Psychical Research«, in: Toynbee (271).
117. Higgins, J. D. Pearce – (Hrsg.), *Life, Death and Psychical Research,* Rider, London 1973.
118. Himwich, H. E., »The new psychiatric drugs«, in: *Scientific American:* Oktober 1955.
119. Hoagland, H., »On the mechanism of tonic immobility in vertebrates«, in: *Journal of General Physiology* 715, 1928.
120. Hoffman, J. G., *The Life and Death of Cells,* Hutchinson, London 1958.
121. Holiday, F. W., *The Dragon and the Disc,* Sidgwick & Jackson, London 1973.
122. Huang, I. und Lee, H. W., »Experimental analysis of child animism«, in: *Journal of Genetic Psychology 66:* 69, 1945.
123. Hunter, R. C. A., »On the experience of nearly dying«, in: *American Journal of Psychiatry 124:* 122, 1967.
124. Hutt, C., *Males and Females,* Penguin Science of Behaviour, London 1972.
125. Huxley, A., *Heaven and Hell,* Harper & Row, New York 1956.
126. Hydén, H. und Langer, P. W., »A differentiation in RNS response in neurons early and late during learning«, in: *Proceedings of the National Academy of Science 53:* 946, 1965.
127. Inglis, B. *Fringe Medicine,* Faber & Faber, London 1964.
128. Ingram, V. M., *Biosynthesis of Macromolecules,* Benjamin, New York 1965.
129. Inyushin, V. M., *On the biological essence of the Kirlian effect,* Kazakh State Kirov University, Alma Ata 1968.
130. James, W., »The consciousness of lost limbs«, in: Muldoon (192).
131. Jones, C. S., »In the midst of life . . .« in: Grollman (97).
132. Jones, W. H. S., *Hippocrates,* Heinemann, London 1923.
133. Jouvet, M., »Neurophysiology of the states of sleep«, in: *Physiological Reviews 47:* 117, 1967.
134. Jouvet, M., »The states of sleep«, in: *Scientific American,* Februar 1967.

268

135. Jung, C. G., *Flying Saucers: A Modern Myth of Things Seen in the Sky*, Routledge & Kegan Paul, London 1959; dt. Ausg.: *Ein moderner Mythos; Von Dingen, die am Himmel gesehen werden*, Walter Verlag, Olten [2]1964.
136. Jung, C. G., »Concerning Rebirth«, in: *Collected Works 9:* 1, 1959, Pantheon, New York; dt. Ausg.: »Über die Wiedergeburt«, *Gesammelte Werke*, Bd. 9/I, Walter Verlag, Olten [2]1976.
137. Jürgenson, F., »Discovery of the Voice Phenomenon«, in: *The Psychic Researcher*, Oktober 1973.
138. Kalish, R. A., »Experiences of persons reprieved from death«, in: Kutscher (154).
139. Karagulla, S., *Breakthrough to Creativity*, De Vorss, Santa Monica 1967.
140. Kardec, A., *The Medium's Book*, Psychic Press, London 1971.
141. Kastenbaum R. und Aisenberg, R., *The Psychology of Death*, Springer Publishing Company, New York 1972.
142. Kawaguchi, E., *Three Years in Tibet*, The Theosophist Office, Madras, 1909.
143. Keel, J. A., *Our Haunted Planet*, Neville Spearman, London 1971.
144. Keller, H., *The World I Live In*, Century, New York 1936.
145. Kelsey, D. und Grant, J., *Many Lifetimes*, Victor Gollancz, London 1972.
146. Kirkbridge, K., »ESP-communication for the space age«, in: *Science and Mechanics*, August 1969.
147. Kirlian, S. und Kirlian, V., »Photography and visual observations by means of high frequency currents«, in: *Journal of Scientific and Applied Photography 6*, 1961.
148. Kleitman, N., *Sleep and Wakefulness*, University Press, Chicago 1963.
149. Klingberg, G., »The distinction between living and not living«, in: *Journal of Genetic Psychology 105:* 227, 1957.
150. Koestler, A., *The Invisible Writing*, Hamish Hamilton, London 1954.
151. Koshland, D. E., »Protein shape and biological control«, in: *Scientific American*, Oktober 1973.
152. Kretschmer, E., *Körperbau und Charakter; Untersuchungen zum Konstitutionsproblem und zur Lehre von den Temperamenten*, Springer Verlag, Berlin, 25. ergänzte Ausg. von 1967.
153. Kübler-Ross, E., *On Death and Dying*, Macmillan, New York 1969.
154. Kutscher, A. H. (Hrsg.), *Death and Bereavement*, Charles C. Thomas, Springfield, Illinois 1969.
155. Laing, R. D., *The Divided Self*, Tavistock Publications, London 1959; dt. Ausg.: *Das geteilte Selbst; Eine existentielle Studie über geistige Gesundheit und Wahnsinn*, Rowohlt Verlag, Reinbek b. Hamburg 1976.
156. Lattimore, O., *Mongol Journeys*, Doubleday, New York 1941.
157. Laubscher, B. J. F., *Where Mystery Dwells*, Baily Bros & Swinfen, New York 1963.
158. Lee, R. B., *Kung Bushman Trance Performances*, Burke Memorial Society, Montreal 1966.
159. Lepp, I., *Death and its Mysteries*, Burns and Oates, London 1969.
160. Lerner, A. B., Case, J. D. und Heinzelman, R. V., »The structure of melatonin«, in: *Journal of the American Chemical Society 81:* 6084, 1959.

161. Levine, S., »A further study of infantile handling and adult avoidance learning«, in: *Journal of Personality 25:* 70, 1956.
162. Levine, S., »Stimulation in infancy«, in: *Scientific American,* Mai 1960.
163. Lifton, R. J., *Death in Life,* Pelican, London 1971.
164. Lilly, J. C., *The Centre of the Cyclone,* Paladin, St. Albans 1973.
165. Lissmann, H. W. und Machin, K. E., »The mechanism of object location in *Gymnarchus niloticus* and similar fish«, in: *Journal of Experimental Biology 35:* 451, 1958.
166. Livingstone, D., *Missionary Travels and Researches in Southern Africa,* Murray, London 1865.
167. Loeb, L. B., *Electrical Coronas,* University of California Press, Berkeley 1965.
168. Lorenz, K., *Das sogenannte Böse,* Dr. G. Borotha-Schoeler, Wien 1963.
169. Luce, G. G. und Segal, J., *Sleep and Dreams,* Panther, London 1969.
170. Mandelbaum, D. G., »Social uses of funeral rites«, in: Feifel (73).
171. Manley, G., persönliche Mitteilung, 1963.
172. Mant, A. K., »The medical definition of death«, in: Toynbee (271).
173. Marais, E. N., *The Soul of the White Ant,* Penguin, Harmondsworth 1973.
174. Marais, E. N., *The Soul of the Ape,* Penguin, Harmondsworth 1973.
175. Masters, A., *The Natural History of the Vampire,* Hart-Davis, London 1972.
176. Matthews, W. R., »Psychical research and theology«, in: *Proceedings of the Society for Psychical Research 46:* 15, 1940.
177. Maurer, A., »Maturation of concepts of death«, in: *British Journal of Medicine and Psychology 39:* 35 1966.
178. Max, L. W., »Action current responses in deaf-mutes during sleep, sensory stimulation and dreams«, in: *Journal of Comparative Psychology 19:* 469, 1935.
179. Meek, G. W. (Hrsg.), »A Study of Psychic Surgery and Spiritual Healing in the Philippines«, Privatdruck, 1973.
180. Meek, G. W. und Harris, B., *From Seance to Science,* Regency Press, London 1973.
181. Merloo, J. A. M., »Shock, fright and psychic death«, in: *American Practitioner 12:* 43, 1961.
182. Miller, N. E. und Dicara, L., »Instrumental learning of heart rate changes in curarized rats«, in: *Journal of Comparative and Physiological Psychology 63:* 12, 1967.
183. Milner, D. und Smart, E. F., zuvor unveröffentlichte Arbeit in: Meek (80).
184. Monroe, R. A., *Journeys out of the Body,* Doubleday, New York 1971.
185. Morgan, C. T. und Stellar, E., *Physiological Psychology,* McGraw-Hill, New York 1956.
186. Morris, R. L., »An experimental approach to the survival problem«, in: *Theta 33:* 34, 1971.
187. Moss, T. und Johnson, K., »Bioplasma or corona discharge?« University of California in Los Angeles Centre for Health Sciences, 1973.
188. Motoyama, H., *Psi ability and physiological characteristics of psychic person,* The Institute of Religious Psychology, Tokio 1970.

270

189. Motoyama, H., *Psychic surgery in the Philippines,* The Institute of Religious Psychology, Tokio 1972.

190. Motoyama, H., *Chakra, nadi of Yoga and meridians, points of acupuncture,* The Institute of Religious Psychology, Tokio 1972.

191. Muldoon, S. J. und Carrington, H., *The Projection of the Astral Body,* Rider, London 1929.

192. Muldoon, S. J., und Carrington, H., *The Phenomena of Astral Projection,* Rider, London 1969.

193. Murphet, H., *Sai Baba, Man of Miracles,* Muller, London 1973.

194. McConnell, J. V., »Memory transfer through cannibalism in planarians«, in: *Journal of Neurological Psychiatry 3:* 1, 1962.

195. McCord, J. und McCord, W., »The effects of parental role model on criminality«, in: *Journal of Social Issues 14:* 66, 1958.

196. McCreery, C., »Psychical phenomena and the physical world«, in: *Proceedings of the Institute of Psychophysical Research 4,* Hamish Hamilton, London 1973.

197. McCulloch, W., »An account of the valley of Munnipore and of the Hill Tribes«, in: *Records of the Government of India 27:* 1, 1859.

198. MacKay, G. E., »Premature Burials«, in: *Popular Science 16:* 389, 1880.

199. Naegeli, H., »Die ›Tricks‹ der Geist-Operateure«, in: *Esotera 24:* 685, 1973.

200. Nagahama, Y., *Studies on Keiraku,* Kyorinshoin, Tokio 1970.

201. Nagy, M. H., »The child's view of death«, in: *Journal of Genetic Psychology 73:* 3, 1948.

202. Negovskij, V. A. *Pathophysiology and Therapy of Agony and Clinical Death,* Moskau 1954.

203. Nelson, R. F., *We Froze the First Man,* Dell, New York 1968.

204. Niederland, W. G., »Psychiatric Disorders among persecution victims«, in: *Journal of Nervous and Mental Disease 139:* 458, 1964.

205. Norton, A. C., Beran, A. U. und Miszahy, G. A., »Electroencephalography during feigned sleep in the opossum«, in: *Nature 204:* 162, 1964.

206. Noyes, R. N. und Kletti, R., *The Experience of Dying from Falls,* Omega, 3: 45, 1972.

207. Offenkrantz, W. und Wolpert, E., »The detection of dreaming in a congenitally blind subject«, in: *Journal of Nervous and Mental Disease 136:* 88, 1963.

208. Ostrander, S. und Schroeder, L., *Psychic Discoveries behind the Iron Curtain,* Abacus, London 1973.

209. Ouseley, J. G., in Hadwen (101).

210. Owen, G. und Sims, V., *Science and the Spook,* Dennis Dobson, London 1971.

211. Paris, J. A. und Fonblanque, J. S. M., *Medical Jurisprudence,* Phillips, London 1823.

212. Penfield, W. und Jasper, H., *Epilepsy and Functional Anatomy of the Human Brain,* Little, Brown, Boston 1954.

213. Perry, W. J., »Orientation of the dead in Indonesia«, in: *Journal of the Anthropological Institute 44:* 281, 1914.

271

214. Piaget, J., *The Childs Conception of the World,* Paladin, St. Albans 1973.
215. Powell, A. E., *The Etheric Double,* Theosophical Publishing House, London 1969.
216. Powell, A. E., *The Astral Body,* Theosophical Publishing House, London 1972.
217. Pribram, K. H. (Hrsg.), *Mood, States and Mind,* Penguin Modern Psychology Readings, London 1969.
218. Pryce, D. E. und Ross C. F., *Post-mortem Appearances,* Oxford University Press, London 1963.
219. Puschkin, W. N., *Zwjetok, ozowje,* Snanija Sila, Moskau 1972.
220. Rattray, R. S., *Religion and Art in Ashanti,* Clarendon Press, Oxford 1927.
221. Raudive, K. *Breakthrough,* Taplinger, New York 1971.
222. Richter, C. P., »The phenomenon of unexplained sudden death in animals and man«, in: Feifel (73).
223. Rivers, W. H., *The History of Melanesian Society,* Cambridge University Press, London 1914.
224. Roll, W. G., *The Poltergeist,* New American Library, New York 1973.
225. Roll, W. G., Burdick, D. S. und Joines, W. T., »Radial and tangential forces in the Miami Poltergeist«, in: *Journal of the American Society for Psychical Research 66:* 409, 1972.
226. Rose, L., *Faith Healing,* Penguin, Harmondsworth 1968.
227. Rose-Neil, S., »The work of Professor Kim Bong Han«, in: *The Acupuncturist 1:* 15, 1967.
228. Russell, B., *Human Knowledge,* Allen & Unwin, London 1948.
229. Russell, E., *Design for Destiny,* Neville Spearman, London 1971.
230. Russell, R. W., »Studies in animism«, in: *Journal of Genetic Psychology 56:* 353, 1940.
231. Ryan, M., *Manual of Medical Jurisprudence and State Medicine,* Sherwood, Gilbert & Piper, London 1836.
232. Ryzl, M., »New Discoveries in ESP«, in: *Grenzgebiete der Wissenschaft 1,* 1968
233. Salter, W. H., *The Evidence of Psychical Research Concerning Survival,* Sidgwick & Jackson, London 1961.
234. Sargant, W., *The Mind Possessed,* Heinemann, London 1973.
235. Saunders, J. W. und Fallon J. F., »In vitro analysis of the control of morphogenetic cell death in the wing bud of the chick embryo«, in: *American Zoologist 5:* 213, 1965.
236. Schafer, W., »Further development of the field effect monitor«, in: *Journal of Paraphysics 6:* 1, 1972.
237. Schaller, G. B., *The Year of the Gorilla,* Collins, London 1965.
238. Schreiber, F. R., *Sybil,* Regnery, Chicago 1973.
239. Segundo, J. P., Moore, G. P., Stensaas, L. J. und Bullock, T. H., »Sensitivity of neurones in *Aplysia* to temporal pattern of arriving impulses«, in: *Journal of Experimental Biology 40:* 643, 1963.
240. Sheargold, R. K., *Hints on receiving the voice phenomenon,* Van Duren, 6 Station Road, Gerrards Cross, Buckinghamshire, England, 1973.

272

241. Sheldon, W. H., *The Varieties of Human Physique,* Harper & Row, New York 1940.
242. Shen, T. und Liu, S., *Tibet and the Tibetans,* Stanford University Press, California 1953.
243. Shrock, N. M., »On the signs that distinguish real from apparent death«, in: *Transylvania Journal of Medicine 13:* 210, 1835.
244. Sidgwick, E. M., *Phantasms of the Living,* University Books, New York 1962.
245. Sidgwick H., »On the evidence for clairvoyance«, in: *Proceedings of the Society for Psychical Research 7:* 41, 1892.
246. Skinner, B. F., »Superstition in the pigeon«, in: *Journal of Experimental Psychology 38:* 168, 1948.
247. Simon, C. W. und Emmons, W. H., »Responses to material presented during various levels of sleep«, in: *Journal of Experimental Psychology 51:* 89, 1956.
248. Smith, A., *The Body,* Allen & Unwin, London 1968.
249. Smith, J., »Significant results in enzyme activity from healers' hands«, in: *Newsletter of the Parapsychology Foundation,* November 1964.
250. Smith, J. G., *Principles of Forensic Medicine,* Underwood, London 1821.
251. Smith, S., *The Enigma of Out-of-the-Body Travel,* Helix Press, New York 1965.
252. Smythe, R. H., »The Mind of the Dog«, in: *Country Life,* London 1958.
253. Snyder, S. H. und Axelrod, J., »Circadian rhythm in pineal serotonin«, in: *Science 149:* 542, 1965.
254. Spencer, J. W., *Limbo of the Lost,* Bantam, New York 1973.
255. Stafford, H. E., *The Early Inhabitants of the Americas,* Vantage Press, New York 1959.
256. Stayt, H. A., *The Ba Venda,* Oxford University Press, London 1931.
257. Stelter, A., »Psi-Heilung«, unveröffentlichtes Manuskript, zur Übersetzung und Veröffentlichung bei Bantam, New York, vorgesehen. (1975)
258. Stevens, E. W., *The Watseka Wonder,* Religio-Philosophical Publishing House, Chicago 1887.
259. Stevenson, I., »The evidence for survival from claimed memories of former incarnations«, in: *Journal of the American Society for Psychical Research 54,* 1960.
260. Stevenson, I., »Twenty cases suggestive of reincarnation«, in: *Proceedings of the American Society for Psychical Research 26:* 1, 1966.
261. Stratton, F. J. M., »The case of Dr. X.«, in: *Journal of the Society for Psychical Research 39:* 692, 1957.
262. Sturgeon, T., *More Than Human,* Penguin, Harmondsworth 1963.
263. Summers, M., *The Vampire: His Kith and Kin,* Kegan Paul, London 1928.
264. Tart, C. C., »A psycho-physiological study of out-of-the-body experiences in a selected subject«, in: *Journal of the American Society for Psychical Research 62:* 3, 1968.
265. Thesiger, W., *Arabian Sands,* Longman, London 1964.
266. Thigpen, C. H. und Cleckley, H. M., *The Three Faces of Eve,* Secker & Warburg, London 1957.

267. Thomson, D., *Force field detector,* Macleans, September 1968.
268. Tiller, W. A., »Some energy field observations of man and nature«, in: *Proceedings of the First Western Hemisphere Conference on Kirlian Photography, Acupuncture and the Human Aura,* Stanford University 1972.
269. Tiller, W. A., »Consciousness, radiation and the developing sensory system«, in: *Proceedings of the Academy of Parapsychology and Medicine Symposium on the Dimensions of Healing,* Stanford University 1972.
270. Tilney, F. und Warren, L. F., »The morphology and evolutionary significance of the pineal body«, in: *American Anatomical Memoirs 9:* 257, 1919.
271. Toynbee, A. (Hrsg.), *Man's Concern with Death,* Hodder and Stoughton, London 1968.
272. Tyrrell, G. N. M., *Apparitions,* University Books, New York 1961.
273. Valentine, T., *Psychic Surgery,* Henry Regnery, Chicago 1973.
274. Vallée, J., *Passport to Magonia,* Neville Spearman, London 1971.
275. Vaughan, C. J., »The development and use of an operant technique to provide evidence for visual imagery in the rhesus monkey under sensory deprivation«, Dissertation, University of Pittsburgh 1964.
276. Vernon, G. M., *Sociology of Death,* Ronald, New York 1970.
277. Vernon, J., *Inside the Black Room,* Pelican, London 1968.
278. Vogel, F. S., »The brain and time«, in: Busse und Pfeiffer (37).
279. Voigt, J., »The signs of death«, in: *World Medical Journal 14:* 144, 1967.
280. Vyvyan, J. A., *A Case Against Jones,* James Clarke, London 1966.
281. Wallace, R. K. und Benson, H., »The physiology of meditation«, in: *Scientific American,* Februar 1972.
282. Wallace, R. K., Benson, H. und Wilson, A. F., »A wakeful hypometabolic physiological state«, in: *American Journal of Physiology 221:* 795, 1971.
283. Walter, W. G., *The Living Brain,* Penguin, Harmondsworth 1961.
284. Warner, W. L., *The Living and the Dead,* Yale University Press, New Haven 1959.
285. Watson, J. S., »Operant conditioning of visual fixation in infants under visual and auditory reinforcement«, in: *Developmental Psychology 1:* 508, 1969.
286. Watson, L., *Geheimes Wissen – Das Natürliche des Übernatürlichen,* S. Fischer, Frankfurt (Main) 1976.
287. Whiter, W., »A Dissertation on the Disorder Called Suspended Animation«, Norwich 1819, in: Kastenbaum und Aisenberg (141).
288. Winter, A. (Hrsg.), *The Moment of Death,* Charles C. Thomas, Springfield, Illinois, 1969.
289. Wolf, S., »Sudden death and the oxygen conserving reflex«, in: *American Heart Journal 71:* 840, 1966.
290. Wood, E., *Yoga,* Penguin, Harmondsworth 1962.
291. Wood, F. H. und Hulme, A. J. H., *Ancient Egypt Speaks,* Rider, London 1937.
292. Yerkes, R. M., *Almost Human,* Jonathan Cape, London 1926.

Die folgenden Hinweiszahlen beziehen sich auf anonyme Artikel in Tageszeitungen und Zeitschriften:

293. *The London Echo.* London, 3. März 1896.
294. *The Daily Telegraph,* London, 12. Dezember 1963.
295. *The Sunday Times,* London, 15. Dezember 1963.
296. *African Wild Life 20:* 239, 1966.
297. *The Sun,* London, 25. November 1969.
298. *The Times,* London, 28. Februar 1970.
299. *Times Magazine,* 4. Dezember 1972.
300. *The Herald Tribune,* Paris, 1. Dezember 1973.

Die folgenden Werke erschienen erst nach Drucklegung dieses Buches; sie werden in dieses Verzeichnis aufgenommen, weil sie einen direkten Bezug auf die behandelten Fragen haben:

1. Krippner, S. und Rubin, D., *The Kirlian Aura,* Anchor Press/Doubleday, New York 1974. Eine wertvolle Sammlung, die alle Aspekte der Forschung auf dem Gebiet der fotografischen Darstellung von Energiefeldern behandelt.
2. Puharich, A., *Uri,* Doubleday, New York 1974; W. H. Allen, London 1974. Ein erstaunlicher Bericht über das Phänomen Geller und die im Zusammenhang damit auftretenden außergewöhnlichen Ereignisse.
3. Tompkins, P. und Bird, C., *The Secret Life of Plants,* Harper & Row, New York 1974. Ein ausführlicher, faszinierender Überblick über das primäre Bewußtsein im Pflanzenreich.
4. Ullman, M., Krippner, S. und Vaughan, A., *Dream Telepathy.* Der vollständige Bericht über die Forschungen im Traumlabor des Maimonides Medical Centre.

Namen- und Sachregister